古墳時代前期の王墓

雪野山古墳から見えてくるもの

竜王町教育委員会

雪野山遠景

石室全体の状況

鏡出土状況

棺内から出土した靫《ゆぎ》

銅鏃《どうぞく》の出土状況

三角縁《さんかくぶち》画《が》紋帯《もんたい》盤《ばん》龍《りゅう》鏡《きょう》

石製品

口絵写真すべて東近江市埋蔵文化財センター提供

古墳時代前期の王墓

雪野山古墳から見えてくるもの

発刊にあたって

平成元年に発掘調査によって発見された雪野山古墳は、滋賀県のほぼ中央、琵琶湖の南岸より約一〇キロメートルの内陸部、琵琶湖へと注ぐ日野川の中流域の右岸に位置する雪野山山頂にあり、山頂からの眺望は大変良く、眼下に湖東平野と琵琶湖を望むことができます。雪野山の四季折々の彩りは、古来の美景を今に伝え、安らぎの風景として親しまれてきました。現在では地元はもとより、多くの方々が里山ハイキングや、麓にある公園での花見など、憩いの場として楽しまれています。

本町教育委員会では、私たちにとって身近な雪野山の山頂において行われた雪野山古墳の発掘調査成果や多年にわたる研究成果から、どのような知見が得られたのか理解を深めていただくため、平成二十一年度から三ヶ年にわたり「雪野山古墳を考える」と題した講座を開催いたしました。この講座では、古墳の調査に関係され、現在各分野において活躍されている先生を講師にお迎えし、出土した副葬品を中心にあらゆる視点から考えることにより、大変充実した内容となりました。

各講座を振り返ると、平成二十一年度は、大和や河内地域の古墳時代社会の動態にふれながら、近江の古墳時代史をたどり、副葬品のうち、青銅鏡や石製品からみえる古墳の被葬者像に迫りました。平成二十二年度は、大変残りの良い状態で発見された靫、そして銅や鉄製の鏃の数々、農工漁具にいたるまでを取り上げ、被葬者像に迫るにとどまらず、製作技術などから当時の社会の様子を探りました。平成二十三年度においては、鉄製の冑からみた被葬者像に迫り、近江の古墳をあらためて評価する中で雪野山古墳の位置付けを行い、現存する遺構から山城であった可能性に考えをめぐらせ、後世の人々による古墳に対してのかかわり方をたどりました。これらの講演は、いずれも調査現場でのエピソードを交えながらの臨場感あふれるものとなり、大変好評を博しました。

今回、より多くの方々に講座の内容について分かりやすくお伝えし活用いただけたらとの願いとともに、平成二十五年度末に雪野山古墳が国史跡に指定を受けた記念事業として、ここに『古墳時代前期の王墓　雪野山古墳から見えてくるもの』と題した講演記録集をまとめ、発刊する運びとなりました。読者の方が本記録集により、この地域において雪野山古墳が果たした様々な役割について想いを馳せていただき、この古墳が次代へと受け継ぐべき大切な「歴史資産」であることを感じていただく一助となれば幸いです。

最後になりましたが、ご多用の中、講座の講演ならびにこの記録集の作成に際し、格別のご協力を賜りました講師の先生方をはじめ関係機関に対しまして、厚くお礼申し上げます。

二〇一四年（平成二十六年）二月

竜王町教育委員会
教育長　岡谷　ふさ子

目次

古墳時代前期の王墓
雪野山古墳から見えてくるもの

発刊にあたって

一、近江の古墳時代史と雪野山古墳　大阪大学大学院／福永伸哉　6

二、雪野山古墳の鏡から見た古墳時代史　大阪市立大学／岸本直文　37

三、雪野山古墳と石製品　東海大学／北條芳隆　64

四、靫（矢入れ具）から見た雪野山古墳　熊本大学／杉井健　87

五、副葬された武器からみた雪野山古墳　岡山大学／松木武彦　124
六、農工漁具から見た雪野山古墳　奈良文化財研究所／清野孝之　148
七、琵琶湖地域の中の雪野山古墳　滋賀県文化財保護協会／細川修平　166
八、古墳時代前期甲冑の技術と系譜　鹿児島大学／橋本達也　208
九、雪野山古墳で見つかった中世の城跡について　滋賀県立大学／中井均　236
講師略歴

一、近江の古墳時代史と雪野山古墳

大阪大学大学院　福《ふく》永《なが》伸《しん》哉《や》

（二〇〇九年十一月十四日）

1．雪野山古墳の発掘調査

皆さんこんにちは、福永と申します。よろしくお願いします。今日三年ぶりにこちらに参りまして、竜王から鏡山の姿を見ますと紅葉も美しくて、綺麗な所だと改めて思いました。

雪野山古墳二〇年ということですが、ちょうど二〇年前を思い出してみますと、二〇年前の今日くらいに、第一回目の雪野山古墳の発掘調査を終わりました。第一回目の発掘調査は一九八九年（平成元年）八月頃に始まりまして、最初は八日市市、今の東近江市ですが、八日市市の教育委員会の方が、雪野山の頂上に二市一町で、あのあたりに遊歩道を造る計画が当時持ち上がってきたみたいでして、一番てっぺんに展望台を造るということになり、山の上が少し平らなので、古墳の可能性があるのではないかということで、八日市市の教育委員会の方が、確認調査という、簡単な試し掘りをしてみようと調査を始められたわけです。

ところが、始めて間もなく大きな石室が出てきて、その中から鏡が出てくるにおよんだわけです。これでは大変だということで、すぐさま私どものところに話をいただきまして、一緒に調査ができないかということになりました。私どもの大学の都出比呂志《つでひろし》先生を中心に「雪野山古墳発掘調査団」というのを作りまして、地元の教育委員会・私どもの大学、そして日本の各地の大学から非常に有能な若手に来ていただきまして、大きな調査組織を作って調査に入ったのが、おそらく八月の終わりだったか、九月のごく初めだったか、その頃であります。それからおよそ二ヶ月半くらいですね、山の上でずっと発掘調査をしていました。しかし大変な調査になり、もう寒くなってきて、比良の方には、雪が降りそうだという頃になってもまだ終わらない。当然みんな大学の授業をサボって来ているわけですから、学生さんは単位が無くなるとか、留年するんじゃないかといろいろ心配していたわけです。

そんな中でようやく十一月半ばになって、その年の第一回目の発掘調査を終わることができました。ずいぶんたくさんの成果がありまして、この間に山の上で行った現地説明会には、三〇〇〇人近くの人が、上がって来られました。当時は八日市市の羽田の方から登ったのですが、羽田の麓から雪野山山頂まで、ズーッと人の列ができたというエピソードが残っております。その後、当然それだけの古墳ですから、一回の調査で終わるということはありませんので、都合四回の調査を行いました。トータルで雪野山の山頂で調査をしていた期間は、八ヶ月くらいにもなります。特に第一回目はテントを持ち込んで夜の番をしながら、一〇日やそこらは、私も山の上で夜も過ごさせていただきました。

現地での調査が終わったのが一九九二年（平成四年）になります。足かけ四年の調査、八ヶ月間ですね。その後は、発掘調査をしますと学術報告書というのを作らないといけません。その学術報告書を作るには、発掘調査にかけた時間よりも三倍も四倍も時間がかかるわけです。それをようやく三年間くらいかけて、だいたいの情報をまとめて一冊の本にまとめ上げたのが、一九九六年のことでした。調査に着手して約七年かかりました。おかげさまでその学術報告書は、雪野山の出土品や遺跡が、すばらしかったということもありまして、「雄山閣考古学特別賞」という大きな賞をいただきました。雪野山古墳の発掘調査に端を発する研究というものが、日本の考古学の中で非常に価値のあるものとして、認めていただいたということになります。

今から五年ほど前に、ドイツで日本の考古学の展示会がございました。それはドイツのマンハイムとベルリンの二ヶ所であったのです。日本の考古学展としましては、ヨーロッパで最大規模のものが催されました。そこへたくさんの日本の考古学の出土品が出品されていたのですが、一番数が多かったのが、実は雪野山古墳の出土品でございました。その数ヶ月間、雪野山の出土品がドイツの二ヶ所の博物館で展示されまして、ヨーロッパの方々が雪野山古墳の出土品をみて、感嘆の声を上げていたということをお伺いしました。私もマンハイムの博物館の展示を見に行きまして、雪野山古墳の鏡や、出てきた壺とか、どういうふうに出てきたのかがわかる大きな写真などを、食い入るように見ておられる方々を拝見しました。それだけの物が雪野山から出てきたということは誇らしいことだと思います。

東京の出版社が、数年前から日本列島の各地の名だたる遺跡の、カラー写真がたくさん入った遺跡紹介の本を作っております。その一冊に『未盗掘石室の発見　雪野山古墳』（新泉社）がございます。竜王町の図書館に入っているとさっき伺いましたので、関心があればぜひ見ていただいたらいいと思います。それは明治大学の佐々木憲一先生が書かれたものです。彼も雪野山古墳の発掘調査の参加者です。

雪野山古墳の発掘調査は先ほど言いましたように、八ヶ月間ほどトータルで現地調査があったわけですが、そこで私どもの大学であるとか、あちこちの大学から、当時私も若かったですけど、若手の大学院生が参加してくれました。今そこで勉強した人たちが、一五人ほど大学の先生になって、北は福島から、南は鹿児島まで、あるいは韓国でも二つの大学の先生になっておられまして、そうしたアジアも含めて雪野山で勉強した人たちが、次の世代を教育すべく頑張っています。そういう意味で日本の考古学の中で、古墳時代の研究に関しては、雪野山古墳が一つの研究のメッカといいますか、研究の潮流の出発点になっているということです。それだけ重要な古墳であったということであります。多少前置きが長くなりました。コマーシャルが過ぎたかもしれません。

2．雪野山古墳の造られた時代

今日は「近江の古墳時代史と雪野山古墳」というお話をさせていただきますが、雪野山古墳が造られたのは、およそ西暦三〇〇年前後ですから、三世紀末～四世紀はじめという位置、今からおよそ一七〇〇年前のことになります。古墳時代というのは日本列島の鹿児島から、北は岩手県辺りまで前方後円墳という独特な形をした古墳が多く造られた時代。これが古墳時代という時代でして、現在の研究では、古墳時代というのは、およそ二五〇年頃から六〇〇年過ぎまで。もう少し俗っぽく言えば、卑弥呼さんが亡くなった頃から、聖徳太子さんの頃まで。そのおおよそ三五〇年間くらいが、古墳時代というふうに呼ばれております。三世紀の中頃から七世紀頃までです。古墳時代は普通、前期・中期・後期という三つの時期に分けて捉えるのが一般的でございまして、前期というのは三世紀から四世紀後半くらいまで、中期というのは四世紀終わりから五世紀いっぱい、後期というのは六世紀。実は前方後円墳は日本列島のほとんどの地域で、六世紀の終わりに無くなりますけども、それから後は、飛鳥時代という時代になりますが、前方後円墳はないですけども、土盛を持った古墳が造られています。有名なのが高松塚古墳とかです。その時代は古墳時代終末期と呼ぶ場合もありますけれども、一般に飛鳥時代というふうに呼ばれていますので、まあ純粋な古墳時代というのは、聖徳太子さんが活躍する七世紀の初め頃までということになると思います。その時期を三つに分けて、前期・中期・後期というふうに捉えるのが一般的です。

古墳時代は、私も高等学校の教科書を一つ書いておりますが、高校の教科書レベルで言いますと、古墳時代は大和政権の時代だとよく言われるというか、私もそういうふうに書いております。ですから、古墳時代は、大和政権の時代。かつては大和朝廷と呼ばれることが多かったのですが、今は大和政権と呼んでおります。ただ古墳時代三五〇年間、ずっと大和政権が安泰であったように教科書を見ると理解されがちですけども、実はそうではありませんで、古墳時代三五〇年間の間にいくつもの抗争があり、あるいは勢力の変動がありました。それが古墳時代政治史というふうに、研究のテーマとしては扱われるのですけれども、この時代は決して平坦なものではありませんでした。外国との戦いもあり、「政権交替」のような変動もあったと考えられます。古墳時代は、激動の時代であったということが、今や主に考古学の方から言われるようになってまいりました。

この時代には同時代の文字資料、文献はほとんどございません。古墳時代に関係することを書いた物としては当然『古事記』や『日本書紀』という史料がございます。しかしそれらは八世紀に編纂された書物でありまして、八世紀の王権が、自分たちの歴史はこういうふうなものであったとすれば都合がいいと言いますか、こういうふうなものであったと考えたいという、希望的観測も含めて、まとめ上げたものが八世紀の『古事記』や『日本書紀』であります。ですから古い情報はもちろんその中にちりばめられておりますけれども、ある意味で、八世紀の王権が、正当であることが証明できるような形で、手を加えられたりですとか、都合のいいように解釈した話を書いたりとか、そういう部分がございます。とりわけ古墳時代でも、前期という古い時期のことについては、正確な情報が『日本書紀』や『古事記』では得られないというふうに、基本的には考えた方がいいと思われます。

その分、嘘をつかないのが遺跡でありまして、遺跡の調査をしていきますと、例えばある地域に、いつ大きな古墳が造られたか、それが何代続いてその地域に造られて、その後その地域がどうなっていったのか、そういうことが分かります。ですから、今や古墳時代の研究というのは、多くが考古学の資料から行われるようになってまいりました。古墳時代の研究は今や考古学が責任を持たなくてはいけない分野になったと言えるわけです。

古墳時代というのは、先ほど言いましたように、大和政権の時代と呼ばれますけれども、実際はそう単純ではないわけです。**図1**に大王墓の築造地の推移というのを示しております。古墳の研究が進んできますと、だいたい二五年単位くらいで、古墳の時期を決めることができるようになります。副葬品として納められた品物の年代とか、あるいは古墳の表面を飾った埴輪という、焼き物の新しい、古いという差であるとか、古墳の造り方、形態などから、だいたい二五年単位くらいで古墳の年代が分かるようになってきております。

ですから先ほど雪野山古墳が、西暦三〇〇年前後であるといったのは、そういう情報から言っているわけです。二五年単位くらいで年代を輪切りにしてみて、この二五年の間に日本で一番大きい前方後円墳はどれかを探していけば、それがおそらく古墳時代の二五年刻みで見たときの、一番大きな権力を持って

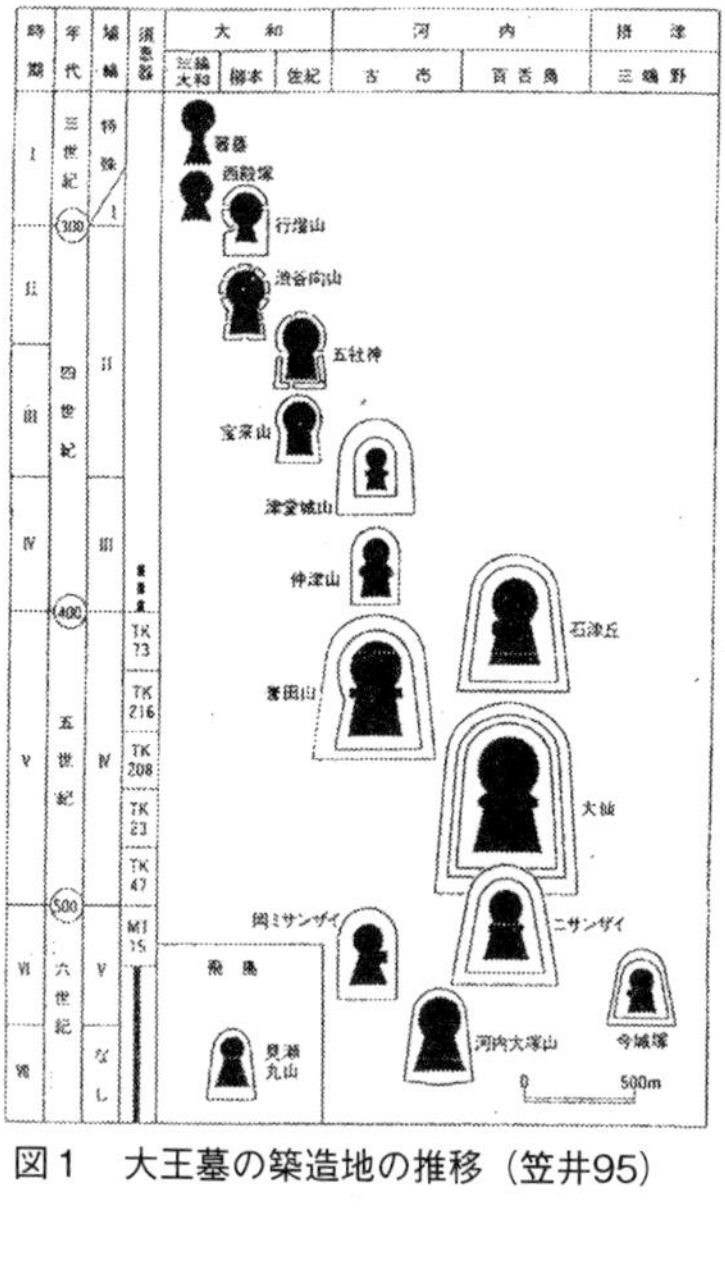

図1　大王墓の築造地の推移（笠井95）

いた人、つまり大王の存在していた場所である、というふうに考えられるわけです。

基本的には、大和盆地と大阪平野とに、二五年刻みで見たときに、一番大きな古墳というのは、いつも存在しているわけです。いわゆる畿内という地域に存在しているわけです。ですから古墳時代を通じて、畿内という地域から、他の地域に最大の勢力が移っていったということは、もちろんありません。

ところが、その畿内の中に分け入ってみますと、大和に同時代一番大きな前方後円墳が存在するのは四世紀の中頃までのことであります。一番古くに巨大な古墳を生み出すのは大和盆地の南の方、大和《おおやまと》柳本古墳群です。ここでさっき話題になっていますが卑弥呼さんのお墓の可能性があるのではないかという、箸墓古墳なんかが造られるわけです。

その後四世紀の中頃になりますと、一時的に大和盆地の北の方の奈良市の辺り、佐紀という所に巨大な古墳が移りまして、更にその後は、生駒の山を越えて大阪平野の藤井寺、羽曳野、堺市の辺りに、古市古墳群・百舌鳥古墳群という大古墳群が出てきます。この辺りは有名な（伝）応神天皇陵古墳とか、（伝）仁徳天皇陵古墳、古墳の呼び方では、大仙古墳と呼ばれたりしますけども、そういう四〇〇ｍを超えるような前方後円墳が、五世紀にかけて大阪平野の南の方に出てきます。

そして六世紀の初めになりますと、それら大阪平野の南の古墳は衰退していきまして、大阪平野北部の淀川流域の三島野古墳群という、現在の高槻市の辺りに、同世代で一番大きな前方後円墳である今城塚古墳というのが突然出てまいります。こちらの近江にも縁の深い継体大王の墓であると考えるのが正しいと思いますけれども、今城塚古墳というのが六世紀の初めには大阪平野の北部に出てくるわけです。

非常におおざっぱに言いますと、三世紀から四世紀の中頃、古墳時代前期は、大和の盆地の中に巨大な前方後円墳がある。古墳時代中期になりますと、河内の平野にそれらが移っていく。古墳時代後期になりますと、一時的ではありますが、淀川流域の摂津の地域にまた移っていく。こういうふうに巨大な前方後円墳、同世代で見ると一番のリーダーと思われる人の前方後円墳の造られる場所が移動していくわけです。この現象は古墳の造る場所が無くなったので、土地が狭くなったので他の所に移したんだという見方もなくはないですけども、やっぱり古墳は、豪族の本拠地に作るのが原則でありますから、古墳の場所が大和から河内、河内から摂津へ移動するというのは、それぞれの時代・時期で政治的な覇権を握っていたといいますか、リーダーシップを握っていた勢力が、それぞれ替わっていったのだろうと見るのが、近年の有力な考え方になってきております。これを「古墳時代の政権交替論」と言うわけですけども、三～四世紀の大和政権、そして五世紀の河内の政権、そして六世紀摂津の継体大王の政権というふうに、移動していったのではないかと考えられるわけです。

このように古墳時代の政治史というのは大和がずっと安泰であったわけではなく、もちろん畿内の中のことではありますが、勢力争いの結果、主導権が移っていくような非常にダイナミックなものであったことが分かるわけであります。

3. 雪野山古墳の概要

雪野山古墳はこの中の、大和に巨大な前方後円墳が造られた古墳時代前期のものでございます。雪野山古墳の概要については、**表1**にごくおおざっぱにまとめてあります。

雪野山古墳は、雪野山の山頂に造られておりまして、長さが七〇ｍの前方後円墳です（**図3**）。中心部に竪穴式石室という埋葬施設がございまして、これが二〇年前に発掘調査されたものです。長さ六・

一mほどあります。これは同じ大きさの模型と言いますか、レプリカを当時作りまして、それが今も東近江の方にあると思います。そのレプリカは、適当に作ったのではなくて、当時現地で石室の内側に、全部シリコンラバーという物をはりつけて型を全部取りました。そのシリコンラバーをがばっとめくりますと、ちょうど石室の「雌形」ができています。その中にもう一度樹脂を流し込んで当時と同じ形、石の肌合いも全部出るような精密な形の石室を復元しました。それに模型会社の専門の職員の方が、写真を見ながら厳密に精密に色を付けた。ですからもしこの模型の石室が雪野山山頂に埋まっていたら、ぱっとみたら本物と間違うような出来の良い石室であります。将来博物館を作ることを考えて、そうした日本で唯一の、本物から型を取っておこした石室の模型というのができております。将来また景気が上向いた時に、そういった博物館を作れるような力が、この地域にできた時に使っていただければ、貴重なコンテンツになると思います。

さて雪野山古墳の中心部には、竪穴式石室が一つありまして、その横にはもう一つ埋葬施設がございます。これは

表1　雪野山古墳と安土瓢箪山古墳の比較

		雪野山古墳	安土瓢箪山古墳
古墳立地		雪野山山頂、湖東平野一望 ※安土瓢箪山は見えない	繖山山麓の丘陵先端、琵琶湖の湖岸に近い ※湖東平野や雪野山古墳は見えない
墳形・規模		前方後円墳・70m	前方後円墳・130m
埋葬施設	中心	竪穴式石室・6.1m	竪穴式石室・6.6m（1基）
	その他	粘土槨？（後円部）	竪穴式石室2基（後円部）、箱式石棺2基（前方部）
主要副葬品	鏡	舶載三角縁神獣鏡3、倣製内行花文鏡1、鼉龍鏡1	舶載キ鳳鏡1、倣製神獣鏡1
	武具・武器	小札革綴冑、刀剣、鏃、槍	方形板革綴短甲、刀剣、鏃、槍、筒形銅器
	その他	朱入り壺形土器、漆塗り製品、腕輪形石製品1種	腕輪形石製品3種

発掘調査をしておりません。竪穴式石室からは、三角縁神獣鏡と呼ばれる鏡が三面、それは中国製です。あと日本製の内行花文《ないこうかもん》鏡・鼉龍鏡《だりゅうきょう》がそれぞれ出ておりますし、武器や武具、鉄の冑とか刀剣、鉄の鏃《やじり》と青銅で作った鏃、あと槍《やり》などがあります。また、石室の中から壷が出てきまして、その中には赤い顔料であります、朱が入っておりました。石室の中も、もちろん真っ赤に朱が塗られていたわけでありますが、そういう朱を壷に入れて持ってきて、石室の中にその朱を塗ったりばらまいたりする儀式を行って、壷をそのまま石室の中に埋めて置いたということです。あとは漆塗りの様々な製品であるとか、腕飾りであるとかが出ております。その出土状況は**図2**にありますので、ご覧になってください。

古墳の形は前方後円墳ですね。埋葬施設はまん中に竪穴式石室。その横にもう一つ埋葬施設があります。これは発掘調査をしておりません。墳丘は全面をめくった発掘調査ではなくて、トレンチといわれる筋掘の発掘調査で古墳の各所の位置関係をおさえて、前方後円形の古墳を復元しております（**図3**）。

石室内の副葬品の出土状況も**図2**に示しています。頭の方に鏡三枚、足の方に鏡二枚がありまして、その他にも棺の中に所狭しと副葬品を並べております。あとは、冑《かぶと》というのは**図4**にあげているようなウロコのような小さな鉄板を丹念にとじ合わせた冑です。これ中国の冑ですね。中国の華北系の冑です。

それと、面白い物としては靫《ゆぎ》というのが出ています。革偏に叉と書いて「ゆぎ」と読ませますけれども、これは弓矢の矢を入れて、背中に背負う矢筒です。矢筒の本体はおそらく木の箱でありまして、木の箱を革で包み、外側に紐で模様を編み上げて、黒漆で固めたものです。今はそういう木の箱の部分であるとか、紐の部分とかは全く無くなっておりまして、全体が黒漆で固めた漆の膜として残っているだけです。

しかしそういう古墳時代の、背中に背負う靫が完全な形で実物が出てきた、そして実物を完全な形で

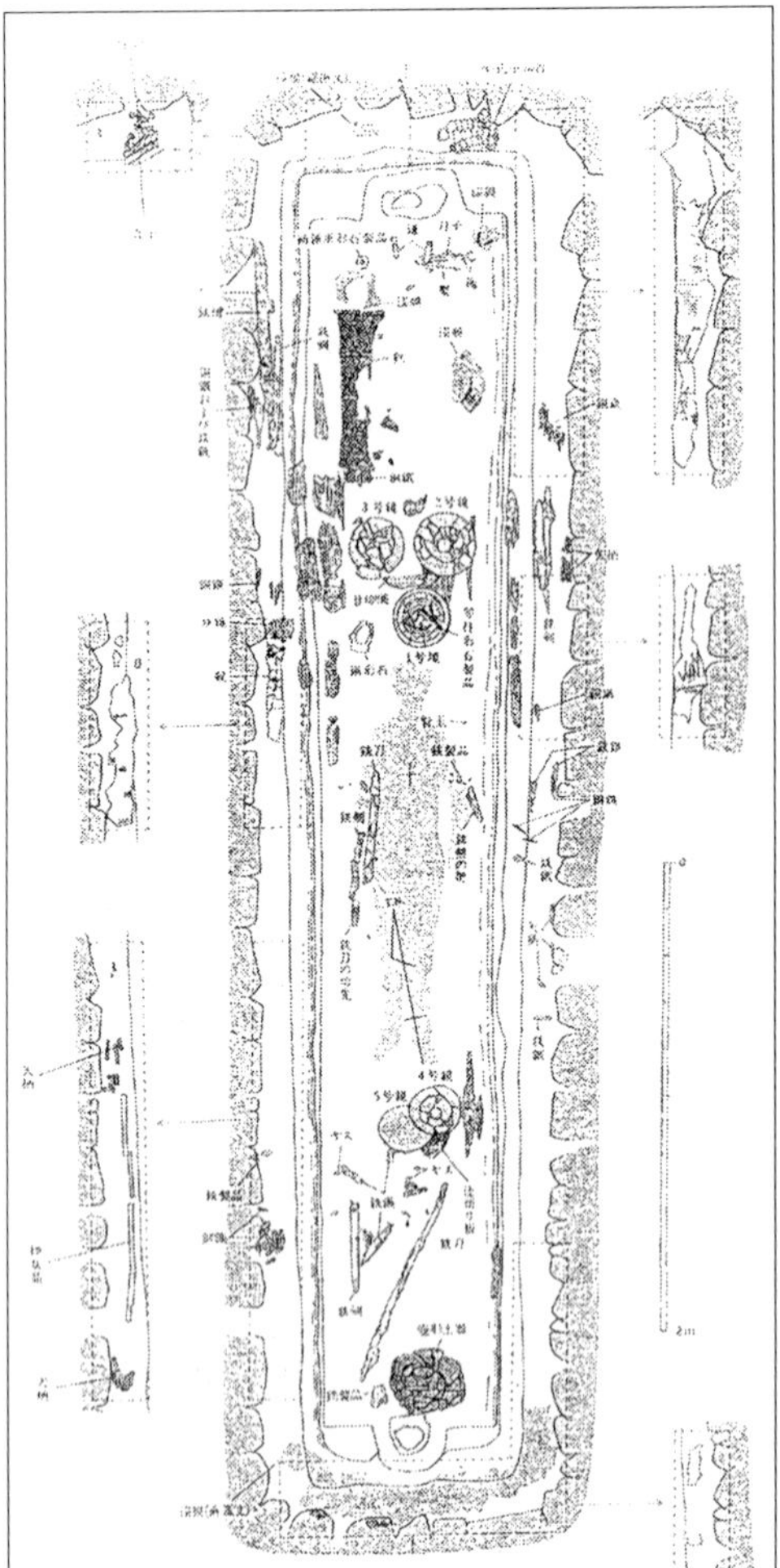

図２　竪穴式石室の遺物出土状況（八日市市92）

取り上げることができたというのは、雪野山古墳だけでありまして、日本で唯一の完形の靫が出土した遺跡ということでも、有名になっております。人物埴輪なんかには時々、靫を背負ったものがあったり、靫そのものの埴輪なんかもあったりしますけれども、実物がまるごと出土して、きちんと取り上げられたというのは、雪野山古墳しかございません。以上が雪野山古墳のだいたいの概要です。あとからスライドでお見せします。

雪野山古墳は前方後円墳ですからね。今、日本で古墳は二〇万基から三〇万基、数があると思いますが、その内で前方後円墳、あるいは前方後円墳の円い部分が四角の墳丘になった物、前方後方墳といいますけれども、前方後円墳、前方後方墳含めて、五〇〇〇基くらい。二〇～三〇万基の中の五〇〇〇基くらいが前方後円墳、あるいは前方後方墳であります。その中でこういう非常に長大な竪穴式石室を持つものというのは、これは非常に格の高い埋葬施設になるわけですけれども、そういうものを持つものは前期を中心におそらく一〇〇基あまりしかないですね。ですから雪野山古墳の、墳丘の形と埋葬の構

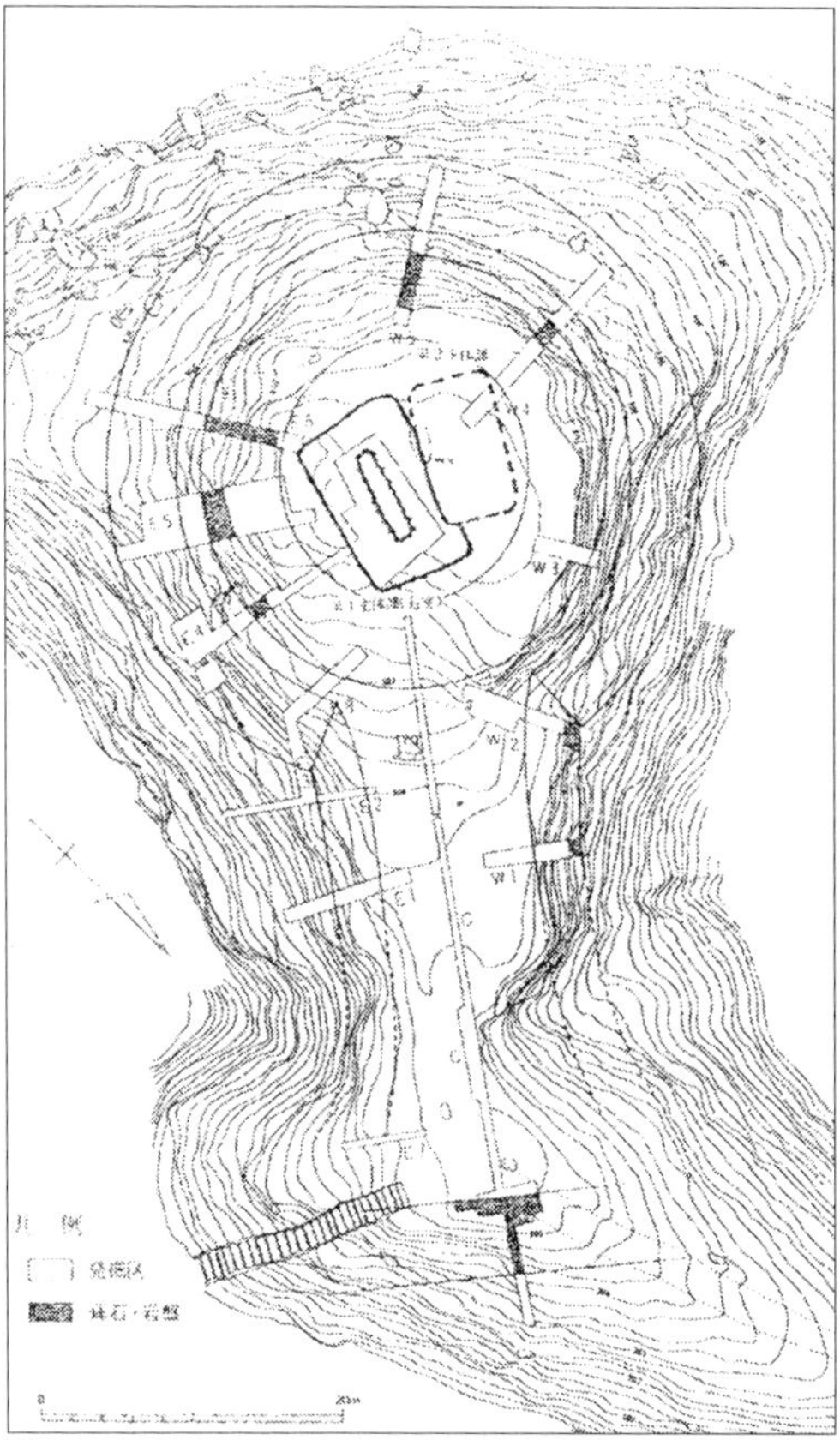

図3　雪野山古墳の墳丘（八日市市93改変）

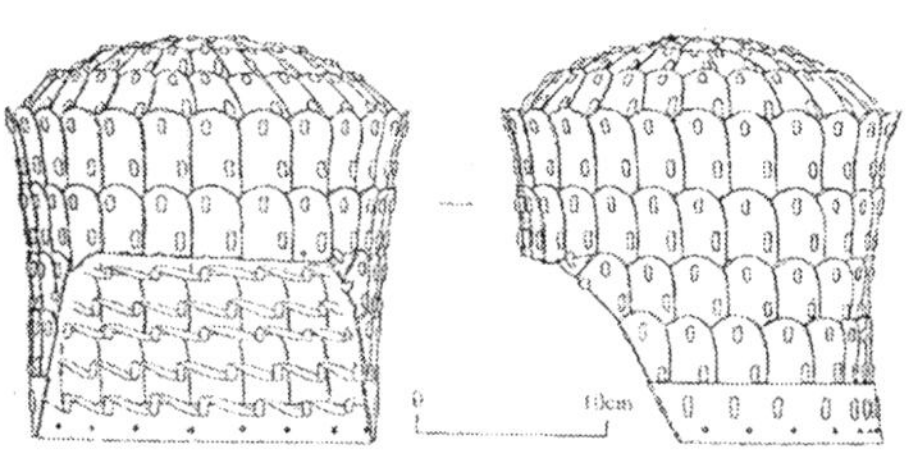

図4　雪野山古墳の小札革綴冑（八日市市96）

造というのは、古墳時代前期の豪族の墓の中でも格式の高い一〇〇あまりの中に含まれるということになるわけです。それだけの有力な豪族のお墓であるということが言えるわけであります。

4．大和政権とのつながり

このように重要な古墳が、どうしてこの雪野山に造られたか。湖東の地域に造られたかが重要なことです。特に雪野山古墳では三角縁神獣鏡という鏡が三枚出ておりますね。三角縁神獣鏡は、さきほど私、これを中国の鏡というふうに言いましたが、私はもちろん中国の鏡と考えています。日本に邪馬台国という国があったという話が、中国の三国時代の魏の国のことを記した〈魏志倭人伝〉という史料に出てまいりまして、邪馬台国の女王卑弥呼が、中国の魏の皇帝に使いを送った時に、魏の皇帝からたくさん鏡をもらっている、という記述があります。三角縁神獣鏡というのは、今では三七〇～三八〇枚日本から出土していますが、その中にまさに卑弥呼が中国に使いを送ったその年である二三九年（景初三年）という、魏の年号を持った三角縁神獣鏡がある。ですから三角縁神獣鏡という鏡は、卑弥呼が魏からもらってきた鏡ではないかということが、以前から通説で考えられております。

近年これに対しては、そうじゃなくて日本で作った物だろうという議論もありまして、中国の研究者や日本の研究者を巻き込んで論争がおこっておりますが、そのテーマは私も大好きですけれど、今日はそれを話していると、雪野山の話が終わりませんので、とにかく三角縁神獣鏡というのは、邪馬台国が中国の魏の皇帝からもらってきた鏡という立場で、今日は話を進めていきたいと思います。

その鏡が、おそらく邪馬台国から大和政権に受け継がれた。大和政権というのは、前方後円墳が全国に成立して、その権力の中枢をなしていた大和の政治勢力のことです。前方後円墳が出てくると大和政権の成立というわけです。卑弥呼がまだ活躍していた邪馬台国の時代には、形の整った巨大前方後円墳というのはまだ無いわけです。卑弥呼が亡くなった頃から前方後円墳ができはじめるわけです。私は前方後円墳第一号というのは、奈良県にあります箸墓古墳、これは卑弥呼の墓の可能性があると、年代的にみても、箸墓古墳だろうと考えております。ということは邪馬台国から大和政権が発展して出てきたという理解になりますから、よく言われる邪馬台国所在地論争という点では、邪馬台国畿内説と言われる立場ですね。数日前に奈良県桜井市で「卑弥呼の宮殿」が出てきたとか、そういうことが、報道されましたけれども、あれを認めるなら当然邪馬台国は畿内にあったということになるわけです。

一方で邪馬台国九州説というのもあります。おそらく一般の方々には邪馬台国九州説に賛成される方が多いんじゃないかと思います。だいたい八割が九州説で二割が畿内説くらいじゃないかと思いますが。研究者のレベルでは邪馬台国九州説を言われる方はほんとに数えるほどしかない。そのうち何人かの人たちも、もう九州の遺跡を守らないといけないから少し無理をして言っている先生方もいらっしゃって、後からお酒を飲みながら話をすると「さっきはああ言ったけどな」とおっしゃる方もおられる。もちろんほんとに九州説を論じておられる先生方もいらっしゃいますが、考古資料から見るかぎりでは、九州説は最近とみに分が悪くなっているのではないかと思いますが、人気という点では畿内説はあまり人気がなくて、九州説は人気がある。こういう人気と実力は、いつの時代も上手くかみ合わないのが、世の常でございます。

それはともかくとしまして、三角縁神獣鏡というのは邪馬台国畿内説の立場にたてば、邪馬台国がもらってきた物を、次の大和政権がさらに引き継いで、それを各地に配りながら、政治的な関係をとり結んでいったという理解になります。当然、邪馬台国、大和政権の側が鏡を与えるわけですから、そういう意味では、支配・服従という強い関係ではないかもわかりませんが、大和とそれ以外の地域の間には中心と周辺という関係くらいはできていた。そういう貴重な鏡を雪野山の豪族は、三枚持っているわけです。これは大変なことです。では、どの豪族でもそういう鏡をもらえるかというと、そういうわけではありません。やはり邪馬台国、大和政権にとって大変意味のある地域の、非常に有力な豪族が、とりわけこの鏡を手にしているということが言えるわけです。

ですから雪野山古墳が造られたのが三〇〇年頃としますと、その被葬者は数十年前頃から有力豪族として活躍していたわけです。卑弥呼と会っているかどうかというと、微妙なところです。卑弥呼は宮殿の奥深くにいて、誰も顔を見てないとされています。弟さんが一人いて、弟さんに伝えたことを、弟さんが、豪族たちにメッセンジャーとして伝えるわけです。ですからもし卑弥呼と同じ時期に生きていたことがあったとしても、卑弥呼の顔を直接、雪野山の被葬者は見ていないと思います。古墳の時期も卑弥呼の時代よりやや新しいですから、卑弥呼が亡くなった頃から、数十年間にわたって活躍したのが、雪野山の被葬者、ということになる可能性が高いでしょうね。雪野山の被葬者が、この三角縁神獣鏡や、あるいは中国系の冑をもらうことができているのは、やはり初期大和政権の政治的な戦略にとって、この湖東の地域が、非常に重要であったからという理由が、まず第一に考えられます。大和政権の政治戦略というのを、私は常々考えておりまして、大和政権ができ上がったのは、三世紀の中頃です。邪馬台国が発展して、大和政権が成立にするのが三世紀中頃のことなんですけれども、その頃大和政権にとっては、二つの大切な戦略があったわけです。

5．大和政権の東西戦略

一つは、畿内から見て西の方に対する戦略です。大和政権というのは、邪馬台国が発展してできたものですが、中国から権威を認めてもらっているわけです。卑弥呼は中国に使いを送った時に、「親魏倭王」という位をもらっています。あなたは倭王ですよと、中国の皇帝から認めてもらっているのです。そういう「中国の皇帝から認めてもらった王でありますよ」ということが、実は卑弥呼が、日本列島の中で各地の豪族に対して、優越性を主張する、大きな拠り所になっているわけです。それを証拠立てるのが「金印」という物です。卑弥呼にとってはこの金印が大切なんです。卑弥呼の金印は、まだ出土していませんが、安土城考古博物館に行ったら推定復元したレプリカがあったような気がしますけれども、あいう物が出てくれれば、たちどころに邪馬台国論争が解決するんですが。とりあえず「親魏倭王」という位を、魏の皇帝から卑弥呼はもらっているわけです。卑弥呼の後を継ぐ人たちも、そういう位を、中国の王朝から認めてもらう必要があるわけです。そのために何回も中国へ朝貢に行っています。皇帝が替われば、また挨拶に行って、そこでまたそういう位を引き続き認めてもらうのです。中国への朝貢は、まさにこの倭王という位を認めてもらいたかったということが、非常に大きな理由ではないかというふうに思います。

それを考えると邪馬台国、あるいはその権威を受け継いだ大和政権というのは、中国との関係を必ず大切にしなければいけない。そのために数年に一度は朝貢に行かなければならない。朝貢に行くためには、海を渡って行きますので、海のルートをいつでも通れるように、沿岸の勢力と仲良くしておく必要があります。ですから西の方に対する、邪馬台国・大和政権の戦略というのは、瀬戸内沿岸の勢力との連携、瀬戸内沿岸の勢力を自分たちの同盟関係に入れておく。それが大事なことでありまして、そのために瀬戸内の沿岸の勢力に対して三角縁神獣鏡をどんどん配るわけです。

図5に日本地図が四つ出ています。**図5**③の地図は、三角縁神獣鏡の一番古いA段階の物がどういう地域に配られてかということを示しています。私は、三角縁神獣鏡を古い方からA～Dの4段階に分けていますが、雪野山にある三角縁神獣鏡は、B段階です（**図5**④）。邪馬台国・大和政権は、何回も朝貢に行っていますので、そのたびに三角縁神獣鏡のような鏡をもらって来ていたと思われるわけですが、一番古いのはA段階。これは最初の朝貢でもらってきた物ですね。最初の朝貢使節は二三九年に出発して二四〇年に帰ってきますから、その頃に持って帰った物が、A段階という三角縁神獣鏡です。畿内にはもちろん分布が多いわけですが、畿内より西にかけては兵庫県から岡山県、あるいは香川県・山口県・広島県という瀬戸内沿岸にパラパラッと配られているのがよく分かると思います（**図5**③）。先程ご説明したように、これは西の方に対して瀬戸内ルートを確保するために、ルートの要衝の豪族たちと関係を取り結んだことを示していると考えられます。ごく一部日本海の沿岸にも配られていますが、これは万一ですね、これは卑弥呼さんに聞いたわけではないですが、私が卑弥呼さんだとすると、万一瀬戸内ルートが、何らかの理由でうまくつながらなくなった時、中国に出て行くためには、北近畿から山陰を通って中国へ行くルートを、いわばサブのルートとして確保しておく必要があります。山陰から北近畿の地域の豪族にも、三角縁神獣鏡を配って連携を保っておこうと考えると思います。これは西の方に対する戦略であります。ちょっと西の方の話が長くなりました。

では次に、畿内より東に対しての三角縁神獣鏡はどうであるかを考えて見ましょう。畿内より東ですと、一番大きな勢力があったと思われるのは名古屋の辺りなんです。遺跡の密度、分布からみると。とところが名古屋の辺りには、三角縁神獣鏡がさほど配られておりません。A段階B段階を見ても、名古屋の辺りにはほとんど配られておりませんで、むしろ名古屋の周辺の岐阜県であるとか、名古屋の辺りを越えた静岡県であるとか、さらに内陸沿いのルートを東に行った群馬県・山梨県であるとか、そういう所に古い三角縁神獣鏡は配られているわけです。名古屋には遺跡から見ると非常に有力な勢力がいたと思われるのに、三角縁神獣鏡が配られていないというのは、ちょっと注目すべき点であります。

実は三角縁神獣鏡よりも前の時代の貴重な青銅器である突線鈕式銅鐸《とっせんちゅうしきどうたく》の分布をみますと（図5①）この銅鐸は近畿地方と東海地方からたくさん出土していまして、名古屋の辺りにもあります。これは近畿や東海の人たちが、いわばよく似たシンボル、よく似た青銅器を分け持つことによって、自分たちは文化的に理解できる仲間でありますよ、と確認していた段階です。弥生時代後期のことで年代でいうと西暦一～二世紀頃のことです。この段階では畿内地方も名古屋の辺りの伊勢湾岸地方も、いわばお互いを理解し合える仲間として同じようなシンボルを持っていたのです。

ところがこうした関係に変化が出てくるのは、次の画文帯神獣鏡という鏡の段階です（図5②）。これはまさに卑弥呼が生きている時代に、卑弥呼たちが中国から手に入れた鏡です。三角縁神獣鏡よりも少しだけ古い鏡で三世紀前葉ごろのものです。卑弥呼が王であった時期のうち、前半期の鏡であります。この段階になりますと、畿内の地域にはもちろん多いのはいいんですけれども、東海地域の伊勢湾岸から、画文帯神獣鏡の分布がぱったり抜け落ちてしまいます。その直前まで同じようなシンボルであります突線鈕式銅鐸を共有して、仲良くしていた畿内と伊勢湾岸の勢力は、画文帯神獣鏡が手に入る頃になって、袂を分かったというふうに考えざるを得ないわけです。

そうした画文帯神獣鏡の段階で、袂を分かったその流れが、次の三角縁神獣鏡にも引き継がれたため

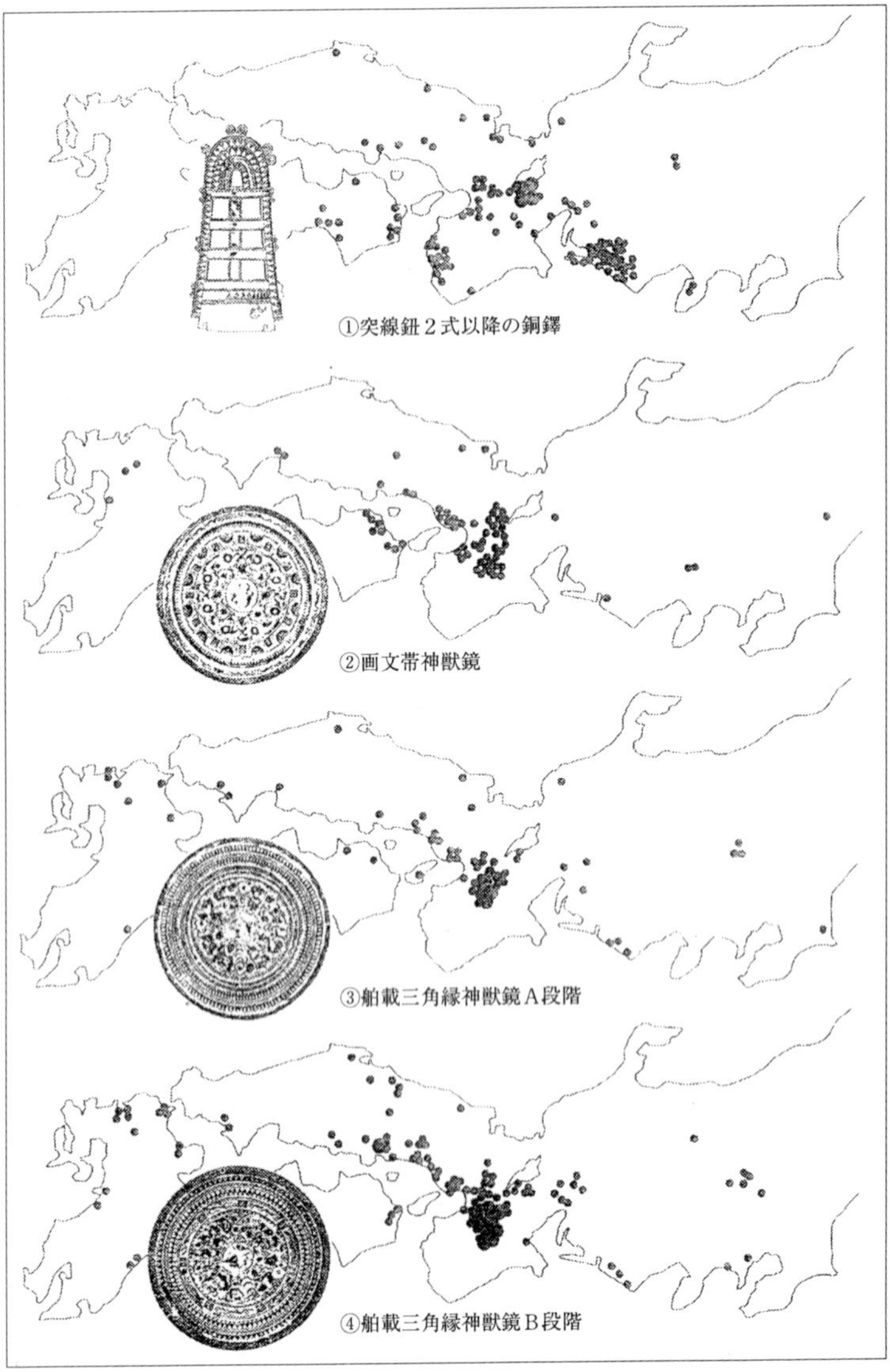

図５　銅鐸・画文帯神獣鏡・舶載三角縁神獣鏡古相の分布

に、特に伊勢湾岸の一番遺跡の多い名古屋の辺りからは、三角縁神獣鏡はあまり出てこないというふうになっているのではないかと推定されます。ではどうして、名古屋辺りの勢力が、畿内地域と袂を分かつようになるのか。これ以上は考古資料そのものからは分かりませんけども、一つ参考になるのは、魏志倭人伝には、卑弥呼と隣の国の男の王様は非常に仲が悪いということが書いてあって、互いに戦争をしている。攻め合っているその隣の国は狗奴《くな》国という国です。ここに男の王様がいました。これが卑弥呼と仲が悪くて対立して、戦争をしているわけですね。卑弥呼が登場する頃から、それまで仲間同士であった関係が、対立関係にかわっていくのです。突線鈕式銅鐸と画文帯、三角縁神獣鏡の分布の差に注目しますと、伊勢湾岸地域というのが、この狗奴国の候補地として浮上してくるのです。有り体に言えば、伊勢湾岸地域を中心とする狗奴国の勢力と、畿内の大和盆地を中心とする邪馬台国の勢力というのが、ちょうど卑弥呼が出てくる頃に仲が悪くなって、その反映として、卑弥呼が中国から手に入れてきた画文帯神獣鏡、あるいはそれに続く三角縁神獣鏡が、伊勢湾岸地域にあまり入らなくなった。こういうふうに理解できるんじゃないでしょうか。

　このあたりのことは先ほど言ったように、魏志倭人伝にも出てまいりまして、ちょうど二四〇年代ころに、卑弥呼と狗奴国の男の王様が大変仲が悪くて戦争をしている。男の王様の国は大変強いので、邪馬台国が大変苦戦をしている。そこで邪馬台国は魏に使いを送って、こんな有様であるから何とかしてくれとお願いをしたところ、魏の皇帝は大将軍を遣わした。おそらく軍事的な指導者として派遣してもらったのだと思いますけども、そういう人物が、魏の皇帝から、邪馬台国に送り込まれてきて、卑弥呼を助けたということがわかります。

　狗奴国との争いの結果がどうなったかは魏志倭人伝には書いてありませんが、直後に大和盆地を中心として、巨大な前方後円墳が出現してまいりますので、おそらくこの争いは、邪馬台国に有利なように決着したのでしょう。その中国の軍事的なアドバイザーの様々な支援を受けて、決着したのだろうと思います。

ただ、当時の戦争というのは、征服戦争ではありませんから、たとえば伊勢湾岸地域に、その後人がいなくなるとか、畿内地域から大変たくさんの人が入植するとか、そのようなことにはなりません。伊勢湾の土器と畿内の土器は形が違いますから、もし畿内が征服して、たくさん入植者が入っていったら、土器の形の違いでわかるはずですけども、そういうことは一切ありません。東海地域では、その時代を経ても同じような系統の土器を使い続けているわけですね。征服戦争ではなかった証拠です。ある意味では、東海地域の勢力が、勢力を温存させながら、卑弥呼を中心とする政治的な枠組みに対して、ともかく反抗はしなくなったというか、それくらいの決着だったのではないかと考えられます。したがって、伊勢湾岸地域には、狗奴国の勢力というのはずっと残っているわけです。そうすると邪馬台国、大和政権にとっては、東の方の安全保障という点では、やはりこの伊勢湾岸の辺りをどう牽制するかということが、引き続き非常に大きな懸案だったと考えてよいでしょう。

そこで東の方に対してどういう地域の勢力と、大和政権は関係を取り結んでいくのかというと、ちょうど伊勢湾岸を避けるように、その周りの勢力との連携を強化したようです。したがって、三角縁神獣鏡の古い段階のものが岐阜県辺り、あるいは中部地方を越えて群馬県の辺りから出てきたり、長野県や山梨県から出てきたり、伊勢湾の向こう側の静岡県の辺りから出てきたりしているのではないでしょうか。この連携のあり方から私は大和政権が東方戦略、もう少し具体的に言いますと狗奴国の包囲網のような、そういう戦略をとったんじゃないかと考えるわけです。

そうした戦略を考える時に、この近江の湖東の地域というのは、もう少し東に行って、関ヶ原を抜ければ、伊勢湾岸にすぐに到達する地域でありますし、三重県の方に鈴鹿の山を越えれば、また伊勢湾岸に到達する地域です。そういう意味では、この湖東という地域は、大和政権の東方戦略にとっては、まさに交通の要衝といいますか、要にあたる重要な地域といえるわけであります。どうしてもこの湖東地域の豪族と良い関係を取り結びたいという、大和政権の願いが、雪野山の豪族との間に、これだけの太いパイプを作り上げるということになったのではないかというふうに考えてみてはどうでしょう。つまり雪野山の豪族が、これだけの古墳を作って、副葬品をたくさん手に入れている。まさに大和政権の貴重な副葬品を手に入れているということは、この湖東の地域が、どれだけ重要であったか、治政的な湖東の地域の重要性を示しているというふうに理解できるのです。こういうまさに大和政権にとって、東の方の経営の要となるような地域に、雪野山古墳の一族が台頭してきたということになります。

ですから竪穴式石室という大和政権が造り出した一番格式の高い埋葬施設の構造を、滋賀県で一番最初に採用したのが、この雪野山古墳であることも理解できます。地元にそういう技術があるわけではないので、そうした石室を造る技術も含めて、大和政権とのつながりの中で、技術者がやってきて、伝授したんだろうと思われます。雪野山古墳というのは、そうした邪馬台国から大和政権にいたる頃の、特に東の方の様々な政治的な動きの中で、まさにこの地域に造られるべくして造られた有力な古墳であるということが言えるのであります。

6．安土瓢箪山古墳と雪野山古墳―激動の古墳時代史の中で―

その雪野山古墳が造られた後のこの地域が、どうなったかというと、これも興味深い歴史が展開したようです。雪野山古墳の次の世代のこの地域の古墳と考えられるのは、安土にある瓢箪山《ひょうたんやま》古墳ですね。実を言うと雪野山古墳が発見される以前は、瓢箪山古墳が近江を代表する前期古墳というふうに考えられていました。近江といえば、安土の瓢箪山古墳。近江の前期古墳といえば、瓢箪山古墳。瓢箪山古墳は大和政権と非常につながりの深い古墳であるというのが、雪野山古墳が発見される前までは近江の古墳時代史として、必ず出てきていた話ですね。通説であったわけであります。

雪野山古墳を調査している時も、雪野山古墳の次の代は瓢箪山古墳の被葬者なんだなと、最初は思っていました。しかしそのうち雪野山の頂上で下界を眺めていて、ふと気づいたのです。今日なんか雪野山から比良山系まで十分見渡せますね。眺めのいい日に雪野山の方からずうっと琵琶湖の方、安土の方をいくら探しても、実は瓢箪山古墳は見えないのです。山の陰になって見えないのです。普通、豪族が次の世代の古墳を造る時には、たいがい前代の古墳から見える場所に造るのがセオリーです。親父の古墳はあそこで、次の世代の息子か娘の―この時期は女性の豪族の首長というのはいますからね、卑弥呼さんも女性です―古墳は見える所に造るのがセオリーですけども、この雪野山から目をこらして見ても瓢箪山古墳は見えないのです。これは我々が調査をしている時から、ずいぶん疑問に思っていたことです。それで、もう一度瓢箪山古墳の出土品をきちんとチェックしてみようと考えました。

瓢箪山古墳というのは、**表1**にまとめていますように、竪穴式石室を三つも持っていまして、非常にこれも有力な古墳である事は間違いありません。古墳の大きさの点でも発掘調査できちんとはっきり長さが確かめられたわけではありませんが、墳丘測量図の検討をしてみますと、少なくとも一三〇mくらいはあるんじゃないかと考えられます（**図6**）。非常に有力な前期古墳であることは間違いないんですけれども、ここから出土している副葬品を、もう一度この目で見てみますと、いくつか不審な点があるわけですね。不審な点というのは、まがいものが紛れ込んでいるとかそういうんじゃないですよ。雪野山古墳と比べるとちょっと妙な点がある。

一つは瓢箪山から出てきた副葬品の中に鏡が二枚ありますけれども、いずれも三角縁神獣鏡ではないんです。**図7**に示していますが、一枚は中国製のキ鳳鏡という鏡、もう一枚は中国の鏡を日本でまねて作った倣製神獣鏡です。この二枚だけが瓢箪山から出ております。この倣製神獣鏡も、そのモデルとなった中国鏡は、三角縁神獣鏡じゃないんです。実は三角縁神獣鏡は、中国の王朝が四世紀の初め頃に滅亡した後に手に入らなくなるものですから、大和政権はよ

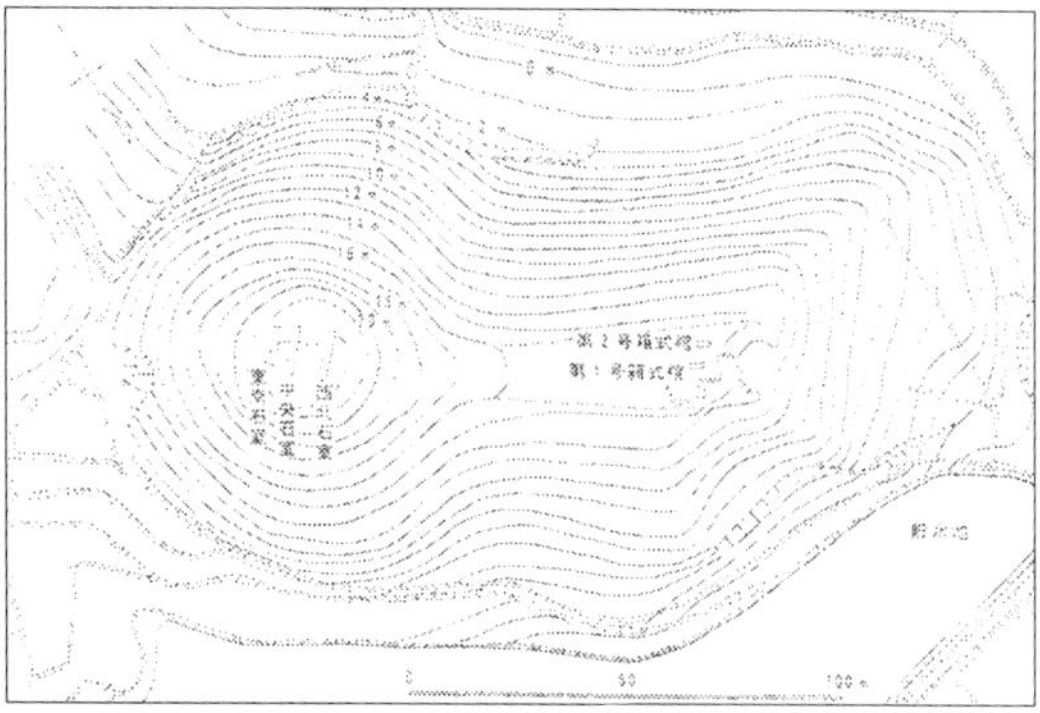

図6　安土瓢箪古墳の墳丘（安土城博93）

図7　安土瓢箪山古墳出土の銅鏡
（左：舶載キ鳳鏡　右：倣製神獣鏡）

く似た三角縁神獣鏡の倣製鏡を日本の国内で作って、それを各地の豪族との関係を結ぶ時に、引き続き使っているということがあるんです。ところが、瓢箪山古墳に入っている神獣鏡というのは、そういう三角縁神獣鏡の倣製鏡ではなくて、全くそれとは別の種類の神獣鏡の模倣したものです。

つまり大和政権が苦労して作り出した三角縁神獣鏡の倣製鏡はここには入ってない。ましてや大和政権が、中国からもらってきた舶載の三角縁神獣鏡も入ってない。こうしたことが非常に不思議な点でありまして、これだけ捉えてもどうも瓢箪山の豪族というのは、初期の大和政権、大和を中心とする、古墳時代前期の政治権力とはさほど深いつながりを持っていなかったんじゃないかと、考えるようになりました。

次に、瓢箪山古墳の中に副葬されていた武具です。瓢箪山古墳には「方《ほう》形《けい》板《ばん》革《かわ》綴《とじ》短《たん》甲《こう》」という、**図8**のような四角いカルタのような形をした、鉄の板を綴じ合わせて作った短甲が副葬されていました。雪野山の場合は冑《かぶと》で、鱗のような小さな板を綴じ合わせて作った小札《こざね》革《かわ》綴《とじ》冑《かぶと》というもの

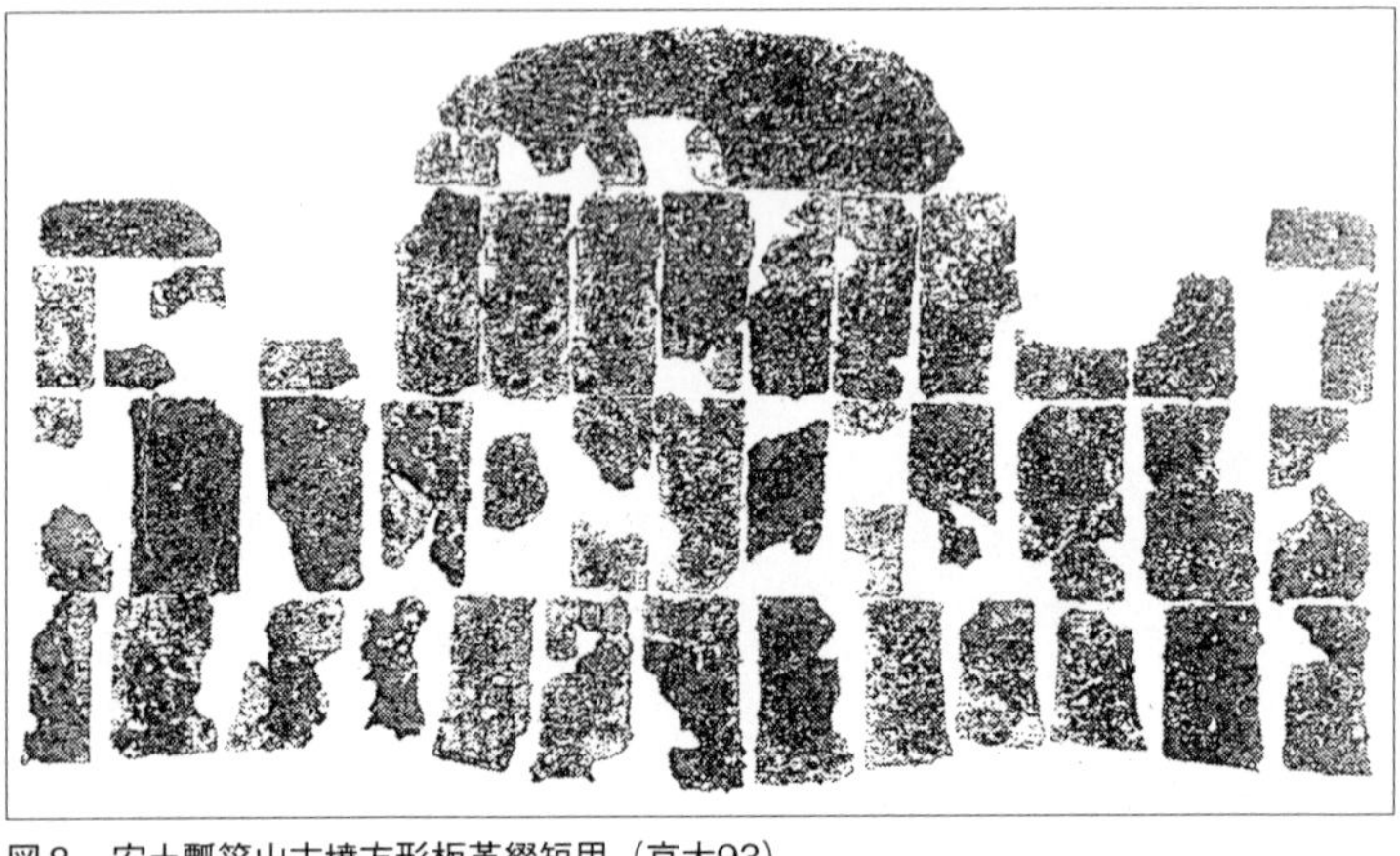

図8　安土瓢箪山古墳方形板革綴短甲（京大93）

でした。雪野山のような冑は中国からも出土していて、中国系の冑です。これに対して瓢箪山古墳の持っている甲《よろい》、これは中国系の甲ではありません。最近研究が進んできましたけれども、これは朝鮮半島系の甲です。韓国の南部の加耶《かや》系の甲です。瓢箪山と全く同じ物が出ているわけではないですが、こういう四角い板をつなぎ合わせて作る甲の作り方というのは、加耶の地域の作り方ですから、これは朝鮮半島系の甲ということになります。

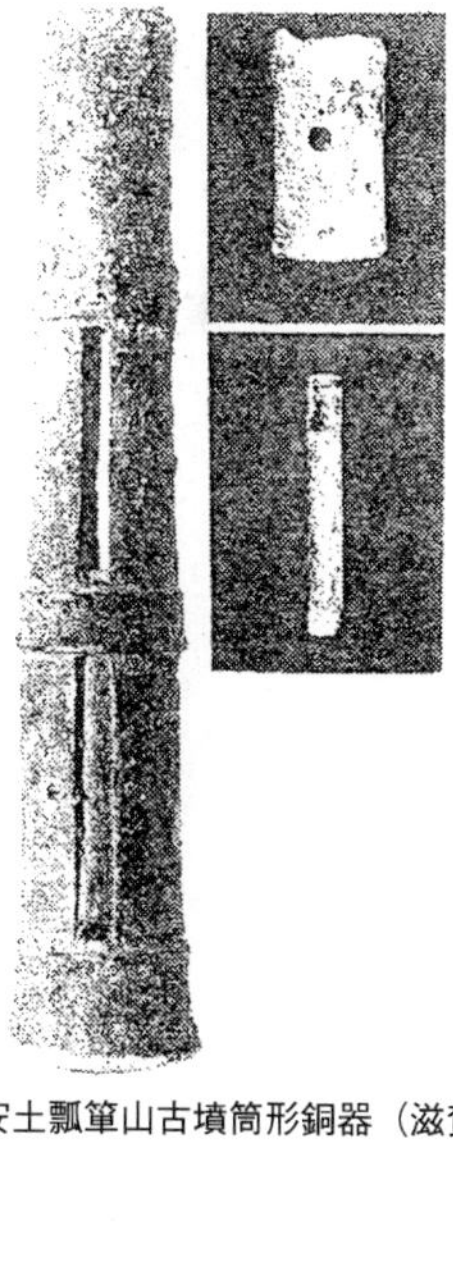

図9　安土瓢箪山古墳筒形銅器（滋賀県38）

もう一つ大事なことは、安土瓢箪山古墳から筒型銅器という非常に形の変わった青銅製品が出ていることです（**図9**）。筒型銅器というのは、一方は穴が空いて中空になっていますが、下の方は完全に閉じられている。穴が開いている方には、穴にさしこんだ木の棒が残っている場合があります。つまりこれはおそらく長い柄の着いた槍とか鉾、そういう長い柄のついた武器の柄の一番おしりの所にはめこむ装飾の金具と考えられます。槍なんか立てて持ちますから、立てて持った時におしりの部分が、いつも地面に着いております。その地面に着く所にはめこんで、ある意味装飾として用いる。あるいは槍の柄のおしりの部分を、補強するために用いるようなそういう金具です。筒型銅器は、日本からもう七〇点くらい出ていますが、中国からは出ていません。

ここ十数年のアジアの発掘調査の中で、筒型銅器の出土量がどんどん増加している地域があります。

それが加耶の地域ですね。韓国の慶尚南道に金海という町があります。釜山のほぼ西隣になります。金海市にある大成洞古墳群から一九九〇年代の発掘調査で、大変たくさんの筒型銅器が出土しました。今、筒型銅器は朝鮮半島で六五点くらい確認されています。私が考古学を始めた頃は、朝鮮半島から出ていたのは二〇点くらいしかなくて、それらは日本で作った物が朝鮮半島にもたらされたのだろうと考えられていましたが、最近韓国での発掘例が多いものですから、ひょっとしたらこれは朝鮮半島の加耶製であって、逆に日本に輸入されたのではないかという説も出てくるようになったくらいです。

　ということは、安土瓢箪山の豪族が、これを自分で手に入れたのではないと思いますから、安土瓢箪山の豪族のバックについている中央の有力な勢力は、どうも中国ではなくて、朝鮮半島南部の加耶の地域と、深いつながりをもった勢力ではないかということが、伺えるわけであります。さき

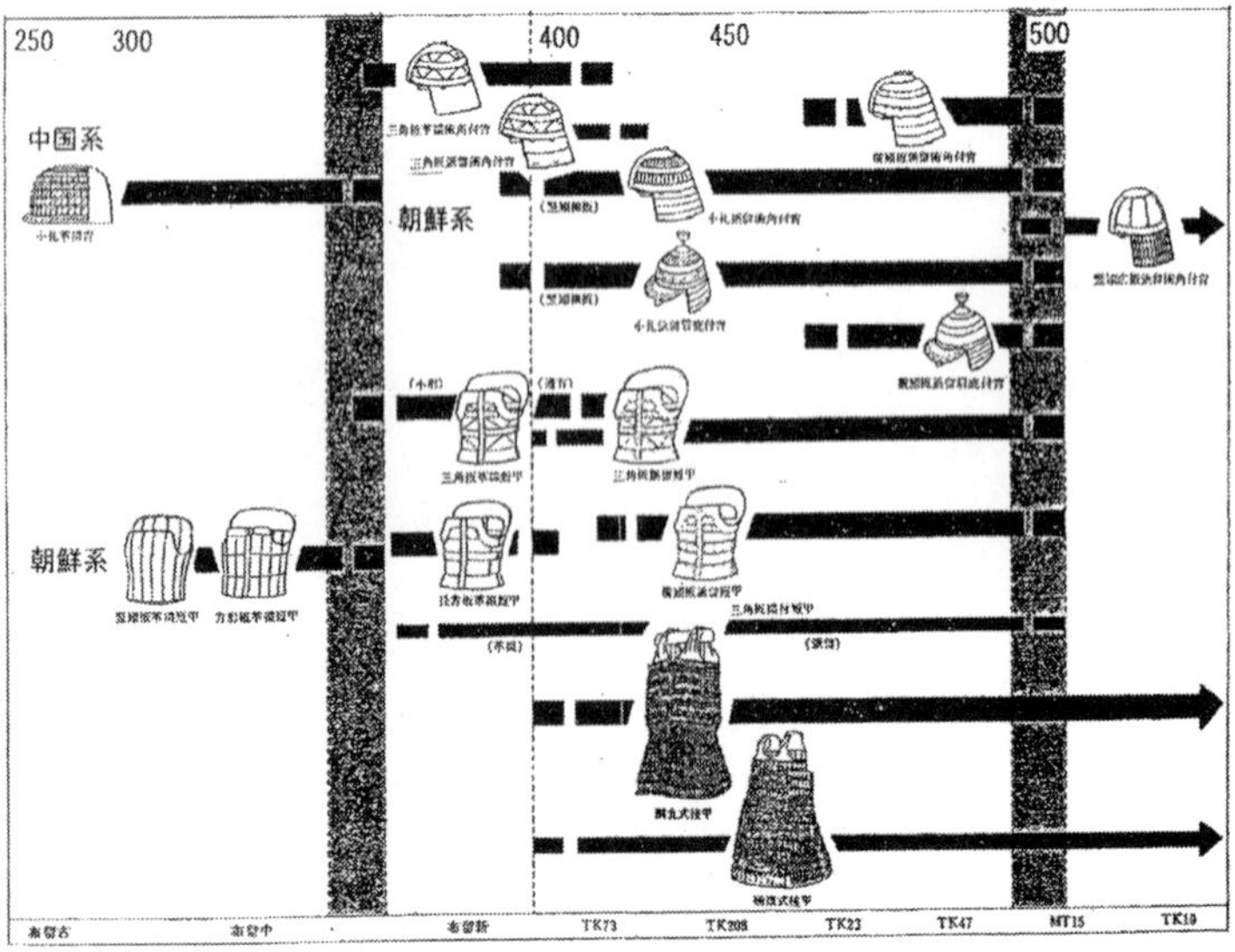

図10　古墳時代の甲冑の系統と推移（田中91改変）

ほどの雪野山のバックについている中央の勢力というのは、これは大和の豪族で、さらにその先には中国の魏の皇帝の権威がありました。安土瓢箪山は、そういう雪野山そして大和政権、さらに中国系列とはまた違う一派に連なっているということが、ここから推定されるのであります。

じゃあそれはどういう一派なのかというのを、推定してみましょう。手がかりの一つは、先ほどの方形板革綴短甲という短甲です。**図10**には古墳時代の甲冑の系譜を整理して示していますが、まず古墳時代に最初に出てくるのは雪野山などにある中国系の冑です。小札革綴冑というものです。

ところが中国系の冑というのは四世紀に入る頃から非常に数が少なくなってまいりまして、もともと日本から十数例しか出ていないのですけれども、四世紀半ばすぎにはもう無くなってしまうんです。これと入れ替わるようにして出てくる冑は、朝鮮半島系の冑です。

一方、甲の方は、中国系の甲は古墳時代前期にはほとんど入っていません。鉄製の甲として初めて日本に出てくるのは、竪綴板革綴短甲というもので、次の段階に安土の瓢箪山のような方形板革綴短甲が出てきて、この短甲の技術系列というのは、その後ずっと五世紀を通じて続いていきます。これらはすべて朝鮮半島系の短甲の系列です。

四世紀の後葉頃から盛んになる、朝鮮半島系の甲や冑を、一番たくさん持っているのは、実は大阪平野の古墳群です。大阪府の古市古墳群とか百舌鳥古墳群等です。大王墓を含むこれらの大阪平野の大古墳群は、大和盆地東南部の大古墳群が衰退してくる四世紀後葉頃に形成が始まります。初めて大阪平野に出てくる巨大な前方後円墳は、津堂城山古墳というものです。ここからも朝鮮半島系の甲冑が出てありますが、安土瓢箪山はまさにそういう動きの、はしりの位置にあたるのです。安土瓢箪山古墳が、深いつながりを持っていた中央の豪族というのは、どうやらこの河内の豪族の系列になるだろうと推定されます。

そうすると雪野山古墳のバックについている豪族は大和の豪族、瓢箪山のバックについているのは河内の豪族というふうに、これは系列が違うわけです。しかも中央では、大和の豪族が衰退した後に、河内の豪族が畿内政権の主導権を握るというふうにですね、ちょうど四世紀の後半頃に安土瓢箪山の少し後頃に、いわゆる勢力交替が中央で起こっている可能性が高いのです。そういう意味では雪野山古墳は古い勢力とつながりを持って、近江の地、湖東の地に古墳を造った。瓢箪山古墳は新しく台頭する勢力とつながりを持って、やはりこの湖東の地に大きな前方後円墳を造ったということになります。雪野山古墳の豪族と瓢箪山の豪族は必ずしも順調に権力を継承した関係ではなかったかも知れません。敵味方というと言い過ぎかも知れませんが、系列が違うわけです。

だから、瓢箪山は、雪野山から隠れるようにと言うと失礼かも知れませんが、雪野山からちょうど見えない所に古墳を造っているのではないでしょうか。瓢箪山の豪族が意識していたのは湖東平野の雪野山の方ではなく、むしろ琵琶湖の方を意識しているんです。琵琶湖を抜けていけば日本海を通って、朝鮮半島の方に交通路がつながりますから、瓢箪山の豪族は、そうした朝鮮半島と河内勢力との関係が重要になってきつつあった頃に台頭してくる豪族ということが言えるでしょう。

いずれにしても畿内政権が、大和主導の段階では雪野山を重視する。河内主導の段階では、瓢箪山を重視するというふうに、やはり中央の勢力が替わっても、この湖東地域とはどうしても深いつながりを持ちたいわけです。それだけこの湖東の地域は、戦略的に重要な地域であったから、雪野山古墳に引き続いて瓢箪山古墳が出てくるということになるのです。

日本列島各地を見ていきますと、大和との結び付きの強い段階では、大きな古墳を造っていたけれども、その後全く古墳が造られなくなる地域も少なくありません。ところがこの湖東の地域はそうではなくて、バックについている勢力が替わっても、やはり中央とのつながりが深い豪族が、この地域に現れてきます。それだけ重要な地域であったということが言えるわけです。

その後この琵琶湖をとりまく地域で言いますと、河内の勢力が衰退していって、瓢箪山古墳のような豪族の系譜が衰えていった後に、湖東ではありませんが、湖西の地が古墳後期（六世紀）に新しく台頭した継体大王の政権にとって、大変重要な地域になってきますので、湖西の地域に、たくさんの六世紀の古墳が出てくるし、あるいは湖北の地にも出てくる。一番の中心は高島の辺りの、鴨稲荷山古墳というのが、これは継体大王のお父さんの墓ではないかという説もありますけれども。そういうふうに古墳時代、前期・中期・後期それぞれの局面において、この近江の地域は大変重要な役割を果たした豪族がいたのです。それはとりもなおさず、琵琶湖を介しての交通が発達していたということと、日本の東西を結ぶ様な交通の動脈が、ここを通っているということで、いつの時代も、それは安土に城を造る信長の時代も、そういうことが言えるのかも知れませんけれども、この地域がきわめて重要な要衝であったことによるものだと思います。その中で最初に中央政権と結びついて、台頭してきた豪族の墓が雪野山古墳ということになるのです。

ちょっと長くなりましたけれど、以上のようにこの湖東の地域の重要性ゆえに、当時の日本列島の中央政権の様々な動きが、常に新しい歴史を生み出しながら、この地域にも重要な古墳を遺していく。それを雪野山古墳は、つぶさに知ることのできる大変重要な遺跡であるということをもう一度強調して、つたない話でしたが、これで終わりたいと思います。

■図表出典

図1　笠井敏光「古墳後期の古市古墳群」『継体王朝の謎―うばわれた王権―』河出書房新社、一九九五
図2　『雪野山古墳』Ⅱ、八日市市教育委員会、一九九二
図3　『雪野山古墳発掘調査概報』八日市市教育委員会、一九九三（一部改変）
図4　『雪野山古墳の研究』八日市市教育委員会、一九九六
図5　福永伸哉『三角縁神獣鏡の研究』大阪大学出版会、二〇〇五
図6　『常設展示図録』安土城考古博物館、一九九三
図7　「安土瓢箪山古墳」（『滋賀県史蹟調査報告』第七冊）滋賀県、一九三八
図8　『紫金山古墳と石山古墳』京都大学文学部、一九九三
図9　「安土瓢箪山古墳」（『滋賀県史蹟調査報告』第七冊）滋賀県、一九三八
図10　田中晋作「武具」『古墳時代の研究』8　古墳Ⅱ　副葬品、雄山閣、一九九一（一部改変）
表1　福永作成

二、雪野山古墳の鏡から見た古墳時代史

大阪市立大学　岸《きし》　本《もと》　直《なお》　文《ふみ》（二〇〇九年十一月二十八日）

はじめに

今日は、以下のような筋書きで話をします。

0．思い出話を少々…
1．雪野山古墳の発掘による新所見
2・3．三角縁神獣鏡《さんかくぶちしんじゅうきょう》研究の飛躍——一九九〇年代
　　三角縁神獣鏡の編年研究と年代
　　三角縁神獣鏡はやはり中国鏡
　　前期古墳の編年→古墳成立年代の遡上
4．箸墓古墳が卑弥呼墓であることが確定
5．古墳時代の年代遡上により邪馬台国と直結
　　弥生時代後期から倭国乱を経て、卑弥呼の共立により、倭国の時代——古墳時代がはじまる

最初に、ちょっとだけ、思い出話をします。それから、鏡の話をせよということですので、当時三角縁神獣鏡の研究がどういう状態にあって、この雪野山古墳の発掘で新たに五面が出ましたが、それによ

ってどういうことがわかってきたのかという話をしたいと思います。

4・5は、雪野山古墳の調査も含め、それによる鏡の研究の進展が古墳時代の始まりの年代を確定させていったということ。それによって、「箸墓」が卑弥呼の墓であるということが、私は確定したと言っていいと思っていますけれども、なぜ言えるかという話です。それをもたらしたのが、一九九〇年代の鏡の研究なんだということ、そこを今日はわかっていただければいいと思っています。

では思い出話から。一九八九年、平成元年の秋、二十五歳、若かったですね。現在四十五歳。驚くべき正確さですね。当時大学院生でした。卒業論文では三角縁神獣鏡をやっていました。

0. 思い出話

雪野山古墳に行く前、一九八九年（平成元年）三月、龍野市（現たつの市）の権現山五一号墳を岡山大学が発掘調査します。実は、友人と相談して、この古墳を測量しようと思っていたんです。なぜかというと、私は播磨の出身で、姫路市の丁瓢塚《よろひさごづか》古墳の測量をしていたんです。それに続いて権現山五一号墳の測量をやろうとしたわけです。この古墳は、後で出てきますが、特殊器台形埴輪をもっていて、最古の古墳のひとつなのです。それで、測量の計画を立てていたら、実は岡山大学の今年亡くなられた近藤義郎先生が発掘調査をやるんだという話になっていることがわかりました。近藤先生の所に電話をしろと言われて電話をすると、「おまえそれやったら来い」とこうなりまして、三月に権現山五一号墳の発掘調査に参加したんです。同じ三月に、自分のところの京都大学で、久しぶりに研究室発掘があって、雪野寺跡の調査を開始します。発掘の前の測量には行きましたが、三月は二つがバッティングしたので、権現山に行かせてもらい、雪野寺跡の調査には行かなかったんです。

権現山では三角縁神獣鏡が五面出てまいりました。近藤義郎先生は、特殊器台埴輪をもつ古墳をいくつも掘ってこられましたが、それまでは三角縁神獣鏡は出なかったのですが、それがこのとき初めて二つがそろったわけです。雪野山古墳と同じように山のてっぺんの調査で、標高一五〇mほどの高さまで毎日通いました。

同じ年の夏、春に参加しなかった京都大学による雪野寺跡の第二次調査に参加しました。春は不義理をして、自分の大学の調査に行かなかったので、夏は行ったわけです。八月の末になって、修士論文を抱えていたので、一段落したところで「帰らせてもらいます」と、いったん京都に戻りました。すると九月初めになって、奈良国立文化財研究所の田中琢《みがく》という恐い人から電話かかってきたんです。「滋賀で三角縁が出た、行くか」、そういう話でした。そういうことで、大津駅で待ち合わせをして県庁に行きました。しがない大学院生ですが、黒塗りの公用車に同乗して名神に入りました。どこへ行くのかなと思っていると、それが雪野山古墳だったわけです。

雪野山古墳はそれまで八日市市が発掘していたわけです。床面近くまで掘り進んでいて、一部を深掘りして二面の鏡が出ていたんです。田中琢さんと最初に見に行ったとき、そういう状態でした。それで、石室の中に降りて、鏡の破片を取り上げると、「盤龍鏡《ばんりゅうきょう》、藤崎と同笵《どうはん》のやつです」と。まあ当時は三角縁神獣鏡の顔はだいたい覚えていましたから、すぐわかりました。もう一面の鏡の破片を取り上げてみると、これは田中琢さんご専門の倭製の鼉《だ》龍鏡でした。そして現地を見てから協議に入りました。田中琢さん、「八日市市は九月以降の現場を抱えている、でこのまま埋め戻すか、いやここまでくると掘るしかない、じゃ大学や」、ということで、大阪大学が調査を引き継ぐことになるわけです。その時、「おまえのとこどうや」と実は振られました。正確なやりとりは忘れましたが、琢さんの意向は阪大でしたから、そうですねと。京大でやってたら、と考えないではないですが、力量から妥当だったと思います。強く主張してもし京大でやっていたら、まあ修士論文は吹き飛んでいたのでしょう。

初日は九月十三日でした。昨日、探したら当時の記録が出てきました。何時に石原さんが、どこそこに迎えに来てくださったと書いています。

それから調査が進み、記者発表をして現地説明会。ヘリコプターが飛んで、すごいことになりました。その時の打ち上げの時だったと思いますけれども、生まれてこの方、松茸をこれだけ食ったことはないというくらい、松茸をいただきました。十月下旬くらいだったと思いますが、修士論文が年明け一月初めの〆切り、都出先生が「調査も一段落したし、論文を書け」と言われて京都に戻りました。

こういう懐かしさに浸る貴重な機会を与えていただき、ありがとうございます。

1．雪野山古墳の発掘による新所見

思い出話はこれくらいにします。雪野山古墳の調査で実にいろんなことがわかりました。

まずは木棺、両側に輪が付いています。木棺自体は腐っていますが、粘土の上に据えてあり、粘土に木棺小口部の輪の形が残っていました。それから、その木棺の内部が仕切り板で三つに区切られていたことがわかりました。遺骸を収めるのは真ん中で、頭側・足下側の仕切り板に鏡が立てかけてあったのです。そして両側に二つの空間があって、後で出てくる弓矢入れの靫や武器その他を収める空間になっている。仕切りが残っていなければ、そういうこともわからなかったわけです。九州に三つの空間に区切った石棺があります。雪野山古墳と同じように端部に輪状の突起が付くもので、内部が三つに仕切られていて、基本的な形や構造はまったく同じです。

それから、鏡では国産最古の鏡がありました。これはまた後ほど取り上げます。そして最古の腕輪形石製品があった、これは次回、北條さんが話をされるでしょう。鍬形石が出土したとき、北條さんは驚喜して「最古型式や！」、松林山型の琴柱形《ことじがた》石製品が出てきて「最古形式や！」。日本でこういう腕輪などを、碧玉《へきぎょく》という緑色のきれいな石で作り始めた最初の頃のものが、雪野山古墳に入っていました。

それから、なんといっても膨大な漆膜ですね。例えば槍がある。槍の柄には漆を塗ってます。普通は木柄も表面の漆も腐ってしまい鉄の槍先だけ残っているわけですが、雪野山古墳では、木柄に塗っていた漆の膜面が全部残っているのです。とくに有名なのは、矢を入れる容器の靫《ゆぎ》ですね。銅や鉄の鏃《やじり》を付けた矢を二〇〜三〇本くらい束にして収める用具ですね。木箱の外側に繊維を編んでいき、最後に表面をぜんぶ黒漆で塗っているわけです。その漆の膜面が出てくる。そういう、木や革で作り、それに塗ってあった漆膜がそこらじゅうに残っていました。

それから中国製の冑《かぶと》が出てきました。鞐形《こはぜ》をした薄い鉄板を綴じ合わせたもので、いま日本で十数例くらいしかありません。完全なままペシャッと倒れ込んだものなので復元できました。ほとんどは、盗掘されたりして鞐形をした鉄板がばらばらで出てきます。そのなかで、こういう復元が可能になったものは、雪野山古墳のほかには数えるくらいしかないと思います。

それから櫛《くし》箱に入れたたくさんの櫛たち。木製の合子《ごうす》という容器のなかに櫛がたくさん入っていた。そういうのも初めてのものでした。これが櫛を収めた容器で、これが容器側の漆膜です。これが全部櫛です。わかりにくいと思いますけど、竹をこう裂いて、それをガバッと挟んで曲げて、わかりますか、これでこう真ん中、中心にここを綴じ合わせる。そうすると櫛、櫛っていうのはこう、ささらみたいに、そういう物です。それがたくさん入れてあります。こういう物、腐ってしまって残っていませんから、わからないいんですが、すごくよく残っています。

最後に土器。石室の中に土器を入れることはほとんどありませんが、雪野山古墳では入れてありました。古墳の年代を土器で考えるばっちりの資料ですね。ざっと話をしましたが、今までの調査であまりわからなかったことが、雪野山古墳の調査で実に多くのことが新たにわかったのです。

2・3．三角縁神獣鏡研究の飛躍―一九九〇年代―

三角縁神獣鏡と同鏡百枚

今から本題の鏡の話に入っていきたいと思います。まず前提の話です。三角縁神獣鏡は前期古墳の編年の軸になります。数が多いし、全体の製作期間がある程度長い。このあたりも、一九九〇年代以降、明確になってきます。そして暦年代をあたえることができる。鏡の中に年号が書いてあり、このほかにも暦年代を考える手がかりがあるのです。この三角縁神獣鏡は、大正以来、卑弥呼がもらった銅鏡百枚にあたると考えられていたわけですね。なので邪馬台国畿内説の根拠になるわけです。

三角縁神獣鏡の研究というと、京都大学の小林行雄先生が、戦後、研究を進めます。しかし一方で、同志社大学の森浩一先生などは「中国製というけれども中国から一面もでないじゃないか、だから普通に考えれば日本製だ」と。中国製で銅鏡百枚にあたるという説もあるし、日本製で邪馬台国には関係ないと、意見が分かれていたわけです。それは昭和のなかでは決着しなかった。それが平成元年、区切りが良いですね、一九八九年の権現山五一号墳と雪野山古墳の調査以降、一九九〇年代にかけて、研究が大きく進み、決着していくことになります。それを推し進めたのが大阪大学の福永伸哉先生です。だから、鏡の話は福永先生にしていただくのが実は一番いいのです。

さて銅鏡百枚について、もうすこし解説しておきます。これは〈魏志倭人伝〉です。読んでもいいのですが長いのでやめときますが、西暦二三九年（景初三年）に卑弥呼が使いを遣わして、朝鮮半島の帯方郡に赴く。当時、中国は三国時代ですが、そのうちの魏の皇帝にご挨拶をしたいと。帯方郡の役人は、卑弥呼の使者を都である洛陽に連れていった。それで二三九年の十二月に、魏の皇帝は卑弥呼の使者と会見し、卑弥呼を正式に親魏倭王に任命する。日本からは、男四人と女六人、それから布をおみやげにした、それに対し、倭の女王卑弥呼を倭国王に任命し、またお返しの品々をたくさん与えられる。いろんなものがありますが、とくに絹織物ですね。それとは別に、卑弥呼に対してさらに様々なものを与えるのですが、そのなかに銅鏡百枚がある。そして翌年、使いの者たちは倭に戻ってくるわけです。それが二四〇年（正始元年）です。

邪馬台国の所在地は江戸時代以来の論争が長く続いてきました。邪馬台国には、伊都国《いとこく》から「南へ船で一〇日行って一ヶ月歩く」と書いてある（放射式読み方による）。それに該当するのはどこかという研究ですね。もうひとつは、大正時代の頃から、「銅鏡百枚」を追求する研究、というかそれは三角縁神獣鏡ではないか、というものです。三角縁神獣鏡は、圧倒的に近畿地方に数多く、そこを中心に全国に分布しています。もし三角縁神獣鏡が「銅鏡百枚」なら、この中国鏡を手に入れたのは近畿地方だということになる。そうなると邪馬台国は畿内で決まりということになります。

しかし今や、倭人伝の限られた記述、あるいは三角縁神獣鏡という特定の器物だけで邪馬台国を考える時代ではありません。全国で発掘調査がなされており、卑弥呼が生きた三世紀前半の日本ってどういう状況だったのか、ということから考えられるはずです。これは寺澤薫《てらさわかおる》さんの言うとおりだと思います。どこがふさわしいのか、ということですね。これは重要なんですが、今日は省略します。邪馬台国は、そこに至る経路からのアプローチ、そして銅鏡百枚かどうかというアプローチ、そして三世紀前半には大和の纒《まき》向《むく》遺跡を中心に瀬戸内で結ばれる地域がまとまりをもちつつあるということからも、近畿地方、畿内だという結論をはっきり言っておきます。

三角縁神獣鏡研究の飛躍

三角縁神獣鏡の写真（**図1**）を見てもらいます。これは椿井《つばい》大塚山古墳のものですが、粒ぞろいの大型鏡ですよ。平均したら二三cm、当時の一尺です。大中小はない。多少はありますが、ほとんど大きさがそろっています。要するに規

図1　椿井大塚山古墳から出土した鏡

格品ともいえる大型鏡、それがたくさん用意されているというのが、三角縁神獣鏡のひとつの特徴です。さて、そうするのは、倭に与えるために中国でそうしたと考えるのがふさわしいのか、倭でそんなふうに作ったと考えるのがふさわしいのでしょうか。

一八八九年を起点として、三角縁神獣鏡の研究は一九九〇年代に飛躍的に進みます。権現山五一号墳と雪野山古墳の調査、そして椿井大塚山古墳の鏡の展示もこの年でした。これもまた重要でした。どういうことかと言うと、三角縁神獣鏡の研究は、京都大学の小林行雄先生とか、特定の偉い先生しかできなかった、誰でも研究できるわけではなかったわけです。三角縁神獣鏡を見ようと思っても、椿井大塚山古墳の資料は博物館に行って見られる状態ではなかった。それはいろんな経緯があり、所有関係が未確定であったのですが、最終的に国の所有とすること、そして京都大学にそのまま置くということで決着しました。それで、京都大学文学部博物館のオープニング特別展で、初めて椿井大塚山古墳の三三面の鏡がすべて一堂に展示されたのです。私、卒論で三角縁神獣鏡をやりましたが、ちょうど所有権が決着してすぐで、学部生の卒論でも見せてもらえたのです。数年前だったら見せてもらえなかった。それから、あちこちで、鏡を集めた企画展が行われたり、図録にまとめられたりすることも増えました。誰でも身近に鏡を見る機会ができて、研究しようと思えばできる時代になったわけです。一九八九年でスパッと分かれるわけではないですが、転換点と象徴的に言ってもいいかもしれません。逆に言えば、八〇年代までは、限られた人しか鏡の研究はできなかった、ある意味では停滞していたと言うこともできるかもしれません。

三角縁神獣鏡の編年研究ですが、権現山五一号墳の発掘調査報告書が一九九一年（平成三年）にまとめられました。このなかで岡山大学の新《にい》納《ろ》泉《いずみ》先生が、三角縁神獣鏡はこんなふうに移り変わるんじゃないかとパチッと整理されました。私もおおよその推移は理解していましたが、新納さんは型式学的な方法論にもとづき、はっきりと枠組みを示しました。それから福永さんです。三角縁神獣鏡の研究にとって、重要な論文を次々に書かれました。

それと新しい資料ですね、三角縁の編年研究の進展するのと同時に、一九九〇年代に新しい重要な出土資料が次々に出てきたのです。権現山、雪野山、西求女《もとめ》山（九三年、七面）、安満宮山（九七年、三面）、黒塚（九八年、三三面）。これで三角縁神獣鏡の研究が固まってきたわけです。

雪野山古墳出土の五面の鏡

雪野山の鏡（**図2**）を見ていきたいと思います。三角縁神獣鏡が三面と日本で作った鏡が二面です。この二面、日本で国産の鏡を自前で作り始めた一番古い鏡です。まず中国製の内行花文鏡《ないこうかもんきょう》を真似て、日本で作ったもの（**図2①**）、すごく綺麗でしょ、よくできています。こないだ、奈良県桜井の方で茶臼《ちゃうす》山《やま》古墳が再発掘されて、すごい朱の量が使われていたといった報道がありました。新聞報道で表になっていないことですが、むちゃくちゃ多量の鏡片が出ています。恐ろしい数ですよ。雪野山古墳の鏡群を考える場合に、桜井茶臼山古墳の鏡は切っても切れない関係にあります。あとでお話ししますが、ほぼ同じような大型の内行花文鏡が、桜井茶臼山古墳では、再発掘前で三面確認されています。一番似ていて、一番古い日本製の鏡が、茶臼山古墳にあって、雪野山古墳のものも遜色のない非常に大型の優品です。もう一面も日本製です。これは中国製の画文帯《がもんたい》神獣鏡を日本で作り直したもの（**図2②**）ですが、とても細かな細工の図像です。目とか鼻とかがちゃんとありますね。雪野山古墳の調査報告書をまとめるときに、この種の鼉龍鏡というものですが、いま二〇面くらいあるんですかね、それを集めて比べました。奈良の新山古墳から出土しているのが、これと同じくらい古いものだと思うんですけど、とにかく雪野山古墳のもう一面の鼉龍鏡も、一番古いものと考えておかしくない。

そして、あと三面、三角縁神獣鏡があります。一面目（**図2③**）、雪野山古墳のなかで一番古いもの、最古段階に位置づけられます。神さんとか獣の表現も肉厚で写実性がありまず。鏡全体としても厚く、青銅をたっぷり使っていてかなり重いものです。縁のところもまだ典型的な三角縁になっていません。これが三角縁神獣鏡でも作り始めの最古段階。

二面目（**図2④**）の写真はクリーニング前のものですが、同じ四神四獣鏡です。神獣の配置が定まってきて、きれいに填め込んでいるんですが、少し肉厚度が落ち、縁のところも薄くなってきます。

それから三面目（**図2⑤**）。これは三角縁神獣鏡の仲間ではあるけれど、盤龍鏡という別の

図2　雪野山古墳から出土した鏡

鏡の文様を入れたものです。中にこう獣がおりまして、四匹の獣がうねうねしている図像ですが、これは盤龍鏡といいます。三角縁神獣鏡群のなかでは、五種類ぐらいだけの少数派ですが、こういう種類のものが作られています。さきほど外回りの部分が、だんだん厚ぼったいものから薄くなるといいましたが、内側とは厚さが違うので段差になっています。古いものでは、段差の落差が大きく、その斜面のところに鋸歯紋《きょしもん》を入れていますが、この鏡では段差が小さく無文になっています。

雪野山古墳の三面の三角縁神獣鏡は、最古段階・古段階・中段階にあたると思っています。その辺はまたあとで整理します。

まとめますと、最古の国産の鏡が二面あり、中段階までの三角縁神獣鏡が三面、これに最古の腕輪、琴柱形石製品、紡錘車《ぼうすいしゃ》という石で作った器物が組み合っています。早くに指摘されているように、最古の古墳には、まだ国産の鏡はなく、中国鏡だけで腕輪なんかもまだ入っていません。いいですか、一番古い段階は、鏡としては中国鏡ばかり。その次に、日本製の鏡が加わってくる、同時に石製品も加わる、雪野山古墳の調査で、この最古段階の次の時期の良好な資料が確かめられたということです。

三角縁神獣鏡はやはり中国鏡

三角縁神獣鏡というのは、その前にあった画文帯神獣鏡がモデルになって、新たに作り出されたもののようです。しかも大型鏡で、またいわゆる同笵鏡《どうはん》というのが多く、同じ紋様のものがたくさんあるわけです。同笵鏡というのは、中国鏡ではあまりありません。三角縁神獣鏡の場合は、一種類鋳形《いがた》を彫ったら、それで十面鋳造したりしています。そういう作り方を駆使して大量にそろえている、これが三角縁神獣鏡の特徴です。

三角縁神獣鏡には二種類だけ年号鏡がありますが、二三九年と二四〇年、それだけしかありません。鏡に全部年号が書いてあったらいいのですが、三角縁多しといえども年号鏡は二種類のみ、それが景初三年と正始元年の二種類で、二三九年と二四〇年。卑弥呼が使いを送った年と、お土産をもらって帰ってきた年にピタッとあう。三角縁神獣鏡が銅鏡百枚という、これ以上の証拠はないいんじゃないかと思います。

福永さんは、こういう三角縁神獣鏡は誰が作ったのか、作り手がどこに求められるかということを追究されました。三角縁神獣鏡に認められる特徴、特有のものと思われていたものを含め、共通するものを探すと、中国の華北の地域、すなわち三国時代の魏の領域ですが、そこで作られた鏡に、鏡の鈕《ちゅう》の孔《あな》が長方形のもの、同じ銘文をもつもの、同じ唐草文が認められるものがあることを突きとめました。そういうことを、逐一確かめています。どういうことかというと、三角縁神獣鏡を作った鏡づくり職人が、どういう筋の人かというと、それは中国の魏の領域で鏡作りをやっていた流派に属する職人に違いない、ということを明らかにされたわけです。これは大きい。

まだ反対する人もいるかもしれませんが、三角縁神獣鏡はやはり中国鏡と考えていいだろうということです。だけど中国から出土しないのは、これは倭国向けに作られたのだと考えられます。中国王朝は、非常に遠くの地からやってきた使者に対して、その好みに応じて器物を作って与えている例はほかにもあるのです。例えば西域からきた使者には、ライオンの文様を入れた金具をつけたベルトを与えています。中国では、やってきた民族に応じて特別品を与えることがあるわけです。日本では鏡。弥生時代以来、権威の象徴として、みな欲しがるものになっていましたから、求めに応じて日本向けに特別な鏡を作るということは、荒唐無稽な話ではないのです。

これまでに四〇〇面近く出ています。「一〇〇面やったんとちゃうん」と言う人もいます。「銅鏡百面」は最初のコンタクトのときの記録として、倭に与えたリストが詳しく記載され知ることができるわけですが、〈魏志倭人伝〉には、景初三年のあとも、正始四年、正始八年と、四年ごとに使いを送っていることが記録されています。その都度、あつらえ品として一〇〇面を定期的にもらってくる、そういうことは十分考えられるわけです。

現在、福永さんはじめ、われわれは、九〇年代の研究を踏まえて、三角縁神獣鏡は、年号の書いてある、作り始めの二三九年から、長くて二九〇年くらいまでの五〇年間、中国王朝でいうと、その間に魏から晋という国に変わっていますけれども、その間、日本に与えるために作られたものと考えるのが、考古学的な証拠に整合的であると考えています。

三角縁神獣鏡の編年

景初三年の鏡です。それと同じく一番古い段階のもの。三角縁神獣鏡の作り始めのものは、こんなんです。内側は、画文帯神獣鏡のなかの同向式とよんでいる図像をそのままあてはめているわけです。まず既存の鏡の図像をもってきて二三cmの鏡を作る。いろんな試作品を作っています。そして、だんだん形が定まってくる。最古段階は、図像もよくできていますが、だんだん崩れていきます。

そして古段階（**図3**）。四神四獣鏡にだいたい定まってきます。乳《にゅう》というのを四つ入れ、画面を四分割します。そこに神さん二体ずつ、獣二体ずつを、真ん中に頭をむけて求心的に配置しています。こういうふうに形が定まります。そこで結構量産しております。三角縁神獣鏡作りには、いくつかの流派の職人が参加したようで、図像の表現には違いもあるのですが、構図はだいたい同じです。

　それと、古段階の四区画、四神四獣鏡のなかでも、乳で区画される一区画に神さんなら神さんを複数入れる複像式というのと、一区画のなかに神さんと獣を一体ずつ入れる単像式というのがあります。ひとくくりにして古段階とまとめていますけど、おおまかにいえば複像式が古くて単像式が新しいようです。図像を見ても、複像式では、袂《たもと》があって手をこう合わせていて、神さんの顔にしても獣にしても、まだちゃんと表現されていますが、単像式のものではデフォルメが進んでいます。こう塊のふくらみを作って、顔や衣の表現は線彫り風になっていきます。荒っぽい感じ。内区の外回りにある獣をめぐらせた文様帯の部分についても、いろんな姿態の違うものをあしらっていたものが、単純に同じ獣像を繰り返すようになっていきます。

　その次の中段階です（**図４**）。まず構図が変わります。乳四つで四分割じゃなく、六個入れて六分割

［古段階］

図３　椿井大塚山古墳出土
天王日月・獣文帯同向式神獣鏡

［中段階］

図４　椿井大塚山古墳出土
天王日月・獣文帯三神三獣鏡

［新段階］

図５　椿井大塚山古墳出土
波文帯三神三獣鏡

になり、神さんと獣を交互に入れた三神三獣鏡になってます。また分割する乳も大きくなり、飾りみたいなものを入れる。区画紋様が大きくなって、神獣像はあまり手がこんでいません。先ほどは、まだ手を組んでいるように見えましたが、これでは下半身は座布団みたいな一塊のふくらみになって、神さんの座像の姿としてはかなり変形したものになっています。獣も、なんか変なふうになってきていますよね。そして縁部は薄くなり、ペラペラに近づいてきて、段差はわずかになって無文になります。

そして最後に新段階（**図5**）。どうですか。同じ三神三獣ですが、例えば内区外周の文様帯部分も、かつては銘文とか獣像を入れていたのですが、単純な波線文になっています。

以上、おおざっぱですが、三角縁神獣鏡の最古段階・古段階・中段階・新段階、というこれくらいの段階にわけて順序づけることができるようになっているということが、おわかりいただけましたでしょうか。本来の中国鏡の神仙像・霊獣像を引き継ぐ、古い段階のよくできたものから、四分割から六分割に変わり、図像そのものもかなり変形していく、そういう変化をたどれるわけです。

前期古墳の編年

福永さんは先ほどお話ししましたように、三角縁神獣鏡に見られる要素が、中国で見つかっている鏡に共通点があることを確かめられました。そう多くはありませんが、それにもとづいて三角縁神獣鏡各段階の年代を示しています。

中段階の三角縁神獣鏡と共通する中国の鏡に二六〇年代の年号鏡があります。それをもとに、最古段階から古段階が二四〇年〜二五〇年代、そして中段階が二六〇年代、そして最後の新段階が二七〇年代以降と、だいたいそんなところになります。最後はいつ頃までか、よくわかりませんが、二九〇年に晋の武帝が亡くなり、後継者争いでごちゃごちゃになります。外交どころじゃなくなる。実際、『晋書』でも、東夷《とうい》の国から盛んに使いがやってきたと記録されていますが、最後は二八〇年代です。二九〇年以降は、もう中国に行くような状態ではなかった、行っても仕方ないような状態だったようです。ですから、三角縁神獣鏡の下限は、二九〇年までと思われます。

雪野山古墳の鏡に戻りますが、最古段階一面、古段階一面、中段階一面の三面でした。一番新しいものは神獣鏡じゃなくて盤龍鏡なので、比較が難しいところもありますが、段差のところが無文になっているので、中段階だと思います。そうすると、福永さんの年代観でいうと二六〇年代。一番新しい三角縁神獣鏡が二六〇年代のものだと考えられます。そしてその頃には、国産鏡、そして石製品の製作が始まっている。雪野山古墳の鏡にはより古い三角縁神獣鏡もありますが、そこにより新しい中段階のものが一面入っているので、その時期以降と考えられ、その頃に日本の鏡や石製品も作り始めている、そういうセット関係が明らかになったわけです。

これによって、古段階までの三角縁神獣鏡しか出てこない、雪野山古墳より古い時期があり、また新段階の三角縁神獣鏡が含まれるより新しい時期の古墳がある、そういう区別ができそうだということです。古段階でまとまる鏡を出しているのが、一九九三年の西求女塚古墳、九七年の安満《あま》宮山《みややま》古墳、九八年の黒塚古墳などです。雪野山はその次になります。中段階の鏡の時期で、国産の鏡や石製品が伴い始める。そして新段階の鏡をもつものを次に挙げていますが、腕輪形石製品も量産されるようになる、また合子という容器ですが、そういう新しい石製品も出てきます。

以上、三角縁神獣鏡の編年研究が進んできて、古段階・中段階・新段階という区別ができること、そしてどうやらそれに対応して、古墳の古い新しいという順序づけができるということが言えるようにな

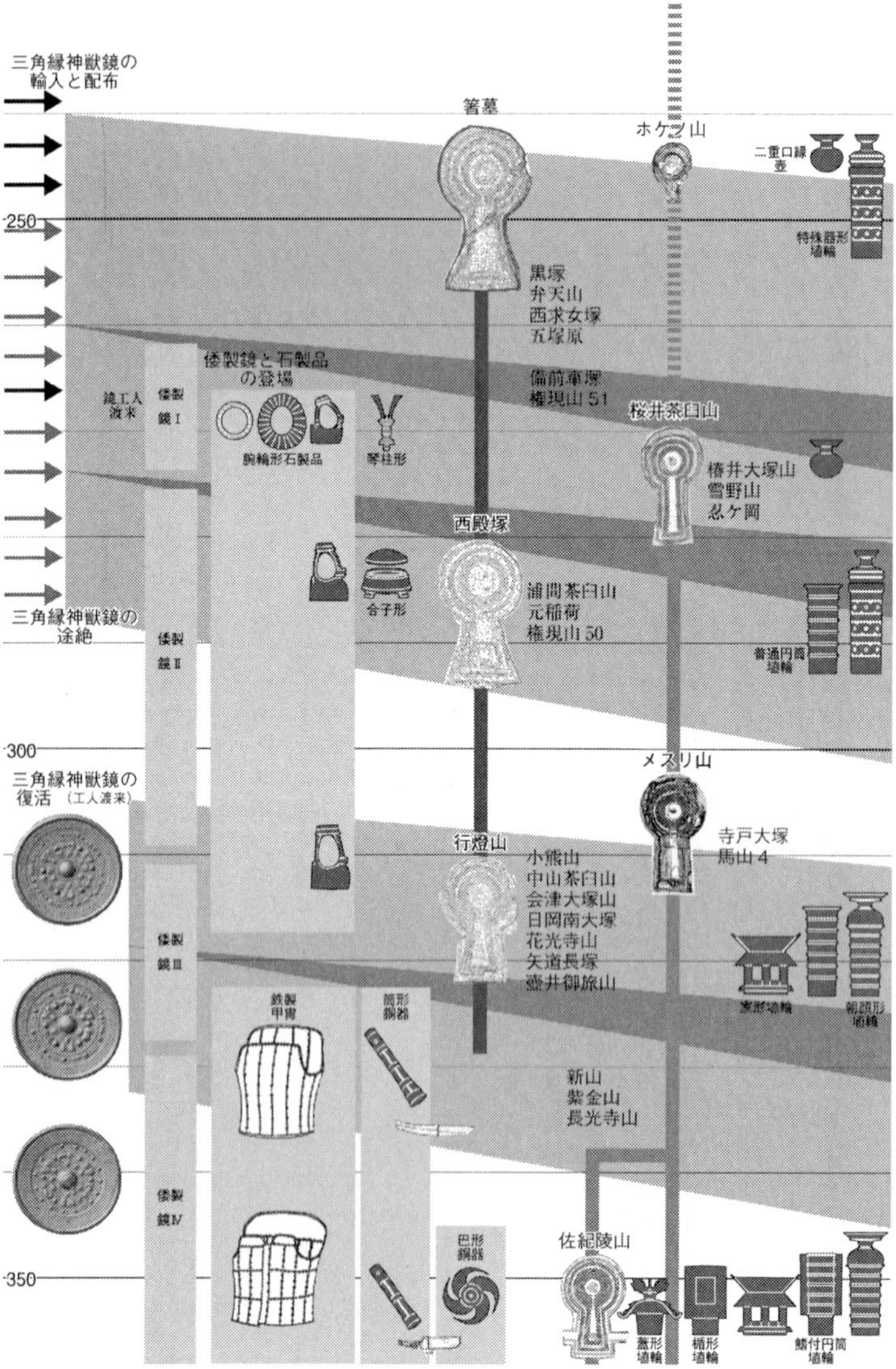
三角縁神獣鏡の輸入と配布
箸墓
ホケノ山
二重口縁壺
250
特殊器形埴輪
黒塚
弁天山
西求女塚
五塚原
倭製鏡と石製品の登場
鏡工人渡来
倭製鏡I
腕輪形石製品
琴柱形
備前車塚
権現山51
桜井茶臼山
椿井大塚山
雪野山
忍ケ岡
西殿塚
合子形
浦間茶臼山
元稲荷
権現山50
三角縁神獣鏡の途絶
倭製鏡II
普通円筒埴輪
300
三角縁神獣鏡の復活（工人渡来）
メスリ山
寺戸大塚
馬山4
行燈山
小熊山
中山茶臼山
会津大塚山
日岡南大塚
花光寺山
矢道長塚
壺井御旅山
倭製鏡III
家形埴輪
朝顔形埴輪
鉄製甲冑
筒形銅器
新山
紫金山
長光寺山
倭製鏡IV
巴形銅器
佐紀陵山
350
蓋形埴輪
楯形埴輪
鰭付円筒埴輪

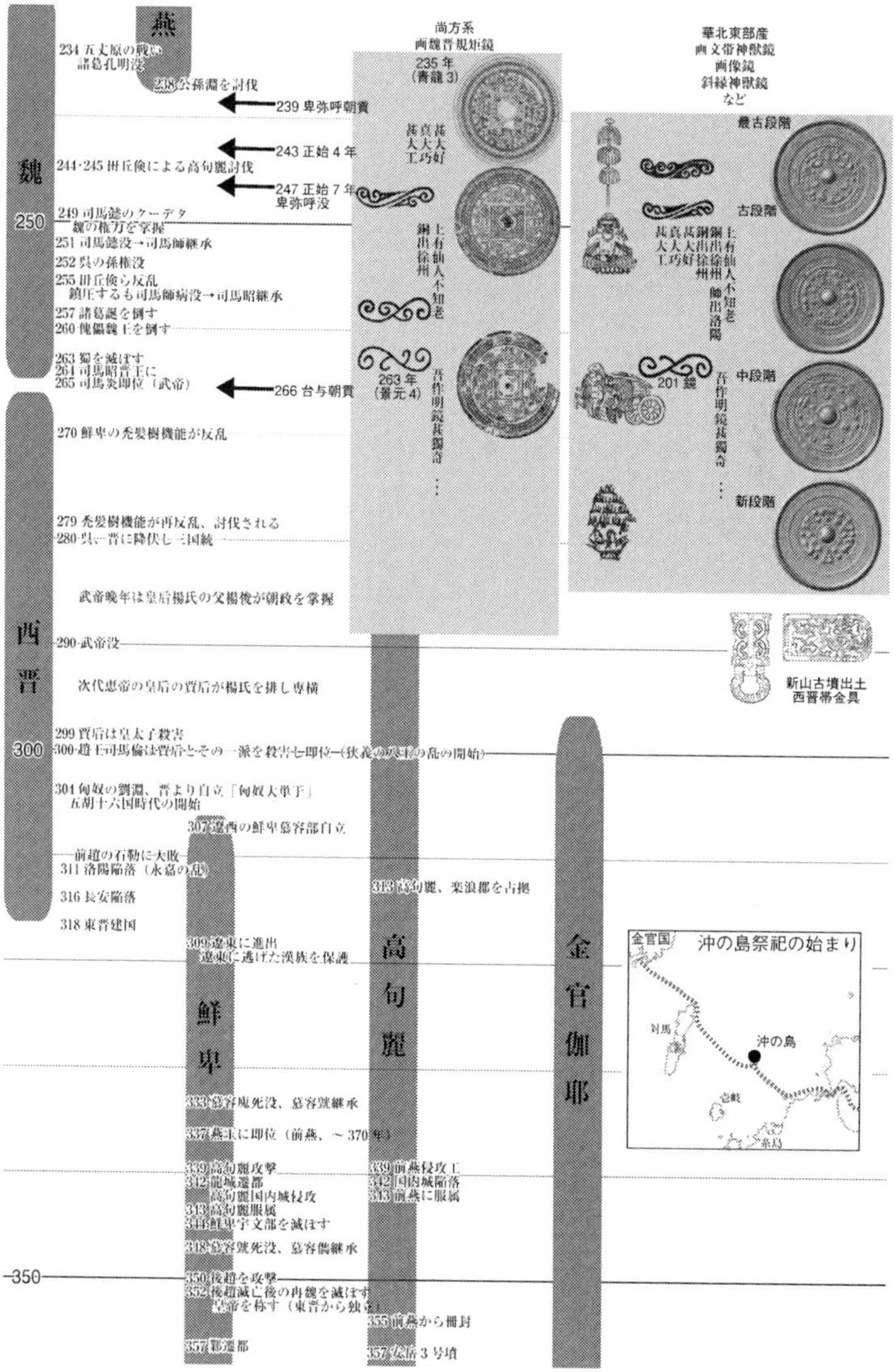

図6　三角縁神獣鏡の製作と配布

ってきたわけです。

さらにいえば、三角縁神獣鏡はそのあと中国から入ってこなくなるのですが、それに対して、日本でまた作り始めます。倭製の三角縁神獣鏡というバッタモン（偽物）が、四世紀になると作られます。すると倭製三角縁神獣鏡で、四世紀以降の前期古墳もまた、ある程度、順序づけることができるわけです。

4. 箸墓古墳が卑弥呼墓であることが確定

ここまでの話は、さらに広がります。有名な箸墓《はしはか》古墳の問題です。箸墓古墳というのは、長さなんぼか知っていますか。だいたい二八〇mですが、これは中国の尺度で二〇〇歩《ぶ》という寸法です。ちゃんと中国の尺度にしたがって造られているんですよ。全長は二〇〇歩だし、後円部直径は一二〇歩です。その次の段は直径一〇〇歩、その次が八〇歩、その上が六〇歩、非常に美しく造られています。

一週間ほど前、わたしの子どもの学校で、グラウンドに箸墓を描けという要請があってやりました。先ほどいったように四段になっていて、一二〇歩、一〇〇歩、八〇歩、六〇歩と、二〇歩ずつ小さくなっていきます。箸墓古墳は陵墓ですから、中に入ることはできません。しかし、宮内庁さんが、こういう埴輪を拾っています。いわゆる特殊器台形埴輪《とくしゅきだいがたはにわ》とよばれる最古の埴輪です。そして、一番古い前方後円墳は、いわゆるバチ形前方部とよんでいるように、前方部の前端で大きく開きます。埴輪・前方部の形態ともに、岡山大学におられた近藤義郎先生が最古の古墳の特徴として明らかにしたのですが、これが一九六〇年代後半。同じ頃に箸墓古墳に特殊器台形埴輪があるというのがわかりました。そして、そういう目で見ると、箸墓古墳は典型的なバチ形前方部を示します。こうして一九七〇年頃には、倭国王墓のなかで箸墓古墳が一番古いということが共通認識になってきました。

私は、三角縁神獣鏡について最近はやっておりませんが、その後、前方後円墳の形のことを研究しています。そして、相似墳というのがある。日本の前方後円墳というのは、基本的に、王墓がモデルチェンジして、各地の有力者はそれに従って同じ設計図で相似墳を造る、そしてまた、その地域の相似墳をモデルに、地域の中で類似した前方後円墳を造る、そういう仕組みです。それが王、一代一代ごとに繰り返されます。今日はそういう話が中心ではないのでこれくらいにしますが、ともかく、最古の箸墓古墳の段階から、既に相似墳というものはあるわけです。

箸墓古墳の相似墳候補を挙げていきます。まず黒塚古墳ですが、ちょうど大きさは箸墓古墳の半分です。黒塚古墳は江戸時代に柳本藩の陣屋が置かれたのでだいぶ傷んでいますが、半分の大きさにすると、だいたい大枠は一致しているのがわかっていただけると思います。それから前方後方墳になりますけど、神戸の西求女塚、そして岡山の備前車塚古墳。これもバチ型前方部で有名です。後側が円と方の違いはありますが、バチ型の前方部はほぼぴったりです。

いいですか、黒塚・西求女塚は、古段階までの鏡だけを持っています。雪野山古墳に入っている中段階の鏡はまだ入ってきてない。つまり、中段階の鏡は福永さんの研究で二六〇年代と考えるこ

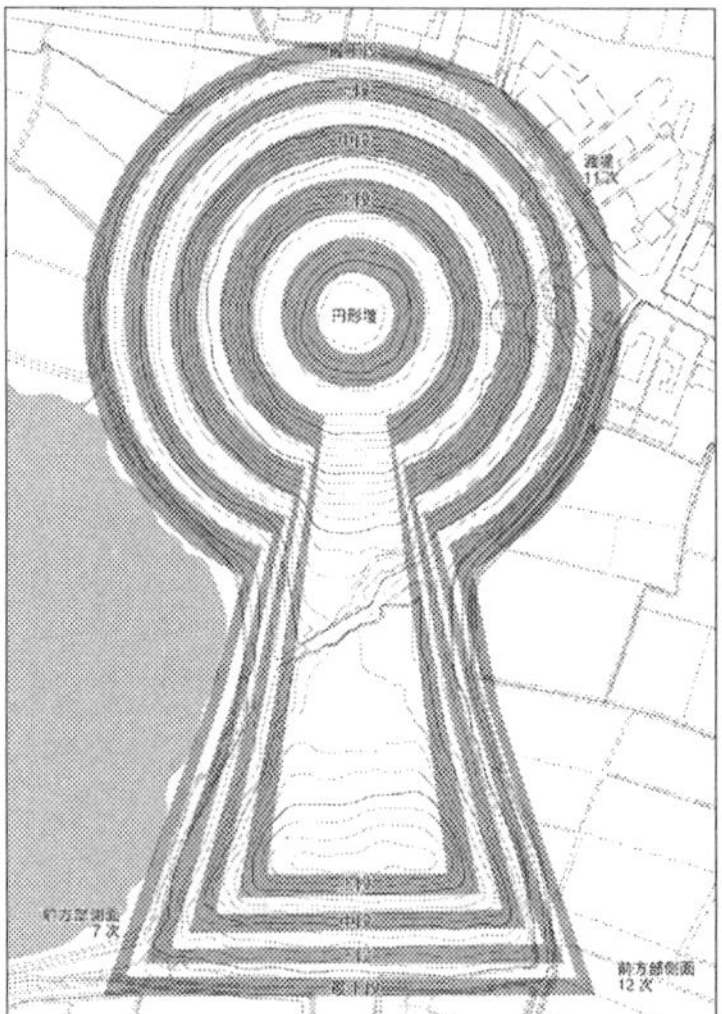

図7　箸墓古墳の墳丘復元

とができますが、そういう鏡が出まわり入手する以前に、黒塚や西求女塚古墳の被葬者は亡くなって埋葬されたのだろうと考えられます。もう少し長生きしていたら中段階の鏡ももらったことでしょう。ということは、黒塚・西求女塚の年代というのは、二五〇年代まで、二六〇年代の鏡が作られて広がり始まるまでとみて二六〇年代の可能性もあるかもしれません。それくらいまでの間に埋葬された古墳だろうと考えられるということです。

黒塚・西求女塚古墳は、いま調査されている前期古墳のなかでは、副葬された三角縁神獣鏡の内容から、最古に位置づけられるものです。そして、それは箸墓型前方後円墳なわけです。そうすると、それらのモデルであった箸墓古墳の年代も、ある程度絞り込めるでしょう。

私は、古墳というのは生前から作り始めたものと考えています。卑弥呼さんが死にました、偉大な女王が死んだ、大きな古墳造らないかんと、造り始めるのでしょうか。初めての巨大な倭国王墓の築造に、相当な年月がかかるでしょう。だとすれば相似墳というのは存在しないと思います。倭国王墓がモデルになり相似墳を模倣させて造らせる、そういう関係は被葬者相互が生きている段階の関係を表すものと考えるべきだと思います。私は、だから箸墓古墳は、卑弥呼生前に、晩年かもしれませんが造り始めていて、そして生存中に政治的な関係を結んだ各地の有力者が、箸墓と同じ設計に従った相似墳を築くと考えています。相似墳の存在はそういうことを示しているんだろうと。

つまり王墓があって、その相似墳の一群があるとすると、その年代差は同世代程度、あるいは一世代くらいのずれのなかに収まると理解しています。王さんが代わりましたと、その就任早々に地方のボスも代替わりし、次のヤツがご挨拶に来た場合は、だいたい同世代ということになります。一方、二〇年くらいの治世があったとして、その晩年頃に地方のボスが代替わりした場合は、それから相似墳を作り始め、王さんは間もなく亡くなりますが、そいつはあと二〇年、三〇年生きるかも知れませんね。

箸墓の場合は、最初の倭国王墓ですから、その築造、また相似墳の築造開始には、やや特別な事情もあるかもしれません。しかしいずれにしても、黒塚や西求女塚古墳が二五〇年代、下って二六〇年代のうちにあるとすれば、箸墓古墳はそれにやや先行する程度に収まるだろうと思います。そうすると、二四〇年代から二五〇年代だと、つまりは三世紀中頃といっていいと思います。

今、いろんな本を読むと、箸墓古墳は卑弥呼の墓であるといったことが書かれるようになりましたが、そう言えるようになったのは、本日、お話ししてきたように、一九九〇年代に三角縁神獣鏡の研究が進んだことによるのです。これによって最古の古墳の特定が可能になって、段階を追って新しい鏡をもつ新しい古墳がならんでくることが言えるようになってきた。だから古段階の三角縁神獣鏡をもつものは、二四〇年代、二五〇年代の量産段階の鏡なので、その直後くらいに考えていいと言えるようになったのです。だからこそ、箸墓古墳は三世紀中頃でいいと言えるようになった。なので正始八年、二四七年の記事のあと、「卑弥呼死す」と出てくる、彼女の没年とぴったり合うのです。三世紀前半、約半世紀にわたって初代倭国王であった女王卑弥呼、彼女が箸墓古墳の被葬者であるということは、いままで長く説明してきた考古学的な手続きで、決められるに至ったということです。

今年になって箸墓古墳の年代についてC14年代（放射性炭素年代測定）の報道がありました。ご存じですか。箸墓古墳の北側の調査で布留0式《ふるゼロ》土器というのが出土し、箸墓の年代は土器でいう布留0式土器だと。この布留0式土器に付着したオコゲを使ってC14年代を測定したところ、三世紀中頃でいいんだ、というものです。わたしに言わせれば、裏付けてくれてありがとう、だけど、それはもうとうに決まっていたことですよ、と言いたい。

5．古墳時代の年代遡上により邪馬台国と直結

もう時間も短くなってきました。もうちょっとだけお話ししたいんです。箸墓古墳が卑弥呼の墓だというのは、それにとどまらない広がりをもちます。

かつて古墳の成立年代は、三世紀末ないし四世紀初めと言われていたんです。すると卑弥呼が死んでから半世紀くらいしてからのことで、邪馬台国と倭王権は必ずしも結びつかなかったのです。八〇年代になって、古墳の成立は三世紀後半ということになってきました。私は覚えていますが、金《かな》関《せき》恕《ひろし》先生が授業で、「二七〇年代（たぶん）、箸墓古墳の埋葬施設の墓坑に、最後の土が入れられた時、古墳時代の鐘が高らかに鳴ったのであります」と。それはともかく、小林行雄先生以来、三角縁神獣鏡は卑弥呼の鏡で三世紀中頃には輸入されていたと考えながら、それを副葬する古墳の成立の年代がなぜか下げられてきた、しかしそれはおかしいだろうということで、一九八〇年代には三世紀後半くらいということになりました。

そして話をしてきたように一九九〇年代には、さらに三世紀中頃でいいということになったわけです。それはつまり、古墳時代ですね、前方後円墳の波及から考えられてきた倭王権なるものと、〈魏志倭人伝〉に出てくる邪馬台国が直結する、ということです。

これまでは、巨大前方後円墳が生まれ、そこには三角縁神獣鏡がいっぱい副葬される、これを古墳時代の始まりとしてきました。しかしそれは、三世紀末か後半ではなく、中頃だと。そして、卑弥呼の生きた三世紀前半、土器でいう庄内式という時代は（現時点では後半と考えている）、今でも弥生時代終末期とする見方もなおあります。しかし、その時期には、奈良県桜井市に纒向遺跡が出現し、前方後円

墳が現れ、鏡は三角縁ではないけど画文帯神獣鏡を副葬している。つまり、三世紀前半と三世紀後半で、瀬戸内で結ばれる西日本規模から、列島全域へと飛躍はあるんだけれども、それは連続的発展ととらえることができるのです。前方後円墳ができてその共有も始まっているし、中国鏡を手に入れて仲間うちに配るということも。そういうやり方で中央権力に結びつけていく基本的な作戦は、なにも三世紀後半に始まったわけじゃない。基本的戦略は三世紀前半に始まっているんです。なので、古墳時代の始まりは、巨大な倭国王墓である箸墓古墳の築造をもって起点とするのでなく、さらに遡って考えるべきだと考えます。

まだこの時期にまとまっていたのは西日本です。墳墓の形で言えば、東日本の前方後方墳もあり、山陰地域の四隅突出型墳丘墓もある。前方後円墳はまだ西日本の限られた範囲ではありますが、共有は始まっていて、三世紀後半にそれが全国区になる、このように連続的・発展的に理解していいわけです。

三世紀前半こそが、古墳時代の始まりで、倭の中心がはじめて形成されることを重視したいと思います。

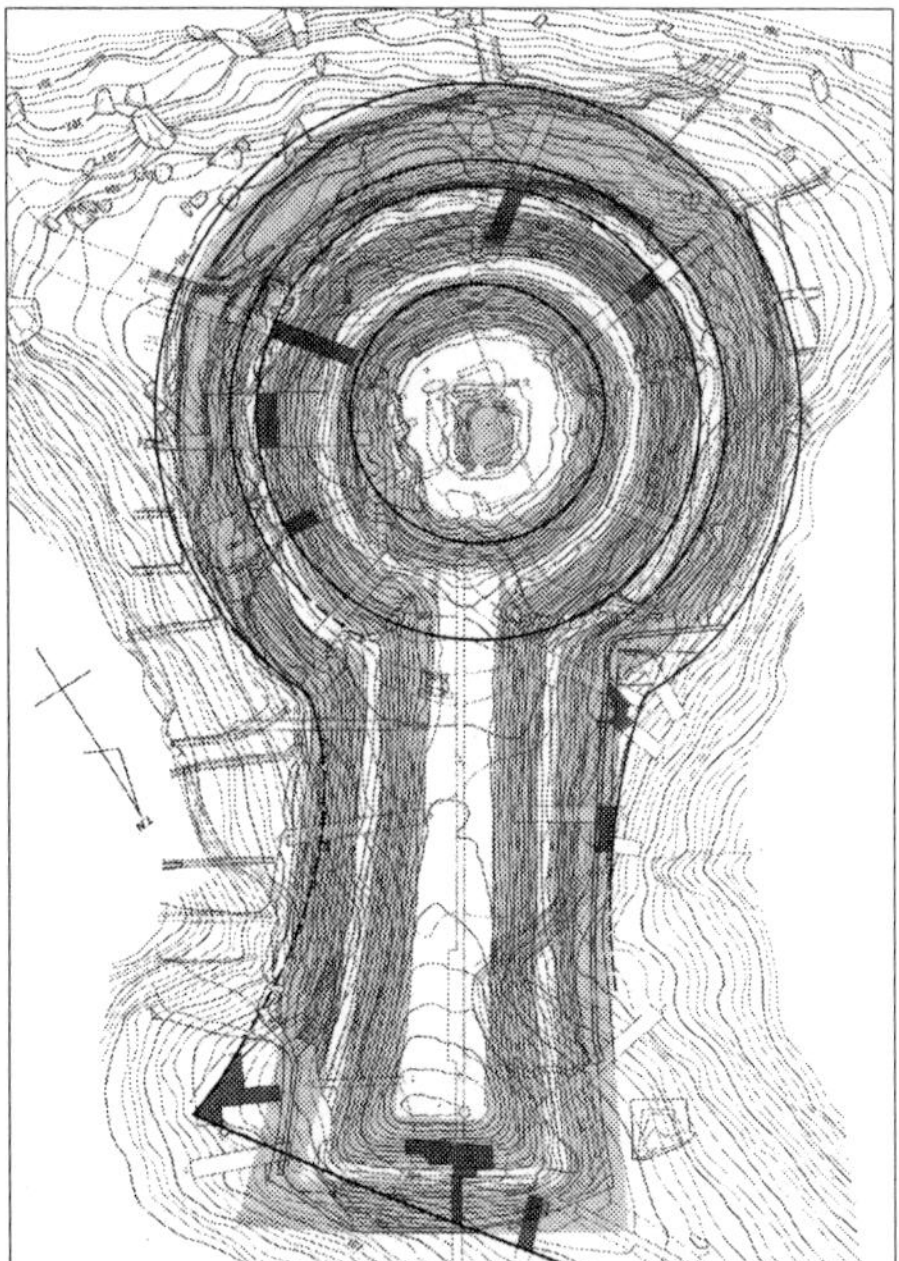
図８　桜井茶臼山と雪野山古墳

それが基になって全国区になる。最近では、古墳時代早期という言い方も聞かれるようになってきています。私も三世紀前半を古墳時代に組み込んで、早期とする立場です。

そして大事なのは、〈魏志倭人伝〉の既述にあるように、二世紀の終わり頃に倭国乱があり、それを収束させるために、より大きな倭国という枠組みが作られ、卑弥呼が初代倭国王に立てられた、そして三世紀前半の卑弥呼の治世に相当する時期に、瀬戸内で結ばれる地域の関係が考古学的にも確認できるということです。

倭王権の出発点というのは卑弥呼の共立であって、これが古墳時代の始まりであり、日本の国家形成のスタートである、と理解しています。

ほぼ時間になっていますが、雪野山古墳の話に戻ります。ここまで説明してきたように、雪野山古墳の調査で明らかになった鏡の組み合わせは、ちょうど三角縁神獣鏡の古い新しいを考える研究が進められようとしていた時期で、考えられつつあった鏡の編年が、古墳の新古にも対応するということを示すものとなりました。三角縁神獣鏡を軸にした前期古墳の年代研究がイケルということを確信させ、これが九〇年代の研究の起爆剤になったと思います。そして、ひいては箸墓古墳は卑弥呼の墓であると言えるようになり、また考古学で明らかになっている成果と〈魏志倭人伝〉を結びつけ、弥生時代から古墳時代への転換のプロセスを、ようやく筋の通った形で説明できるようになったわけです。

この辺で終わりたいと思います。どうもありがとうございました。

なお、時間の関係で説明を省略しましたが、質疑のなかで、用意していた最後の話題も紹介しました。

雪野山古墳が桜井茶臼山古墳と同一段階という話をしましたが、雪野山古墳は山頂にあって自然地形に制約された変形した前方部形状ですが、それを考慮すれば、実は茶臼山型の前方後円墳と考え得るのではないか、というものです。

■図表出典

図1　椿井大塚山古墳から出土した鏡：『椿井大塚山古墳と三角縁神獣鏡』〈京都大学文学部博物館図録〉一九八九

図2　雪野山古墳から出土した鏡：福永伸哉・杉井健編　一九九六『雪野山古墳の研究』八日市市教育委員会

図3　陰影図　奈良県立橿原考古学研究所『デジタル・アーカイブ古鏡総覧』学生社　二〇〇六　所蔵は京都大学総合博物館

図4　陰影図　奈良県立橿原考古学研究所『デジタル・アーカイブ古鏡総覧』学生社　二〇〇六　所蔵は京都大学総合博物館

図5　陰影図　奈良県立橿原考古学研究所『デジタル・アーカイブ古鏡総覧』学生社　二〇〇六　所蔵は宮内庁書陵部

図6　岸本「②三角縁神獣鏡と前期古墳」一ノ瀬和夫・福永伸哉・北條芳隆編『古墳時代の考古学4』同成社　二〇一三　三八―三九頁　図3を転載

図7　岸本作成

図8　岸本作成

三、雪野山古墳と石製品

東海大学　北《ほう》條《じょう》芳《よし》隆《たか》
（二〇〇九年十二月五日）

はじめに

先ほど、ロビーに展示されている雪野山古墳出土石製品のレプリカを見せていただいて驚きました。特に色味ですが、非常によくできています。このうち鍬形《くわがた》石・紡錘車《ぼうすいしゃ》形・琴柱《ことじ》形の三者については、石川県の那谷《なた》・菩提産の「碧玉《へきぎょく》」製だと推定されます。

また管玉《くだたま》はなぜか一点だけが副葬されていましたし、ガラス小玉も二点しかありません。こうした不思議な現象にもご注意いただければ幸いです。管玉も「碧玉」製ですから石製品と深い関係にありますし、装飾品という点ではガラス小玉とも深い結びつきをもちます。ですから本日は、これら玉類も含めてお話しできれば、と思います。この古墳から出土した石製品と玉類の実測図を**図1**に示しました。

1．石製品と玉の出土状況

では雪野山古墳の石製品や玉類は、副葬時にどのような配置になっていたのかを確認しておきましょう。**図2**をご覧ください。北の区画に置かれた靫《ゆぎ》の底付近から紡錘車形石製品が二点出土しました。鍬形石は中央の区画で遺骸の頭部付近と推定される場所から出ています。また一号鏡という「内行花文《ないこうかもん》

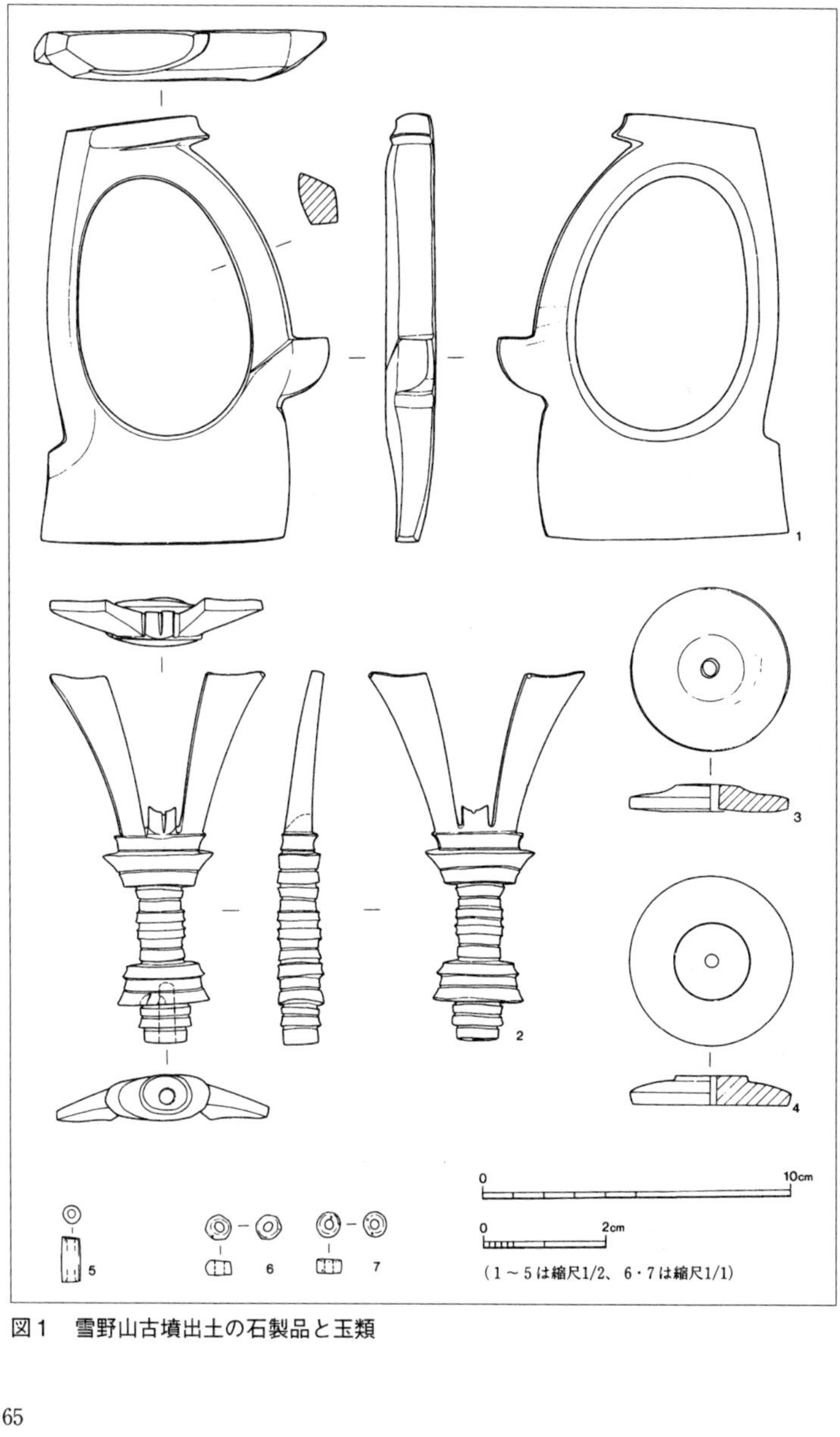

図1　雪野山古墳出土の石製品と玉類

鏡《きょう》」が遺骸の頭の上に被さったような形で見つかっていますが、この鏡の下から琴柱形石製品が一点出土しました。

さらに管玉については、琴柱形石製品の発見場所から四〇cmほど南で一点だけ見つかりました。それともうひとつ、ブルーのガラスでできた小玉ですが、これらも二点だけ、先の管玉の近辺から出土しています。

こうした石製品や玉類の副葬状態ですが、ごく大まかにみれば、遺骸の頭部を中心に据えて、その周辺を取り囲むかのように置かれた状態だといえるでしょう。

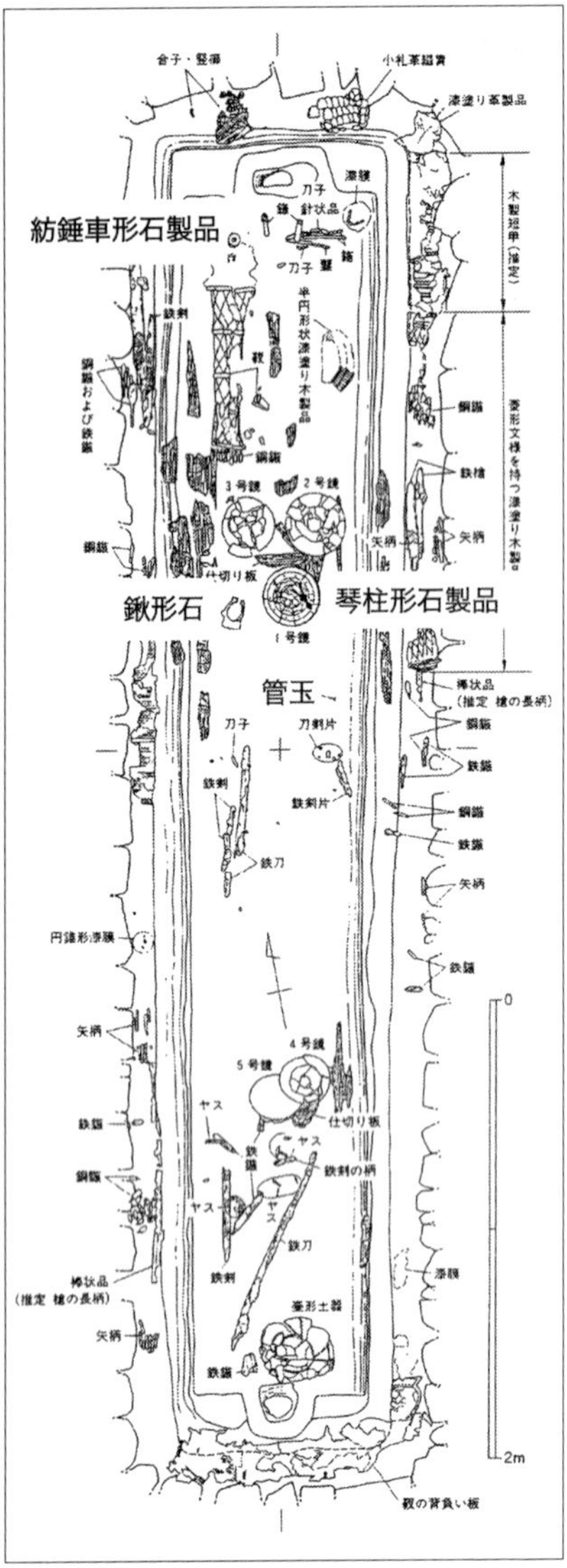

図2　副葬品の配置と石製品・玉類

なお副葬品の組み合わせからみると、雪野山古墳の被葬者は、おそらく男だろうと考えられます。腕輪形石製品のなかから副葬品として鍬形石が選ばれるのは、どうも男が多いようです。本来の遺骸の頭部は、私の頭の上にある鏡の下にあったはずですね。鏡を枕にするわけにいかないものですから南側に若干ずれています。

さらに白状いたしますと、ガラス小玉二点は発掘調査の時に、うかつにも検出し損なってしまったのです。

第一次調査の際、学部生の皆さんは石室には入れず、上から調査を覗き込みながら待機してくれていました。石室内から出る排土をフルイにかける要員だったのです。問題の場所は主に私が担当し、ときに都出先生と交替する格好で掘り進めたのですが、そんなある日「北條さん、なにしてるんですか!」と上から声がかかったのです。「出ましたよ!」と。恐る恐る小さな声で「何が出たの?」と聞けば「ガラス小玉です」と。

痛恨の極みですけれども、調査では五〇cm四方の区画ごとに土を上げていますから、この場合は頭部のやや南、となりました。

ただし石室内の全土量をフルイにかけた結果が小玉二点ですから、本来は首飾り用に数珠つなぎになるべきガラスのビーズがたった二点しか副葬されなかった、という事実が確定したことも重要です。管玉も一点でしたから、装身具を副葬したと考えるには、きわめて不自然です。この点については最後に触れることにして、先に進みます。

2. 水銀朱と玉と石製品

ところで雪野山古墳で注目されるのは、大量とはいえないものの、遺骸や副葬品の上に水銀朱が振り撒かれていたことです。ロビーの展示でもご覧になったかと思いますが、石室の壁も赤く塗られておりましたし、棺の内側も真っ赤に塗られていました。

ただ石室の壁と棺に塗られていたのは、鉄の錆に由来するベンガラと呼ばれる顔料です。同じ赤でも水銀朱に比べますと、ややくすんだ発色です。

一方、水銀朱は鮮やかなショッキング・ピンクやオレンジの濃い色ですので、一見して識別できます。どちらの顔料が当時の貴重な品だったのかというと、いうまでもありません。水銀朱です。正体は硫化水銀なのですが、古代中国でも仙薬の最上位に位置づけられた丹薬で、それを前方後円墳の時代の人々は顔料として使っています。雪野山古墳では足元に置かれた壺が朱壺だったようで、この中に水銀朱を入れて、古墳にまで持って登り、葬儀の際に振り撒いたようです。

つまりベンガラでまっ赤に塗られた木棺に納められた遺骸や主要な副葬品に向けて、最後に水銀朱を振り撒く行為が行われ、空になった朱壺を足下に置いたのちに棺の蓋を閉じる、というような一連の儀式があったと推定できるのです。

そのような儀式は、当時としても格式が相当高かったことを裏付けるものと考えられます。滋賀県域の他の前方後円墳では、このような事例がみあたらないからです。木棺の蓋を閉じる直前に行われた「閉棺の儀」とでもいうべき節目にあたる儀礼だったのでしょう。

その際、鍬形石にかなりの量の水銀朱が撒かれたことにも注目したいと思います。遺骸の頭部付近であることとも相まって、両者の関係を強くうかがわせるからです。

　では玉や石製品と水銀朱とが、どのような意味で密接な関係にあるのかについて簡単に紹介したいと思います。先にも触れたとおり、古代中国人にとっての水銀朱は「金丹」と呼ばれ仙薬の最上位におかれていました。「丹」は「仁丹」の「丹」ですが、同じく「丹薬」として珍重されたのが「玉」です。

　古代中国でも神仙思想が盛んになる時期が何度か訪れたようですが、たとえば唐代の貴族は、驚くべきことに「辰砂」と呼ばれた水銀朱と「玉」の両方をすりつぶして飲んでいたらしいのです。「辰砂」が毒であることは当時もよく知られていたのですが、それ以上に凄いパワーを秘めた物質であることのほうに魅せられ、幻惑されたのでしょう。

　このパワーは「徳」と記されました。生命力の源という意味だったようで、「玉」もまた「徳」を備えておりました。だから古代中国の貴人たちは、どちらの「徳」も自分の体内に取り込んで、永遠の命を身につけようと、ときに周囲の警告をも聞かずに励んだ、ということらしいのです。

　図3は唐代の八世紀、西安の何家村で生きた、とある貴婦人の持ち物だった銀製の合子《ごうす》です。この中には各種の「玉」と「辰砂」塊が入れられていました。蓋書きには「光明紅砂」とあって、これが「辰砂」を意味するものと考えられます。彼女は不老不死か昇仙を願ったのでしょう。すりつぶして飲んだらしいのです。

　要するに古代中国人にとって「辰砂」と「玉」は、実は同じカテゴリーだったことがわかります。両者は「徳」という成分の代表格、と位置づけられ

図３　唐代の銀製合子（文献１より）

ていたわけです。

こうした古代中国の神仙思想の影響を有形無形に受けながら、古墳時代の様々なお祭りも創案され営まれたと考えられます。ですから水銀朱と「玉」、あるいは「玉」とごく近似する材質の「碧玉」で作られた石製品は、ごく近しい関係にあったとみて差し支えないのです。

雪野山古墳では三種類の石製品が供えられ、水銀朱が塗布されたという事実の背後には、今述べたような脈絡が絡んでいた可能性がある、と私はみています。

ここに埋葬された人物の復活や死後の昇仙を祈ったのか、あるいはこの場所で永遠に生き続けなさいよ、というような祈願だったのか。いずれにしても、石製品を副葬し水銀朱を塗布する行為の意図は、こうした「徳」を付与するものであった可能性が高いといえるのではないでしょうか。

3．鍬形石の系譜

さて雪野山古墳から出土した鍬形石・琴柱形石製品・紡錘車形石製品は、すべて模造品です。本来の素材から離れ、玉に用いる「碧玉」で作り直されたものですので、もともとの祖型がどんな物だったのかということを、少しお話しさせていただきます。

では鍬形石から説明していきます。その祖型はゴホウラガイ製の貝輪です。弥生時代の中頃の北部九州地域で発達した甕棺墓の副葬品として発見されるものです。

今から会場にお回ししますのがゴホウラガイの現物標本です（図４）。奄美大島よりも南の琉球列島、台湾南部からフィリピン沿岸にかけての珊瑚礁域に棲息する貝です。

ソデボラ科（スイショウガイ科ともいわれる）に属する巻き貝ですが、珊瑚礁の外側の水深二〇ｍほどの深場の砂地に棲んでいますので、捕獲するには高い潜水技術が必要です。ただ非常に美味で甘味をもつ貝肉だとのことですから、漁師は好んで獲って食べたはずだとも推測されます。

皆さんが沖縄に旅行したとしても、この貝を食べる機会はないはずですが、民宿などで酒のつまみとして出されることもあるマガキガイは同じ科の貝ですから、よく似た味だと聞かされることもあるかと思います。

このゴホウラは、沖縄地域では縄文時代後期から、まず間違いなく食されていたでしょうし、貝殻を腕輪やブレスレットなどに加工して使われてもいたようです。

ところが弥生時代の前期になると北部九州にもこの貝輪が入ってきたことをきっかけにして、事態は大きく変化します。北部九州地域の弥生人にとって、このうえなく魅力的な貝輪として珍重され大流行するようになり、沖縄地域での地産地消状態は崩れ、東シナ海全域を巻き込んだ「貝の道」の交易が開始されたようです。

ただしこの交易で、中身の肉が食材として流通した、というような証拠はありません。むしろ貝殻や貝製品のみであった可能性が高いようです。このことは、沖縄本島の沿岸部に多数の貝殻を集積した遺構がみつかっていることや、この集積のなかには死貝が含まれていることから推察できます。潜水して捕獲した貝だけでなく、浜辺に打ち寄せられた貝殻も集められ、交易用にとストックされたのでしょう。

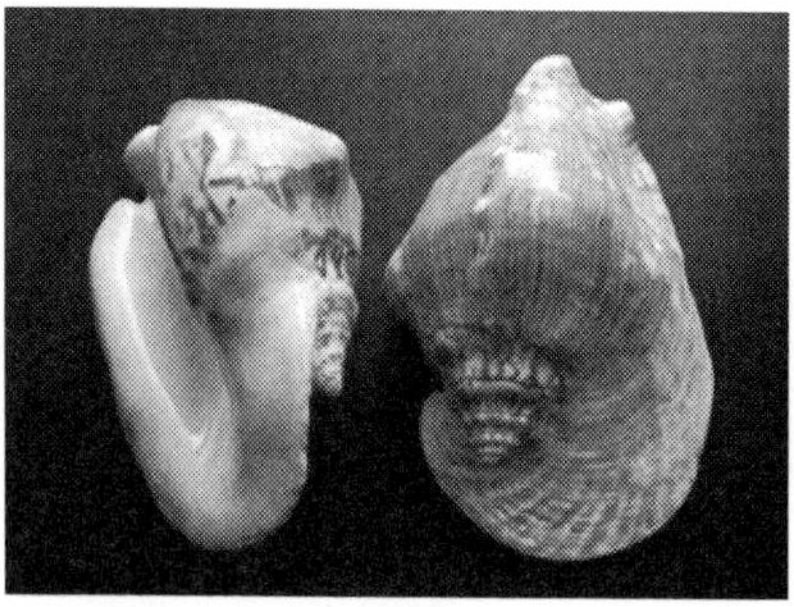

図４　ゴホウラガイの標本

こうした背景をもつゴホウラ製腕輪ですが、北部九州の弥生人は、それを権威の表象に仕立て上げたと考えられています。というのも、ゴホウラ貝輪を腕にはめた埋葬は限られている反面、一人の人物が多数のゴホウラ貝輪をはめる、という偏りが顕著だからです。性別もほとんど男性に限られますし、通す腕も決まっていて右前腕が原則です。しかも多い場合は一二個とか二一個とかの数多くの腕輪が連ってはめられています。両腕で四一個という事例もあって、両方の手首から肘までは完全に貝輪で覆われ、余った貝輪を肩のところに添えるという、呆れるぐらい徹底した独占ぶりです。

ただし北部九州でのゴホウラ製腕輪の大流行は弥生時代中期末までで、紀元後の弥生時代後期には急速に廃れます。再び流行のきざしを見せるのは西暦三世紀、弥生終末期をまたなければなりません。

この弥生終末期に、中・南部九州で再登場してくるゴホウラ製貝輪が、鍬形石の祖型になります。実験製作品を会場にお回ししますので形の特徴や質感をご確認ください（**図5**）。本例は熊本県の大坪貝塚出土の貝輪を再現したもので「大坪型貝輪」と呼ばれています。ロビーに展示されている雪野山古墳の鍬形石と比べていただければ、そっくりであることがわかります。

4. 最古の鍬形石

つまり雪野山古墳から出土した鍬形石は、弥生終末期の貝輪の特徴をもっともよく再現した、最古の模造品ともいうべき資料なのです。

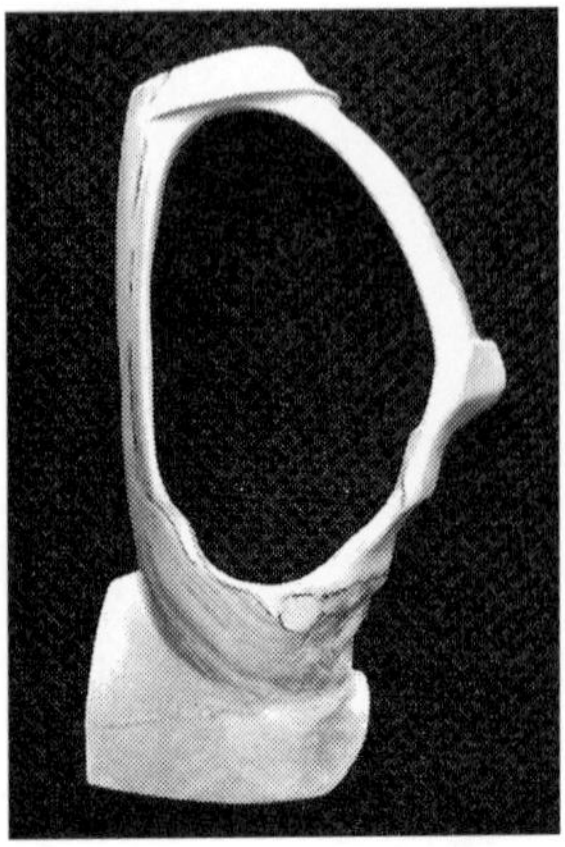

図5　製作実験品の大坪型貝輪

その後、古墳時代前期後半には数多くの鍬形石が作られますけれども、以後の鍬形石に雪野山古墳の出土品にみられるような特徴は引き継がれません。その意味でも本例は、鍬形石にあっても異彩を放つものです。

ではその後主流となる鍬形石の祖型とは、どのような貝輪なのかについてもお話ししたいと思います。最大の特徴は、貝に彫刻を施すことです。さらにその文様は「直弧文」とか「鍵手文」と呼ばれるもので、二本の帯を横並びにしたまま折ってみたり、屈折させてみたりしたような複雑な文様です。弥生時代の後期後半から岡山県南部の吉備とか東部瀬戸内地域の人々が生みだした呪的な文様だといわれています。

最も有名なのは、岡山県倉敷市楯築弥生墳丘墓の弧帯石ですね。こうした呪的な文様の施された品物を持っていれば魔除けになると考えられていた可能性も濃厚ですし、弧帯石などは、荒ぶる魂を封じ込める表現だともいわれます。そういった特殊な文様が貝輪に彫刻されているのです。伝統的なゴホウラ製貝輪は表面に彫刻を施しませんから、その意味でも北部九州や西南部九州の弥生的伝統からの逸脱です。

ちなみに、では吉備や瀬戸内の人々の意向をくんだら、どんな物ができあがるか。これについても製作実験品をお回しします（図6）。突起の部分に鍵手文の一部を彫刻いたしました。このような彫刻には非常に手間がかかります。私はルーターでやりましたけれども、当時の人々は鑿状の工具で細かく削り込んだはずです。現物は大阪府紫金山古墳から三点セットで出土しており、有名です。

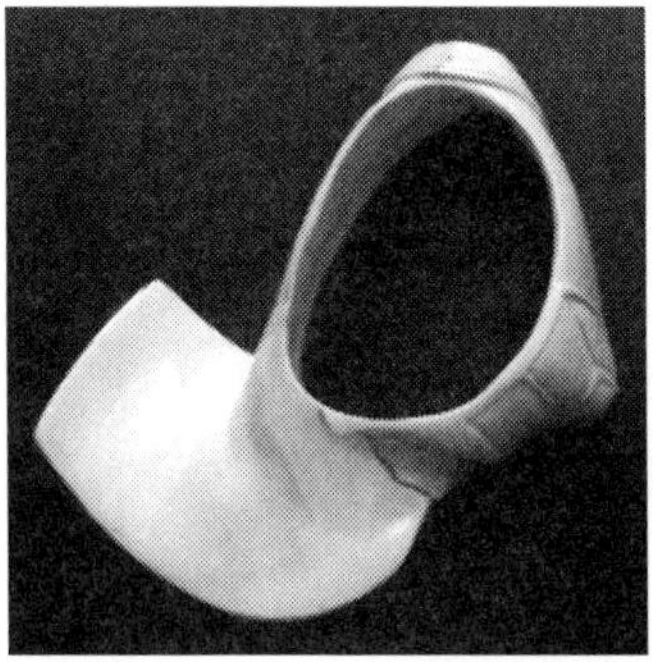
図6　製作実験品の紫金山古墳的貝輪

このような呪的な文様を貝輪に彫刻するというアイデアがなぜ生じたのかは不明ですが、いつ、どこで生じたのかについては弥生後期後半以降の瀬戸内地域で、ということになりますし、こちらの彫刻を施した貝輪を祖型に誕生した鍬形石がその後主流になることをみますと、腕輪形石製品の誕生にあたっても、瀬戸内地域の人々の関与は非常に大きかったことを認めておく必要があるように思います。

雪野山古墳の鍬形石は、その意味でも重要で、しいていえば瀬戸内や吉備地域側から大和政権への関与が濃厚となる前の、最初期のものの可能性があると考えられます。

5．腹面貝輪と背面貝輪

ところで鍬形石の祖型となったゴホウラ貝輪は腹面貝輪と呼ばれるタイプですが、別のタイプの貝輪もありますので、その実験制作品を次にお回しします（図7）。こちらは背面貝輪と呼ばれ、先の腹面貝輪二例とは反対の側から加工を施して作られた物です。

貝殻からの加工を考えた場合、どちらが合理的かというと、まず間違いなく背面貝輪です。作業の無駄が少ないからです。

さらに背面貝輪の形状にご注意いただければ、車輪石に近いこともおわかりいただけるかと思います。さらに私は、この背面貝輪が車輪石の祖型であろうと考え始めてもいます。車輪石の祖型はオオツタノハ貝輪だというのが定説ですが、オオツタノハ製の貝輪ではサイズが

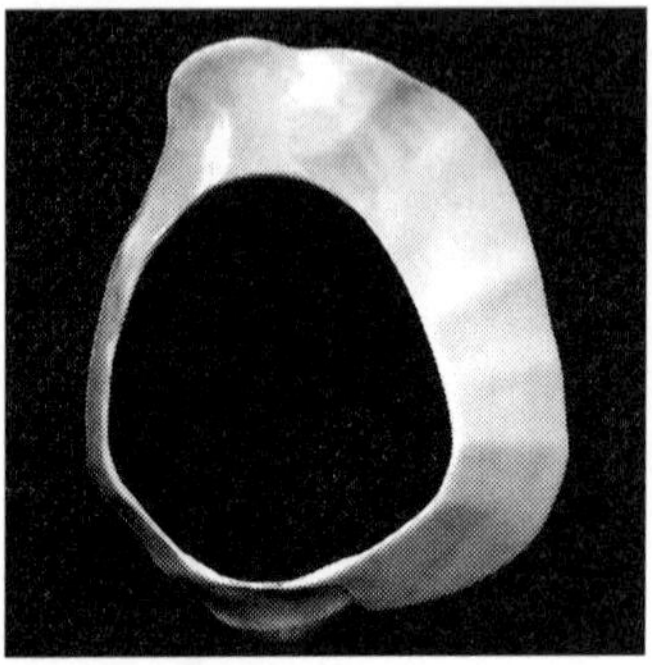

図7　背面貝輪の製作実験品

小さすぎます。したがって、やはり祖型はゴホウラ背面貝輪と考えるのが妥当であろうと思うのです。お回ししている復元実験品は、かなり若い小さな貝殻から作り上げたものです。薄い貝殻ですから、手に持ったときに軽く感じられることもご確認ください。

6. 紡錘車形石製品の由来

次に紡錘車形石製品の祖型について紹介したいと思います。祖型はイモガイ製の円盤形装飾品です。イモガイもゴホウラと同じく琉球列島の珊瑚礁域に棲息する貝種です。北部九州の弥生中期の人々は、イモガイを横に切ったり縦に刳り貫いたりして女性用の腕輪に仕立てて使ったのですが、円盤形の装飾品は非常に少なく、九州全体でも二、三例ぐらいだと思います。

一方、沖縄本島の弥生時代併行期にあたる貝塚時代後期の人々は、こうした円盤形装飾品を伝統的に作り続けておりました。その伝統を古墳時代の人々は積極的に受け入れたと推定されますし、こうしたものを祖型としつつも、鍬形石の場合と同様、素材を碧玉に置き換えたものが紡錘車形石製品なのです。

図8は瀬戸内海北岸の兵庫県たつの市権現山五一号墳からの出土品です。この古墳では木製の枕が出土しており、イモガイ製円盤は、遺骸の頭の左脇にあたるところから一二〇個のガラス小玉の連なりのな

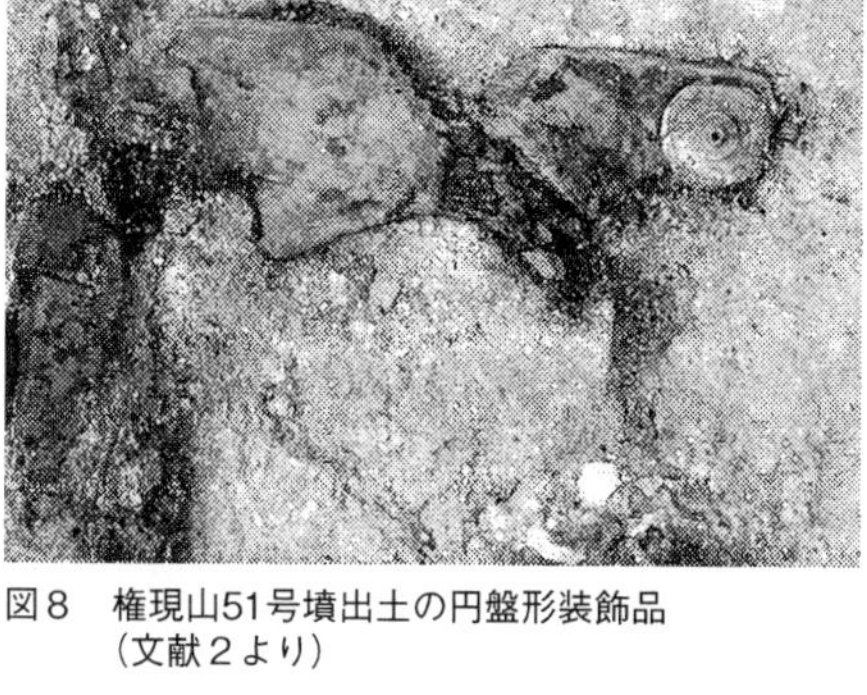

図8　権現山51号墳出土の円盤形装飾品
（文献２より）

かに絡まったかのような状態で見つかりました。こうした状態からみて、円盤形装飾品はガラス小玉と一体となった頭飾りとして使用された可能性が高いとみています。

ただ装飾に使うのだったら、脇の部分に二個の孔を開ければ済むはずなのに、真ん中に一個だけ孔が開けられた状態は不思議だとお感じになる方もいらっしゃるのではないでしょうか。紡錘車形と呼ばれてきた理由もそこにありました。

しかし真ん中に一つだけ孔を開けた円盤状のディスクに裏側から紐を通し、前に結び目や瘤を作って留めるという手法は、現在でも台湾先住民の装飾品に見られます。いわば南方系の伝統的綴じ合わせ法だといってよいかと思います。ですから沖縄地域の貝塚後期人がこうした装飾品を作り、その影響を古墳時代人が受けたとみても不自然ではないのです。

7. 琴柱形石製品の用途

そして、なにかと問題含みなのが琴柱形石製品です。まずどのような用途であったのかについてお話しします。

図9をご覧ください。軸の下端にはソケット状の孔《あな》が開けられていることがわかります。おそらく木製の棒状の支えが差し込まれ、立った状態で飾りとして使用された可能性があるのです。ただし残念ながら雪野山古墳では、この孔に何かを差し込んでいた、というような痕跡は見つかりませんでした。

図9　琴柱形石製品下端の孔

調査の際には、内行花文鏡を取り上げた後に、その直下から、都出先生ご自身がこの琴柱形石製品を発見されました。それ以前からも琴柱形石製品の性格について都出先生は気にしていらっしゃったものですから、この発見に際しては、その後も時間をかけながら、孔の中に木質があるかどうか、周囲に軸棒などの痕跡はないか、など、舐めるように掘られていたことを思い出します。しかし、その痕跡は見つからなかったのです。

ただし、場所が場所ですから、遺骸の頭部との関係で、次のことはいえそうです。つまり遺骸の頭がこの場所に寝かされる前に琴柱形石製品は「枕」と同じような意味で置かれたのか、逆に遺骸の顔面上に琴柱形石製品は置かれ、その上に内向花文鏡が置かれたか、のどちらかでしかないということです。ヒントは遺骸の頭部との関係にしか求められないということになります。

そのような観点から、他の琴柱形石製品の出土状況を見直してみようと思い、事例を集めたものが**図10**です。雪野山古墳を含めて、静岡県の松林山古墳・兵庫県の城の山古墳の三例を示しておりますが、どれも頭のすぐ近くに置かれたことがわかります。

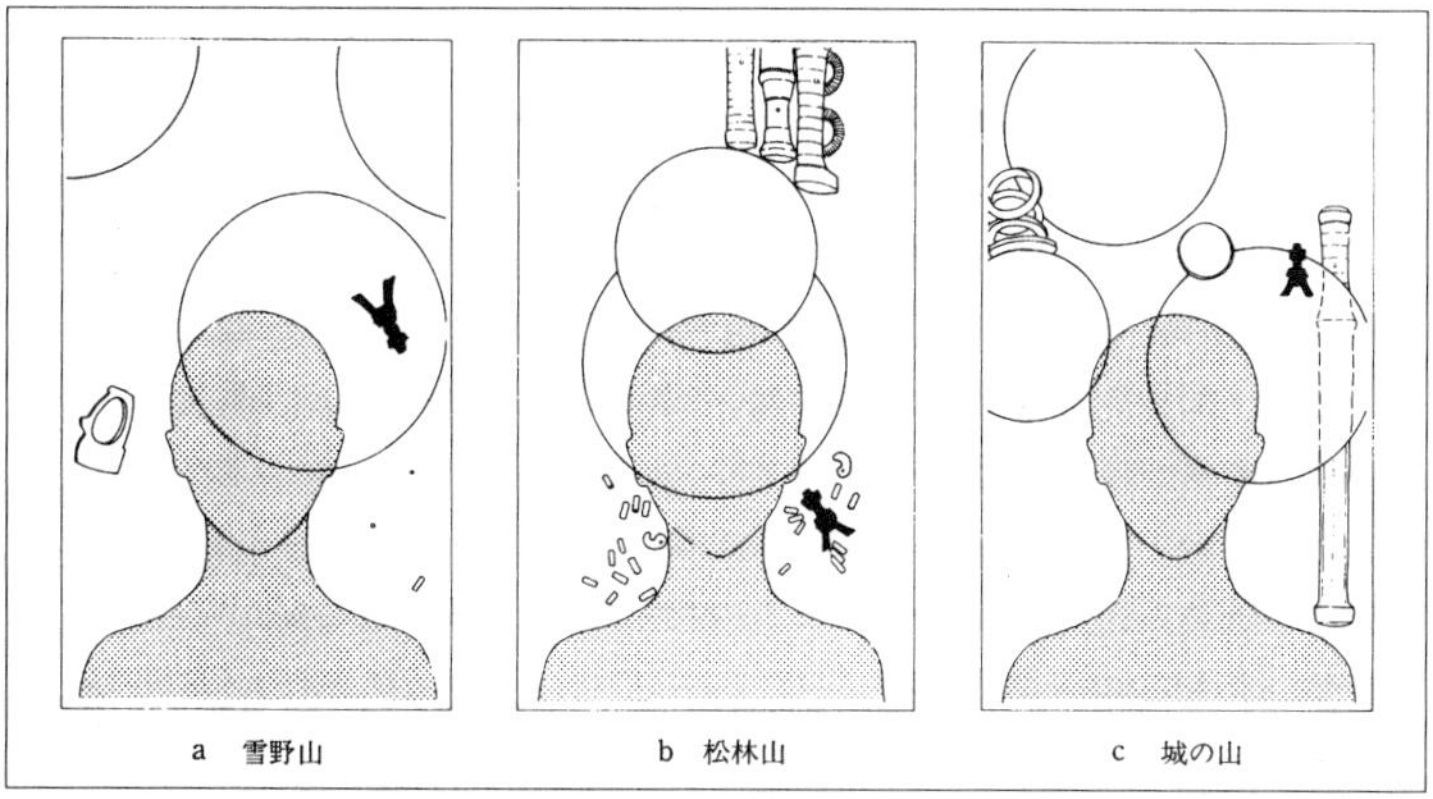

図10　琴柱形石製品の配列

さらに関東地方の五世紀前半から中頃の古墳では、滑石製の石枕が出土することがあり、その縁の部分には「立花」形と呼ばれる、同じく滑石製の石製品が立て並べられた事例がありますので、琴柱形石製品は、これらに先行する三・四世紀代の「立花」であったろうと推定できるのです。

さらに滑石製の石枕については、どのような場面で用いられたのかを知る重要な手がかりが千葉県の古墳からえられています。そこでは縁の一部にクマネズミの歯痕が付いていたことが確認されたのです。石枕の製作時にネズミの歯痕がつくことは通常は考えられませんし、遺骸とともに石枕が古墳に安置された後でクマネズミの歯痕がつくこともありえない。となるとこの歯痕は、遺骸が古墳に埋葬される前の段階で、死肉や供え物などを狙って入ってきたネズミがつけたものだった可能性が高い。つまりこの歯痕は、「殯《もがり》」の期間にこの枕が遺骸と共に据え置かれていたことを証明する痕跡だといえるのです。

そうした枕の縁に立てられたものが「立花」形石製品ですし、興味深いことに、これら「立花」形石製品は、埋葬時には枕の孔から抜き取られた状態であったと推定できる発掘調査事例も数多く存在するのです。

こうした事例を参照しますと、雪野山古墳の琴柱形石製品も「殯」の期間に遺骸の枕辺に立て置かれたものであり、埋葬時には取り外され、副葬品として遺骸の頭部の真下か直上に置かれたのではないか、と考えられるわけです。つまり本製品は、古墳への埋葬よりも前の段階の諸儀礼において、重要な役割を果たす葬具として使用されたことを物語る、ともいえるのです。

ただしこの琴柱形石製品については、各種の石製品のなかで、まだ唯一祖型が確定しておりません。奈良県桜井茶臼山古墳やメスリ山古墳などに見られる玉杖のミニチュアバージョンのような形態ではあるのですが、玉杖の出現と同時か、琴柱形石製品のほうがやや古く登場するようですので、玉杖のミニチュアだともいえないのです。

なおY字に開く立飾り部分が後ろ反りになる点を重視すれば、祖型は羽をあしらった杖状の製品だった可能性もありますが、弥生時代に作られた鹿角製の杖の先にも同じようにY字状の突起があり、その部分も後ろ反りになるので、鹿角製の杖を摸倣した可能性も残されています。今後の調査を待つしかありません。

8. 材質転換の背景

琴柱形石製品については、今申しましたとおり祖型との関係を詰めきれていませんが、鍬形石や紡錘車形石製品は、貝製品を石に置き換えたうえで、古墳時代の前半における代用的な副葬品になったという経緯を概略的にみてきました。ここまでの内容を踏まえて、まとめに入ります。

ではなぜ本来は貝製品だったものを、古墳時代の人々は碧玉製品に置き換えたのでしょうか。本来の素材を別の素材に置き換えることを「材質転換」と呼びますが、弥生時代には貝であったものが古墳時代には石になったという背景はなにか。この問題を考えたいと思います。

なおこの問題については、碧玉も「玉」ですから相応の価値や「徳」をもっており、場合によっては貝の形だけを引き継いで、より呪的な効果が期待できる「碧玉」に置き換えたという考え方があります。

しかし古代中国の様相をみると、濃い緑色が乳白色より上位に置かれたという形跡はありません。実態はむしろ逆で、「玉」の発色については、乳白色に近い色味のほうが珍重されたようです。その後の時代になっても、たとえば白磁の成立は、貝の色味の再現を志向した産物だと喩えられるとおりです。

さらにゴホウラやイモガイは南海産の貝ですから、遠隔地からもたらされた文物が帯びる希少性という高い価値を誰もが認めたはずです。しかし「碧玉」は同じ希少性があるとはいっても、北陸や山陰で産出する鉱物ないし石材ですから、素材自体の「徳」は未知数というほかありません。ですから碧玉への材質転換にあたって「価値の昇華」が伴った、というような積極性は自明ではないのです。

では他の側面からの把握が可能かどうか、ですが、私は貝類資源の減少や供給の困難さが背景にあったのではないか、とみています。

弥生時代後期から古墳時代の始まりにかけての時期に、気候の寒冷化があったといわれますが、気候変動は海洋資源の変化として劇的に現れますので、沖縄近海一帯では珊瑚礁性の貝類が減少した可能性が指摘できると思います。

さらに珊瑚礁性の海洋生物は多種少産が特徴ですから、大和側からの需要に応えるだけの貝類資源の確保を、貝塚後期の人々はできなかったのではないか、というようなことを考えています。

そしてこうした状況を反映する変化ではないかと考えられるのが、五世紀前半に生じたゴホウラ腹面貝輪から背面貝輪への転換です。

背面貝輪は沖縄地域では縄文時代以来の長い伝統をもちますが、九州や本州など、本土側の弥生時代中期から終末期までは、途中に断絶期間を挟むものの、腹面貝輪が主流です。鍬形石ももちろん腹面貝輪を祖型にしています。

ところが五世紀になると、腹面貝輪は廃れ背面貝輪のみになるという転換が生じます。なぜこのような急激な変化が起こったのでしょうか。

背面貝輪は螺背の全体を貝輪に加工するものです。広い範囲を使えるので、サイズの小さな、ある程度若い個体からでも貝輪を作れます。それに対し腹面貝輪の方は螺旋状に巻き込む体層部を主に用いますので、サイズが大きなものでないと腕が通る貝輪は作れない。贅沢な加工を行うのです。

こうした観点で捉えますと、腹面貝輪から背面貝輪への転換とは、潤沢な供給に恵まれた環境のもとで成立するタイプから、資源の枯渇への耐性をもつタイプへの変化でもあるわけです。だから五世紀に背面貝輪ばかりになるという現象は、いよいよ資源の枯渇に直面した状況への対処であろうと推定できるのです。

そのようにみますと、三世紀後半に起こった貝製品から碧玉への材質転換の理由も、気候変動に伴う海洋生物全般に生じた変化の渦中において、にもかかわらず今後確実に増加が見込まれる需要を見据えた結果、やむなく発動された善処策であった可能性が高い、ということになります。

素材を替えてしまえば資源の枯渇という問題はクリアされることになります。ただし貝本来の乳白色の色味とは決別しなければならないので、価値の低下は避けられません。そのような価値の低下を極力避けるために選択された素材が管玉と同様の濃緑色を呈する「碧玉」だった、という道筋になります。

古今東西を問わず材質転換というものは、今述べたような素材と製品の価値をめぐる相互作用の産物なのでしょう。だとすれば、腕輪形石製品の成立の背景も、まったく同じではなかったかと考えます。

9. 石製品にみる転換点

それからもう一点、腕輪形石製品の歴史には途中に大きな転換点があることを述べさせていただきます。

雪野山の石製品はどれも非常に丁寧に磨かれており、表面は光沢をもちます。鍬形石の祖型であるゴホウラも相当磨き込まないと表面の光沢が出ません。私の実験でも、ここまでの光沢を出すのに三日ぐらいかかりました。朝から晩まで暇をみつけてはただひたすら研ぎ、右手の親指や人差し指の皮が四回くらい剥けるか、というところまで研ぐと、このくらいの光沢がでてきます。現物の弥生時代中期の貝輪をみても、表面は丁寧に磨き込まれ、同様の光沢をもっていたことが確認できます。たとえば佐賀県大友遺跡など、砂丘上に築かれた石棺出土の貝輪などは、今でも光沢を放っていることに驚かされます。もちろん管玉や勾玉も充分な光沢がでるまで磨き込んでいます。

実際に研磨実験を行いますと、磨きこんで光沢が出て、初めて現れる魅力があることに気づかされます。逆にいうとクラフトの世界では、一度光沢仕上げの魅力を覚えてしまうと、そこから逃れられない宿命にあるのではないかとも考えられるのです。現在のサンドペーパーの規格でいいますと、千番から千二百番までのものを使って磨き、さらに布で磨くのです。

けれどもその後の時期の石製品をみますと、丁寧な磨き込みや光沢の維持に気を遣わなくなっていくことがわかります。材質もグリーンタフと呼ばれる柔らかくて風化しやすいものに変わりますし、磨き仕上げについても、現在のサンドペーパーでいいますと、せいぜい四百番ぐらいまでで磨き仕上げを終えています。そういうものですので、表面をルーペで観察しますと細かな削痕だらけのものが目立ちます。これでは充分な光沢がでません。

これら石製品の大多数は、北陸地域の玉製作工人が管玉づくりの合間に製作を請け負い、製品を大和政権に上納したのではないかといわれますし、定説もそうなっています。

しかし彼ら彼女らは、管玉を作るときには丁寧な磨き込みを行った一方で、石製品については適当なところで仕上げを切りあげてしまうようになります。管玉の仕上げ状態を現在のサンドペーパーでいうと、やはり千番を超える域まではしっかり磨いているのに、です。

要するに石製品のほうは、次第におざなりに作る、あるいは沢山の数の上納を求められたために、仕方なく手抜きを行うようになった、としか考えようがないのです。表面に刻まれる沈線をみても、新しい段階の製品には外にはみ出ていたり粗雑な仕上げのまま放置されたりしたものが数多く見うけられます。

私はこのような仕上げの簡略化に、石製品の歴史の転換点が見いだせると考えています。同時にこの転換点は、古墳時代前期を前半と後半に二区分することになるだろうとも予測しています。

たとえば四世紀末の事例としては、奈良県島の山古墳前方部の粘土槨が有名です。ここからは大量の腕輪形石製品が出土して広く報道されました。ですがこの古墳に持ち込まれた鍬形石や車輪石のほとんどは軟質で風化しやすい素材で作られ、磨き仕上げも不十分な製品です。だからこうした石製品については、管玉とか勾玉とかと、実は同列に扱えません。粗製濫造品だというほかないのです。

仮に島の山古墳前方部の被葬者があの膨大な数の石製品を生前に手にしたとして、数には圧倒されたでしょうが、個別の製品を手にとって素晴らしいと感じたとはとうてい思えない。管玉よりもはるかに見劣りしたはずです。

いま申しあげた点からみても、古墳時代の石製品というのは、葬具として重視されたのだろうと考えられるのです。葬式用の祭具であれば、被葬者がどのように感じたか、などとは無縁な世界ですから、祭式を仕切った人々にとっては質よりも量が重視されたのだと考えられるのです。

その意味でも雪野山の鍬形石や紡錘車形石製品、それに琴柱形石製品は、そのような石製品の多量生産、多量一括消費が始まる以前の、まだ製品はクラフトの領域にあって、玉と同様に宝器としての輝きを失っていない段階の製品だったといえるのではないでしょうか。

もちろんこの時期においても、琴柱形石製品だけでなく各種の腕輪形石製品は、すでに葬具であった可能性が高いと思うのですが、手抜きを知らない工人が時間をかけて丁寧に仕上げたために、鑑賞価値をも充分に帯びた祭具となったに違いない。そのように思います。

10. 雪野山古墳の玉が語ること

最後に、雪野山古墳からは管玉一点とガラス小玉二点のみが出土したという不可思議な現象について考えてみたいと思います。本来はそれぞれ最低でも数十点が連なった装飾品であったはずが、そうはなっていません。まるでアリバイ的に抜き出されたかのような状況なのです。

私にはこうした状況こそが、古墳の副葬品とはなにか、という問題の本質を突いているように思えるのです。要は被葬者の生前の着装品や所有物が副葬品なのではなく、葬送儀礼を執行した側の事情や思惑によってあつらえられた品々が副葬品だったことを雪野山古墳の状況は典型的に示しています。

先に琴柱形石製品は葬儀の際の重要な道具立てであったと考えられることをお話ししましたが、同じ脈絡のもとで鏡や石製品も入手され、しかるべく取り扱われた可能性が高いとみるべきでしょう。

いいかえますと、現実生活でも通用する貴重品や宝器類は、被葬者と共に土中に埋め込んでしまうことを回避した可能性があるということです。その点、管玉やガラス小玉は実生活でも充分に活用可能な普遍的価値をもつ財であることに注意すべきかと思います。こうした財は埋め惜しまれたのではないでしょうか。

だから管玉は一点のみ、ガラス小玉は二点のみが抜き出され遺骸の頭部付近に添えられたのではないか、このように捉えますと、玉類のアリバイ的な出土状況も合理的に説明づけられると思うのです。

もちろん私のような考え方はまだ異端ですが、雪野山古墳の調査成果は、古墳祭祀とはなにかを考える上でも重要な位置にあることだけは確かだと思います。

以上で私の話を終えます。ご静聴ありがとうございました。

付記

本講演時には不確定でしたが、その後の調査によって雪野山古墳出土の管玉は「未定c群」と呼ばれる朝鮮半島産の製品であることが確実となりました。藁科哲男さんと大賀克彦さんの同定結果です。ですから玉類や石製品のなかで、西暦三世紀代にもっとも珍重されたのは舶来品の管玉だった、という理解が可能です。

なお権現山五一号墳出土の貝輪についても、その後の再調査によってゴホウラ腹面貝輪の大坪型であることが判明しました。したがって雪野山古墳に先立つ古墳時代の最初期には、南海産貝製品の現物を副葬した段階があったとみて間違いないようです。こうした新知見を踏まえても、雪野山古墳の石製品類は、その歴史の最古相に位置づけられることが確認できるのです。

■文献

1　東京都美術館編図録『唐の女帝・則天武后とその時代展』一九九九年、一三〇頁
2　近藤義郎他『権現山五一号墳の研究』権現山五一号墳刊行会、一九九一年、第一〇図版

四、靫(矢入れ具)から見た雪野山古墳

熊本大学　杉《すぎ》井《い》　健《たけし》

(二〇一〇年十一月七日)

1．展示される機会の少ない雪野山古墳出土靫

皆さんこんにちは。熊本大学の杉井健です。先ほどご紹介いただいたように、私が雪野山古墳の調査に関わるようになったのは、大学院修士一年生の頃で、今回の講演のお話をいただいた時に、最初の発掘調査から二〇周年だと聞いて、もうそんなに経つのかと感じました。それはどういうことかと申しますと、大学一年生って一八歳ですから、そうすると雪野山の調査を知らない学生がもう大学に入って来たのかと、少々ショックを受けたというか…。今思うと、私の先生、都出比呂志《つでひろし》先生ですが、自分の学生時代の調査について講義で話されるのを聴いて、「えらい昔の話やなあ」と思ったものでしたが、今の学生もそうなのかなと思って、ちょっと懐かしく昔を思い出してしまいました。

今日の私の話は、矢を入れる道具、靫《ゆき》についてです。靫は遺物としては非常に地味な物です。去年の講演で取り上げられた鏡とか石製品というのは、古墳時代の歴史を語る上では欠かせない物で、研究の蓄積が大変多くある物です。今日取り上げる靫というのは、黒漆を塗った革製品や繊維製品なんですけれども、なかなか古墳から良い状態で検出されないので、研究がほとんどありませんでした。雪野山古墳の調査でようやく大体の構造がわかったといってもいいくらいの遺物です。あとで靫の写真を見ていただくつもりなのですが…、そうそう、この講演会場の外に置いてあったパンフレットを持っておられ

たら見ていただきたいのですが、パンフレットの真ん中の所に靫が載っています。とても残りが良い物です。これは革製品ですから、普通、革自体はなくなってしまいます。腐ってなくなるのですけれども、その表面に塗られた黒漆だけはずっと残るんです。黒漆の薄い膜だけが出土して、それをなんとか取り上げて、部屋の中で清掃をする。それはなんとも根気のいる地味な作業です。でも、そんな作業をコツコツと辛抱強く続けていけば必ず何かを発見できます。

雪野山古墳で特筆すべきなのは、そこで出土した靫の残りの良さです。今日の講演では日本で出土している靫の写真をたくさん紹介するつもりですが、そうした他の物と比べてもおそらく日本で一番残りの良い物だと思います。韓国でも少数の靫が出土していますが、それを含めても一番の残りの良さです。ですから、多くの方にぜひ雪野山古墳の本物の靫を見ていただきたいのですが、非常に弱くて慎重に触らなければいけない遺物だということで、展示に出ることがほとんどありません。そこがとても残念です。調査に関わった私達が長い時間をかけて整理した物ですから、ぜひ皆さん自身の目で観察していただきたいと思うのですが、なかなかそういう機会がありません。

数年前、二〇〇四年（平成十六年）ですが、ドイツで日本考古学の展覧会がありました。その時に日本を代表する前期古墳の副葬品ということで、雪野山古墳の鏡とか石製品とかが展示に出されました。そのドイツ展の準備段階で、雪野山の靫を持って行っても大丈夫だろうかとの相談があって、私は「弱いといってもしっかり残っているから慎重に運べば大丈夫だと思いますよ」と言ったんですけれども、結局「あれは壊れそうだからダメだ」となって、ドイツで展示されることはありませんでした。ぜひいつか竜王町で展示する機会があればうれしいと思います。今日は、そういったなかなか外に出ない資料である靫を紹介して、どんな物なのかを知っていただければと思っています。

2. 雪野山古墳竪穴式石室調査の経過とその意義

去年の三回の講演でも、古墳や古墳時代全体のことが話されたと思いますけれど、古墳時代が今から何年くらい前なのかを示すために、お配りした資料に、古墳時代の年表を載せております。

古墳時代というのは、だいたい三世紀の半ばくらいから奈良時代の直前くらいまでで、その中は前期・中期・後期・終末期と分けられます。前期というのは三世紀後半から四世紀中葉、中期は四世紀後葉から五世紀、後期は六世紀と考えていただくと大きな間違いはないと思いますが、その前期を四つに分けたうちの第二番目くらいに、雪野山古墳が造られました。おそらく去年もこのような話が出たとは思いますが、だいたい三世紀の終盤から四世紀の最初の頃ですね。西暦でいうと三〇〇年前後の頃に雪野山古墳が造られていると、そういうことになります。

今回お聞きいただいている皆さんは地元の方ですから、雪野山古墳はどんな古墳か、よく知っておられるとは思いましたけれども、資料に墳丘測量図を示しておきました(**図1**)。前方後円墳です。その後円部で竪穴式石室が発見され、調査されました。で、この竪穴式石室の隣

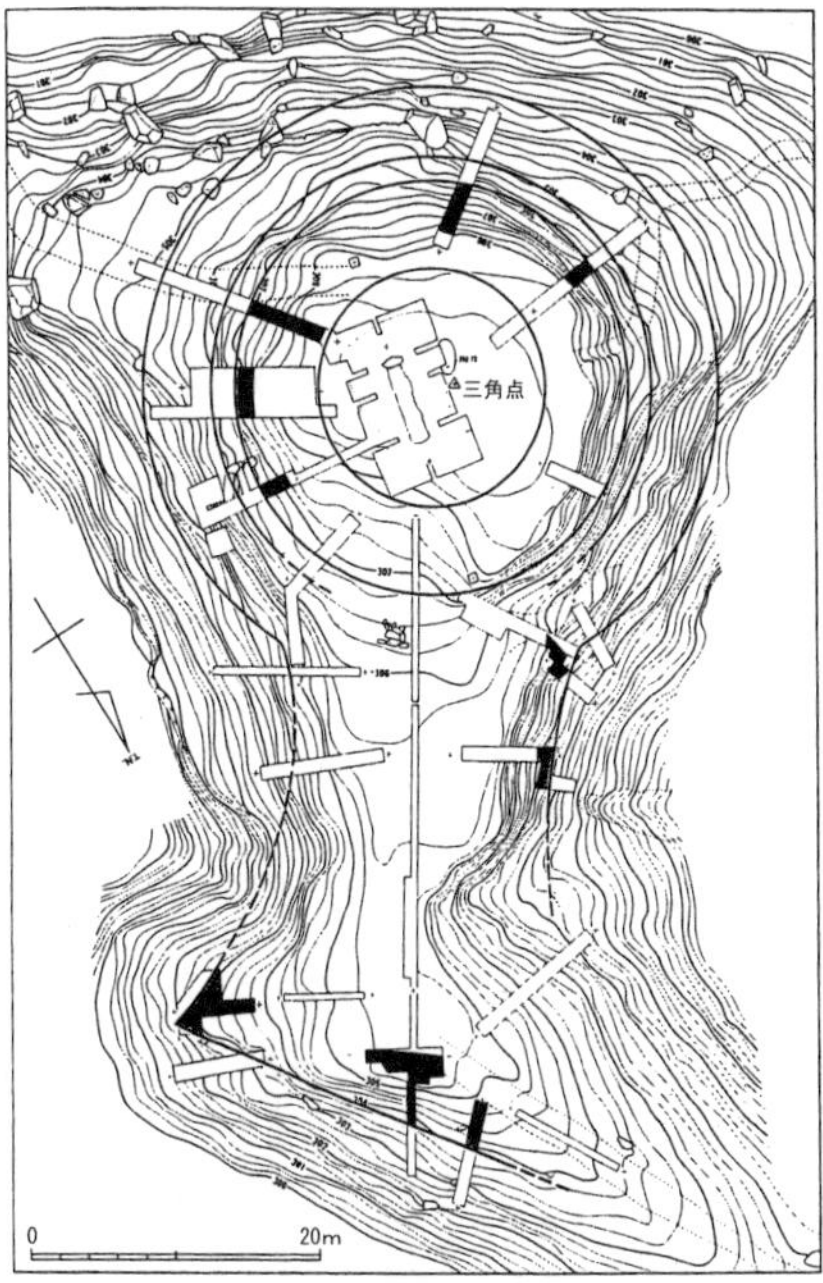

図1　雪野山古墳墳丘測量図・墳丘形態復元図

に、もう一つ埋葬施設が存在することが判明しています。それは竜王町側、図の三角点の右側ですね。そこにあって、まだ発掘調査されておりません。

いま現地に立つと、後円部に広い平坦面が存在することがわかると思いますけれど、調査をした竪穴式石室とは別に、まだもう一つ埋葬施設がある。もし将来調査をするようなことになったら何が出てくるのだろうかと想像すると楽しくなります。

そういう後円部の竪穴式石室から、遺物出土状況図で示しましたように（図5）、棺の中からも外からも、非常にたくさんの物が出てきました。

今度は文字資料を見ていただきたいのですけれども、その初めのところに、調査経過を書いておきました。全部で四回調査していますが、今日の話に関わるのは、最初の第一次調査と第三次調査になります。そのときに竪穴式石室の副葬品が調査されて、革製品とか繊維製品とかがたくさん検出されました。

第一次調査では、鏡や石製品や鉄刀や、そういった物の調査で手一杯になってしまい、棺の外に漆塗り製品が多くあるのはわかっていましたけれど、それにはほとんど手をつけられませんでした。九月に開始した調査が十一月になっても終わらず、その間、大学の授業にも出ずに現場にずっといて、先生もずっと現場におられましたから考古学関係の講義も全部休講。このまま続けたら十二月を越えるだろうと予想されましたので、いったん調査を中止にしました。まだ革製品や繊維製品などが残っていましたが、いったん作業を中止して埋め戻し。その後、一年半後の第三次調査でそれらの調査を行いました。そして調査後の長い整理作業を終えて、ようやく一九九六年（平成八年）に報告書を刊行しました。

第一次調査の時、私は大学院一年生で、調査開始当初は石室の中で物を検出することではなく、先輩達が石室の中で調査しているのを見ながら、石室の上で待機していて、必要な道具を手渡したりとか、そんな仕事をやっていました（図2、石室脇で立っている人物が私）。でも、遺物が次から次へと検出され、多くの人数を投入しないとなかなか進まないということになって、途中から、私も石室の中で遺物の検出作業をするようになりました。その時、ちょうど担当したのが棺の北側の区画、靫が出土したところだったのです。

それから私と靫の付き合いが始まったのですが、この時の出会いがなければ、靫を研究することもなかったでしょうし、さらにいえば雪野山古墳との出会いがなければ今のような研究者になることもなかったかも知れない。それくらい私を鍛えてくれた調査でした。

靫などの漆塗り製品はとても地味な物で、構造も複雑ですから、すべてをご理解いただくのはなかなか難しいかもしれないとも思いましたので、今回の講演にかかわる点を中心に、雪野山古墳の調査の意義を文字資料の初めにまとめておきました。

そこにも書いてありますが、今日最も強調しておきたいのは、黒漆を塗った革製品、繊維製品の構造が解明されたこと、これは画期的な出来事だったということです。特にこれから写真で紹介する棺内出土の靫ですけれども、これは先ほども申しましたように、とても残りがよい。

図2　石室調査風景

そして漆膜の表面と裏面の両方が観察できるような状態に整理することができたというのが、非常に重要な点だと思います。こんな事例は全国でも数例しかない。

その他の注目点は、靫に関することでは背負い板の構造が判明したこと。他に、合子《ごうす》という、昔の宝石箱ですけれども、その構造が判明したこと。これらも木の表面に塗られた黒漆が残っていただけだったのですが、そういった漆膜の様子から構造を復元できた点が重要だと思います。また、当時知られていたほとんどすべての靫を実際に調査、観察して、それらの構造を解明した点も重要です。

そして、これから写真で紹介しますが、古墳時代の靫というのは、非常に手の込んだ構造をしています。ただ単に矢を収納することだけが目的だとすれば、こんなに複雑な作りにする必要はないと私は考えています。このような手の込んだ作りの靫は古墳時代、すなわち前方後円墳を造るようになってから登場します。ということは、こうした靫は古墳での祭祀のために新たに作り出された物である可能性が出てきます。また、それは近畿地方を中心に分布しますが、さらに同じ構造の靫が全国各地に点々と分布する状況が見られ、そうすると、靫は矢を収納した状態で近畿地方中央部にあった中央政権が、列島各地の権力者に配布した物であると考えることも可能になります。

これは去年の講演を聞かれた方だと、三角縁神獣鏡と同じような考え方であることがおわかりになると思います。三角縁神獣鏡は、当時の中国から日本列島に持って来られて、近畿地方中央部の政権が列島各地の同盟関係にある人物に配布した器物だと考えられていますが、それと同じような状況が、靫にも存在したのではないかと想定されるのです。ですが、こうした手の込んだ作りの靫は古墳時代前期で終了してしまいます。

つまり最初に最大の前方後円墳を築く奈良盆地東南部の政権が、葬送儀礼のために複雑な文様を持つ手の込んだ靫を作り出し、同盟関係を確認するために列島各地に配布した。それが古墳時代中期、河内に政権が置かれる段階になると、こうした手の込んだ作りの靫は葬送の道具としては使われなくなったと考えられるのです。

ところで、雪野山古墳からは三角縁神獣鏡も出土していますが、その被葬者は銅鏃《どうぞく》や鉄鏃《てつぞく》をつけた矢とそれを収納した靫の配布も受けています。かなり武人的な性格の強い人物であったと思われます。

レジュメばかり見てお話ししてきましたけれど、やっぱり靫とはどのような物かがとてもわかりにくいと思いますので、ここからは実物のスライド写真を見ていただきながら、話を進めたいと思います。資料の図面もご参照ください。それから、時々、黒板も使わせていただこうかなと思っています。

雪野山の棺内出土の靫が現状でどのようになっているのかがわかる原寸大の図面のコピーが私の家にあったので持ってきました。展開図（今回、図略）です。靫はそんなに大きくなくて、長さが七〇㎝程で、このような非常に複雑な菱形文様を持っています（**図7・9**）。

表面と裏面の両方の展開図がありますが、これが表面、これが裏面の図です。イメージをつかむことができるでしょうか。せっかくですので回します。この図も見ていただきながら進めたいと思います。

3．矢入れ具の種類および雪野山古墳竪穴式石室の遺物出土状況

まず矢入れ具を説明しますが、古墳時代の矢入れ具には二つの種類があります。文字資料や図面資料でも説明してありますが、まずは靫。矢の鏃側《やじり》を上にして、つまり鏃が見えるように収納して、背中に背負う。これが靫で、前期に登場します。もう一つは、胡籙《ころく》といいます。これは、古墳時代の中期後半

から後期に登場します。矢の鏃側を下にして収納し、右腰に下げます。これと同じ種類の物がのちにもあって、正倉院宝物にも見られます。正倉院展にもたまに出品されていて、同じく鏃側を下にして矢を収納しています。

背中に背負う靫ですけれど、形象埴輪にも表されています。古墳時代前期の形象埴輪の靫はこれです（奈良県宮山古墳出土品、**図3の左**）。後期にも存在しまして、こんな形になります（神奈川県瀬戸ヶ谷古墳出土品、**図4**）。後期の靫形埴輪は両側に変な出っ張りを持っていて、奴《やっこ》凧《だこ》のような形をしています。上の出っ張りは何なんでしょうか。どんな構造なのかよくわかりません。でも、重要なのは、下の出っ張りの下辺に、点、点と丸い粘土が貼り付けられていることで、これは金属の鋲《びょう》の表現です。つまり、靫の底板部分に横方向に長い鉄板が鋲留めされているんですね。こうした金属の輪っかを底部にはめて鋲で留めるという靫が、後期に登場し

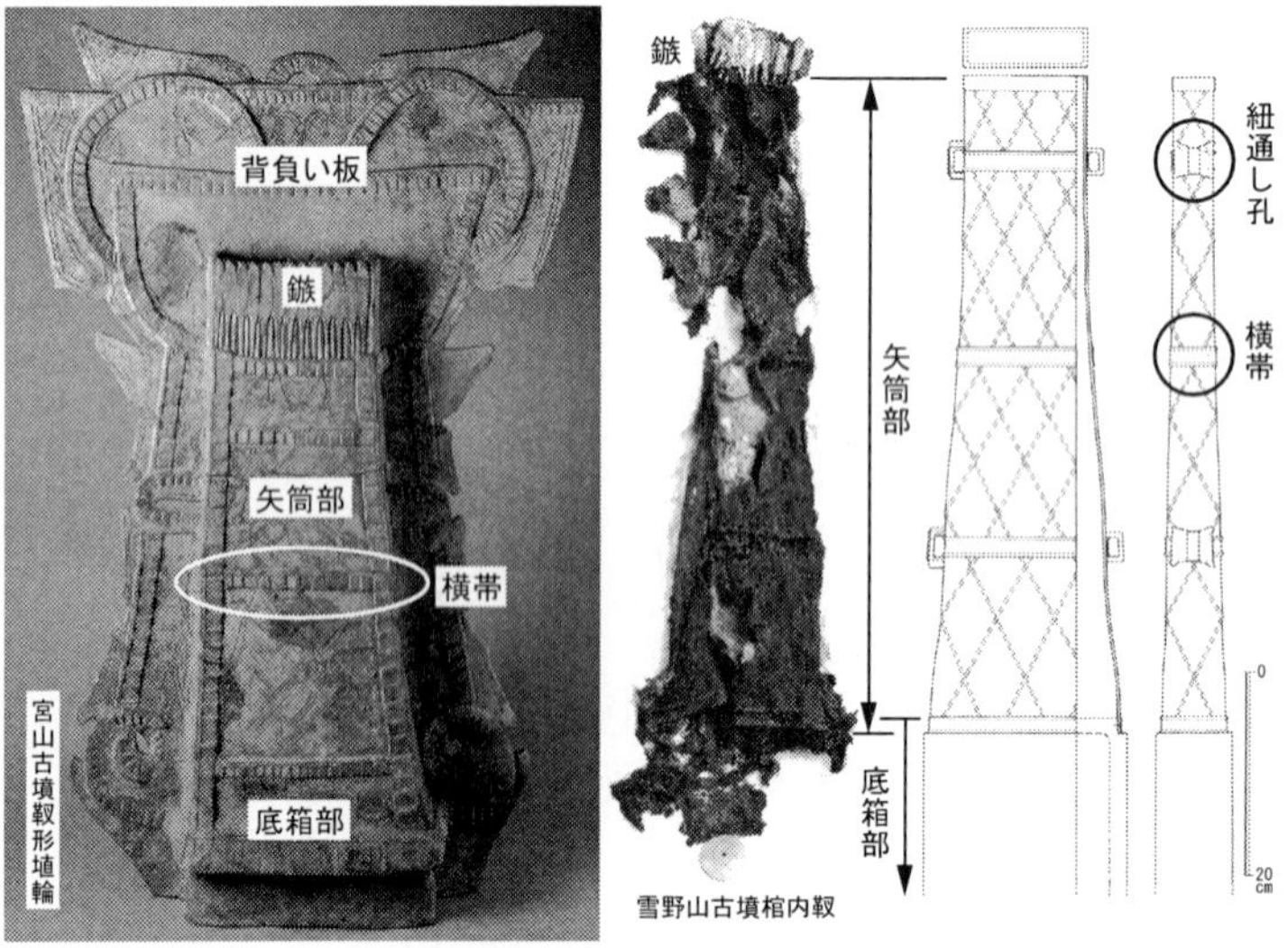

図３　宮山古墳出土靫形埴輪と雪野山古墳出土棺内靫の比較
（靫形埴輪：奈良県立橿原考古学研究所附属博物館所蔵）

ます。前期、中期ではこうした物ではなくて、奈良県宮山古墳の靫形埴輪のような形をしています。一九八九年に雪野山古墳が調査されるまでは、こうした靫形埴輪をもとにして、実際の靫の全体の形を想像していました。なかなかいい本物の資料がないから、そうするしかなかったんです。

この宮山古墳の靫形埴輪の上の方には矢の鏃が表現されています。これを雪野山古墳の棺内靫と対比させて並べるとこのようになります（**図3**）。雪野山の靫が発見されるまでは形象埴輪の形からしか靫の構造を知ることができなかったんですけれど、こうして二つを並べてみると、よく似ていますね。鏃を見せるようにして矢を収納している様子だとか、横方向のバンド状の物、横帯といっていますが、本物の靫にある横帯と同じ物が埴輪にも表現されている。靫の一番下には木の表面に直弧文《ちょっこもん》が彫刻された部材、底箱があるんですけれど、それも形象埴輪に表されている。靫形埴輪の靫の背後には、靫を背中に背負うための、背負い板がついている。雪野山古墳のこの棺内靫にはありませんが、でも同じ形の背負い板は、雪野山古墳の棺外で出ています。このように雪野山古墳で本物の靫が良好な状態で検出されたことで、逆に形象埴輪の靫は本物にとても忠実に作られているということも判明しました。

次からは、雪野山古墳の調査の様子を少し見ていただこうと思います。

図4　瀬戸ヶ谷古墳出土靫形埴輪
（東京国立博物館所蔵
Image：TNM ImageArchives）

まず湖東平野を南上空から写した航空写真をみてみますと、雪野山の北西方向に、同じ前期古墳の安土瓢箪山古墳があることがわかります。お互いの距離はそれほど遠くありませんが、でも、雪野山古墳からは山かげに隠れて直接見ることはできません。

次は石室全体を上から見た写真ですが、先ほど申しましたもう一つの埋葬施設は石室の西隣にあります。石が見られないので、石室ではないと考えられています。調査した竪穴式石室の天井石は一枚しか残っていなかったのですが盗掘はされていませんでした。ですから、もう一つの埋葬施設も未盗掘かもしれませんね。次の写真は、石室内を掘り下げている様子です（**図2**）。私は石室の上でこんなふうに、先輩が石室内で調査している様子を見ています。まさに靫が検出され始めたところの写真です。

次は遺物出土状況を示した写真と図面です（**図5**）。石室を真上から写した写真の真ん中で寝て

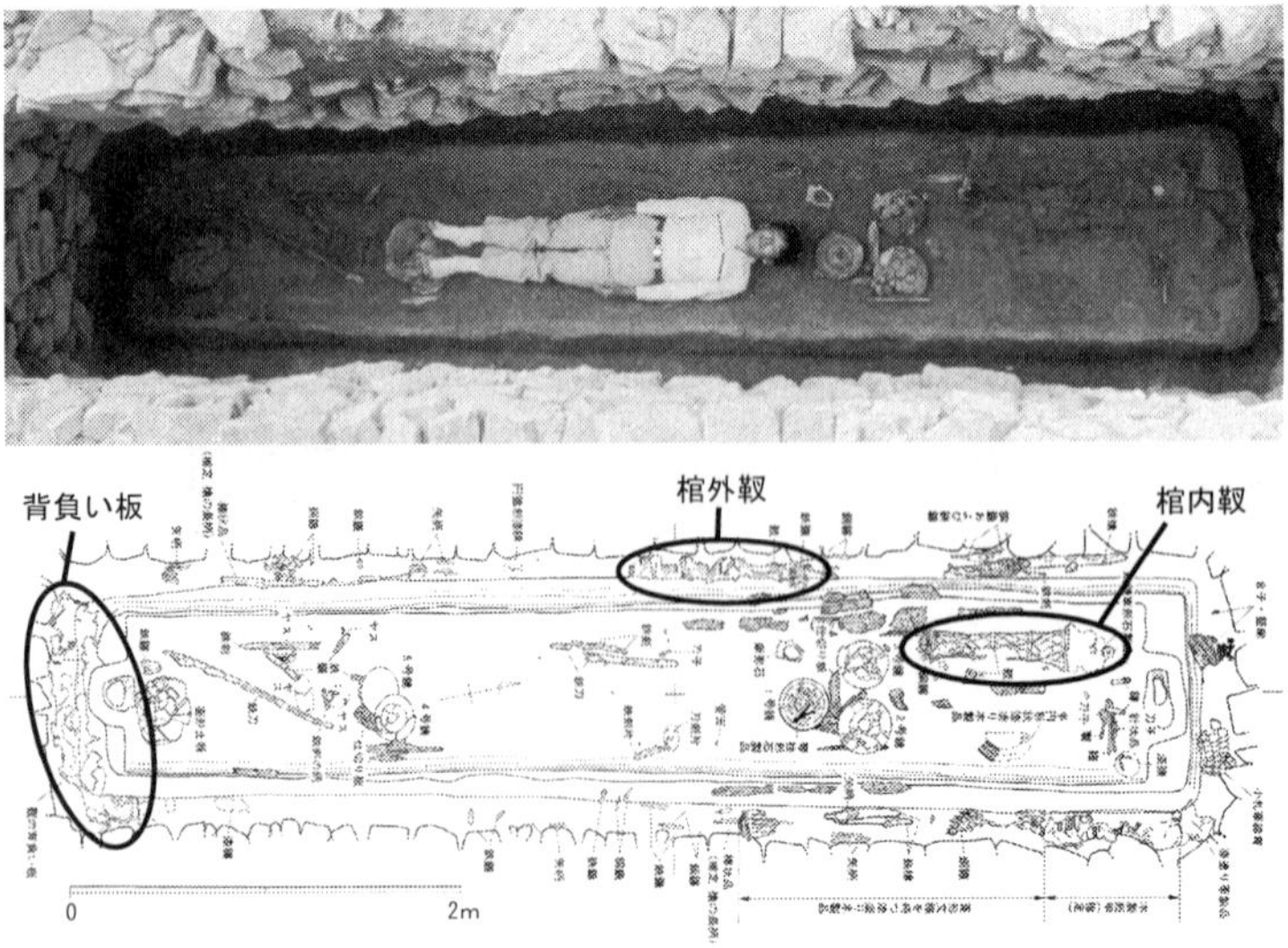

図5　雪野山古墳竪穴式石室遺物出土状況

いるのは私ですが、これで石室のだいたいの寸法がわかるかと思います。私の身長は一七三㎝です。私が寝ているちょうど真ん中の空間、人を葬る空間には遺物はほとんどありません。三角縁神獣鏡は頭の上に一枚、足下に二枚あります。今日の話に関連することでは、棺内の北側、人の頭の上の方ですが、ここで一つの靫が検出されました（棺内靫）。それからもう一つ。棺の外側、この人の右側ですが、棺が乗る粘土の台と石室の壁にはさまれた狭い空間でもう一つの靫が検出されました（棺外靫）。それから、靫の背負い板が棺外の南側にあります。黒い物、漆膜ですが、それが転々と分布しているのが見えると思います。南側の粘土の台の上にまで広がっています。背負い板だけをはずして、石室の南のこの隙間に立てかけていたのだろうと思います。

靫には関係のない物ですけれども、合子《ごうす》も紹介します。合子は木をくり抜いた物で、表面に三角形を連ねた文様を彫刻していて、その上に黒漆を塗っています。その黒漆の膜だけが残存して検出されたんですね。

何度も繰り返すようですが、こういう木とか、革とか、繊維とかで作られた古墳時代の器物が多く検出された。そして部屋に持ち帰って丁寧に整理することで、完全ではないですがその構造の詳細が判明した。そのことが非常に画期的だったと思います。例えば合子ですが、これまでは石製品（奈良県富雄丸山古墳例など）に表された物でしか形を推定できなかったのですが、実際の木製の合子が検出された。そして文様も石製品とよく似ていることがわかった。こうした点が、地味ですが、雪野山古墳調査の重要な意義の一つだと思っています。

今回紹介できませんけども、木製の甲《よろい》も出ていますし、槍の柄も出ています。結局、器物が何かわからない物も多かったのですが、本来は腐ってなくなってしまう有機物製の副葬品が、それに塗られた漆が残っていたおかげで何とか検出できたことで、棺内、棺外のほぼ全面に副葬品が収められていたことも明らかになりました。つまり人を葬る場所にはほとんど何もないんですけれども、それ以外の空間には様々な物が所狭しと副葬されている。有機物製品は腐ってしまうのでなかなかこうした副葬品の全貌は明らかにならないのですが、雪野山古墳の調査は有機物製品を含めた副葬状態を知る上での、一つの良い事例を提供したといってよいと思います。

4. 棺内靫・棺外靫・背負い板の構造

次からは棺内出土の靫について見ていきます。

まずは棺内靫の出土時の状況です。今まさに靫を検出したばかりの写真を見ると靫の口の部分に矢尻、銅鏃が顔をのぞかせています。靫の全面が真っ赤です。水銀朱という赤い塗料が靫の全面に塗られています。今、お回ししている実測図は、この靫を展開した状況です。

次は、この靫の底の部分のアップです（**図6・7の下方**を参照）。この最も下に見える黒いバンド状の部分、横帯ですが、ここにも朱は塗られているんですが、写真では横帯の一部が真っ黒になっています。整理作業後の別の写真では、この横帯部分の大部分が黒くなっています。黒漆の面がそのまま見えているんですね。ですから、この横帯部分はもともと朱がなかったんですか、とよく聞かれます。これは、現場での検出時や整理作業時の失敗で、靫の掃除をしていると、この横帯の部分だけ、朱がどんどん取れてしまったんです。たぶん、横帯表面はツルツルしているから朱が流れやすかったんだと思います。そのため現状はこんな感じに黒くなってしまったんですけれども、本来は、検出当初の写真を見ていただくとわかるのですが、朱をべったりと塗っています。現場でも本当に慎重に掃除をしていたんですけれども、この菱形文様部分の朱は落ちにくいのですが、横帯部分はどうしても真っ黒になってしまったというわけです。よく勘違いされるのですが、本来は、横帯部分も含めて全面真っ赤だったということです。

この靫をどうやって部屋に持って帰ったのかということですけれども、この靫は革製品ですが革は腐ってしまって残っていませんので、非常に脆弱で壊れやすいんですね。そうすると、靫の断片を一つ一つ取り上げて持って帰るということが、現場ではできなかった。それで、木棺が乗っていた粘土の台ごと切り取って、ウレタン樹脂という物で梱包して持って帰った。雪野山は標高三〇八mで、山麓との比高差がだいたい二〇〇mですので、山頂の古墳から持って下りるのが非常に重くて大変だったそうです。二人でもっこのようにして担いで山を下ったんですが、その運搬担当になった人は、途中で何回も転んだという話です。

部屋に持って帰ってから、本格的に整理作業を始めました。やっぱり、こんなもろい物は現場ですべての検出作業をするより、部屋の中で落ち着いてじっくりやる方がいいと思います。まず、梱包材のウレタンのうち上面側だけをはずして、つまり靫の現場での上面を出して、靫に付いている細かい砂粒などを取り除きました。そして、靫の上に五㎝角のメッシュを切った取り枠を設置して実測。そのあと、実測図に番号をつけながら破片を一個一個取り上げて、今度はその破片をセメダインで接合するという、そんな作業をずっとやっていました。ものすごく時間がかかったのを今でもよく覚えています。大阪から滋賀県の文化財センターに三ヶ月通いました。

この四枚並べた写真（**図6**）が、靫の全体像です。左端の写真が現場での検出状況。その右の写真が、切り取って部屋に持って帰ったときの様子。鏃の位置が少しずれていますけれども、ちゃんと現場での本来の状態を保って持って帰ることに成功している。そのことがよくわかると思います。これを実測して、この靫の菱形文様部分を破片ごとに一片一片取り外していったんです。そうすると、靫の内部ですけれども、内部の底近くからも銅鏃が出てきました。この右から二番目の写真です。靫の口の部分は口縁部というんですけれど、そこにあった銅鏃にはちゃんとした矢柄《やがら》が付いていたんだろうと想像できますが、この靫の底部付近から出てきた銅鏃は、鏃部分だけです。矢柄を折り取って、靫内部にわざわざ収納したんだろうと考えています。こんな靫の内部から銅鏃が出てくるなんて想定していなかったので、本当にビックリしました。この靫の内部の銅鏃を実測しながら取り上げたあと、この面をふたたびウレタンで梱包し直して反転させました。そうすると、現場で見えてい

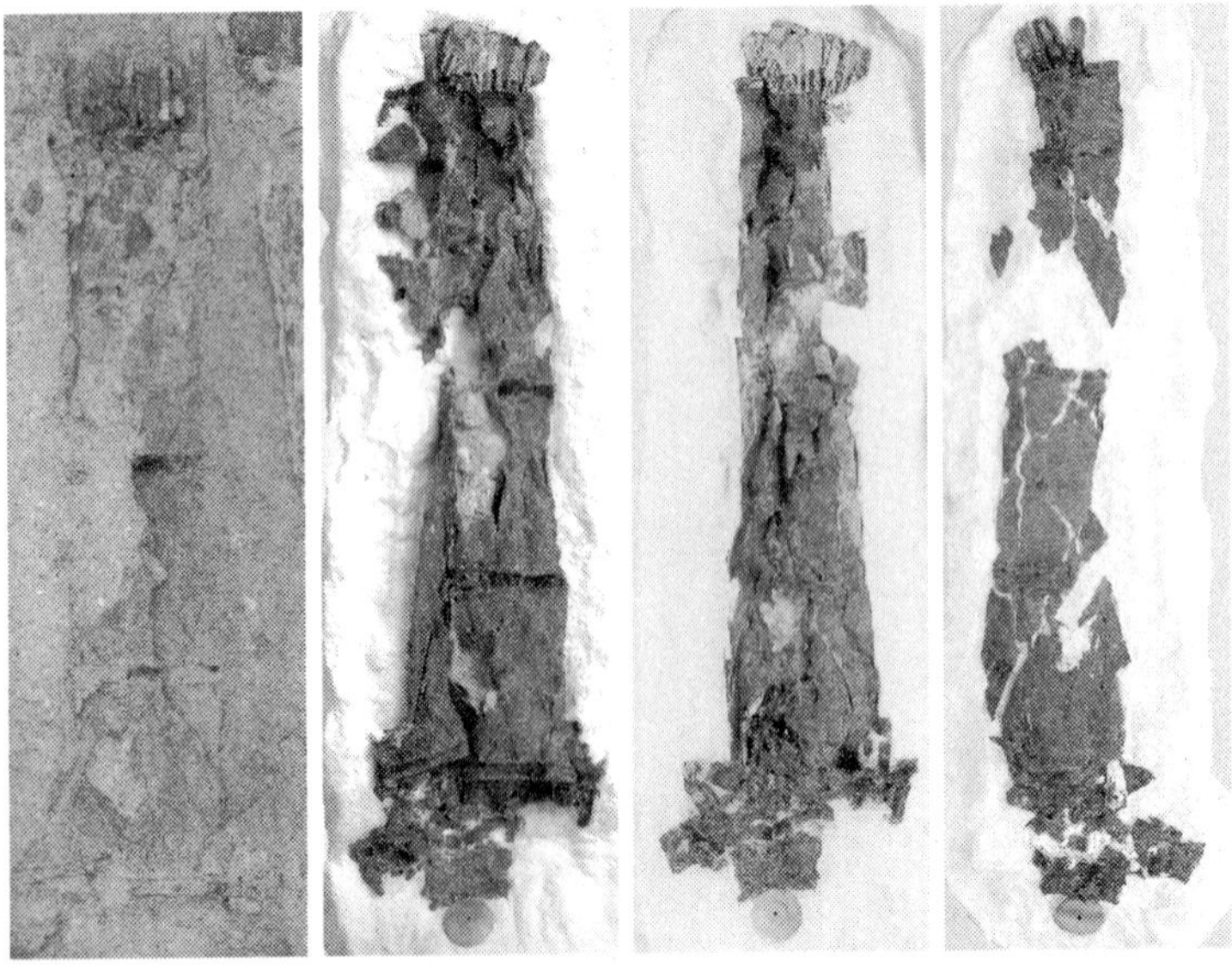

図６　棺内靫（左：出土時、中左・中右・右：出土時の上面・内面・下面）

た面の反対面、つまり現場での下面が見えるようになります。その写真が、この右端です。こういう調査をしながら、靫の構造を解明していったというわけです。

次の写真ですが、そうして一片一片取り上げた破片を、本来の位置関係をもとにして平面に並べた状態を写した物です（**図7**）。左が外面、右が内面。今お回ししている図面は、これを図化した物になります。こういうふうに外面・内面の両面が観察できるというのは非常にまれなことで、このように整理できたことが重要であると私は思っています。もし可能なら、この状態でどこかに展示してほしいと思うのですが…。展示でこれを細かく観察できたら、とても楽しいと思います。で、この状態で図面を書いて、そしてこの菱形文様ですが、どうやって糸を組んでいるのかを検討しました。この辺の細かい話はあとでまたお話しします。

次のスライドですけれども、靫の全体形を復

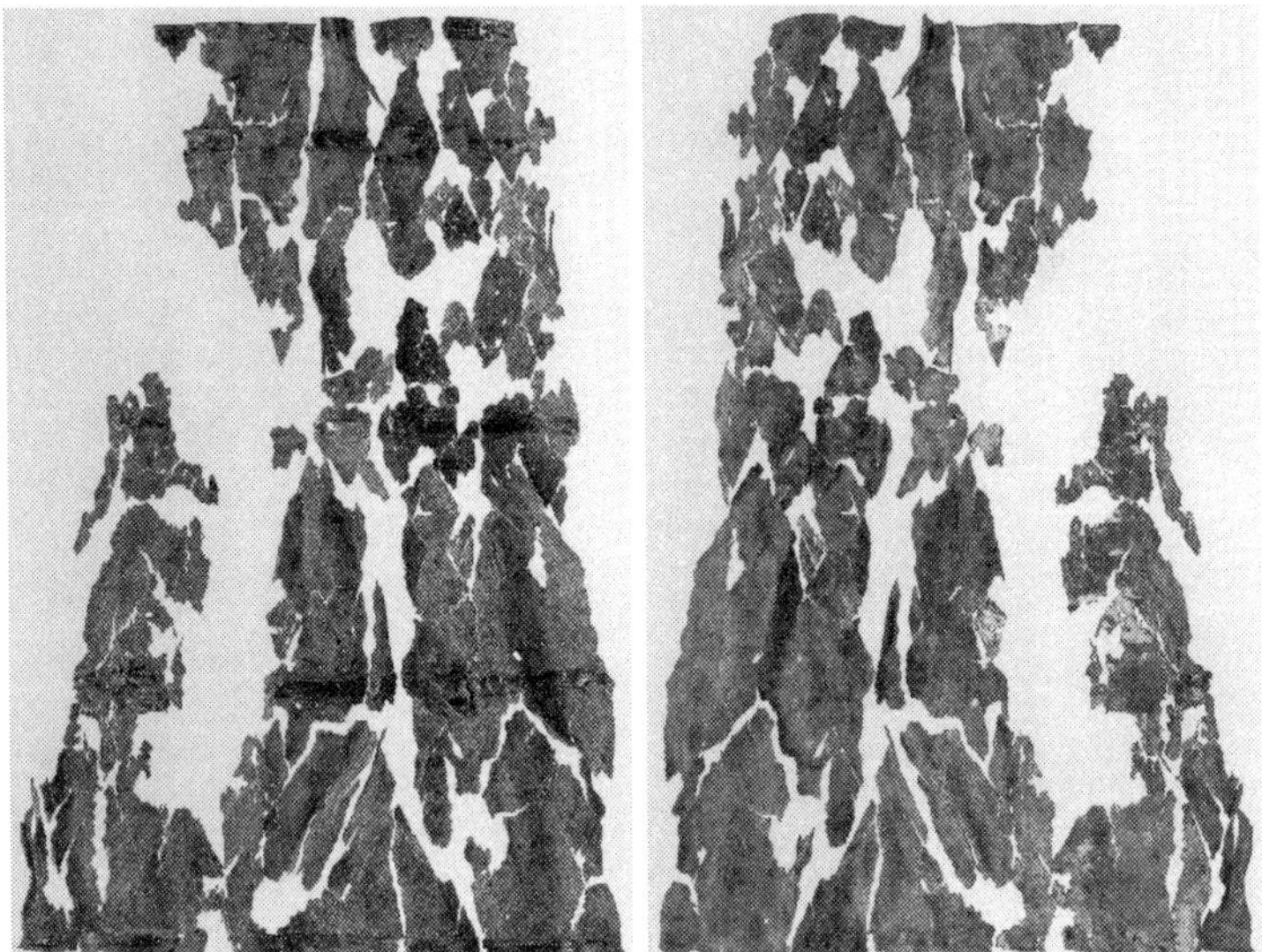

図7　棺内靫展開（左：外面、右：内面）

元した図面です（**図3の右**）。重要なのは、靫の横断面形が長方形だとわかったことです。現在の弓道だと、矢筒の断面は円形であることが多いと思いますが、古墳時代の靫は、断面が長方形をしている。それから靫の口縁部側の幅が狭くなっていて、底部側が広いということもわかりました。それはどうしてかというと、矢の鏃側を上にして収納しますので、矢筒の中に入る矢羽を守るために、下の方が広くなっている。そう思います。製作方法についても復元してみました（**図8**）。この図で示していますように、まず木型を最初に組んで、それに革をぐるっと巻いて縫合します。実際、靫の内面には縫合線が一本見られます。縫合した革の上に、文様となる糸を組み上げるための印として、罫《け》引き線を引く。この罫引き線も確認できています。そして、糸を組み上げていって菱形文様を作り上げたら、革の下に組んでいた木型を取り去って、次に底部に直弧文が刻まれた底箱をくっつけて、横帯を巻いて完成する。こうした製作方法が推定できたことも重要だと思います。

靫の内面では、革の痕跡が観察できます。縫合箇所が盛り上がった状態で残っています。そうした縫合線は縦方向に一ヶ所にしかありませんので、一枚の革を縦に縫合していることがわかります。ま

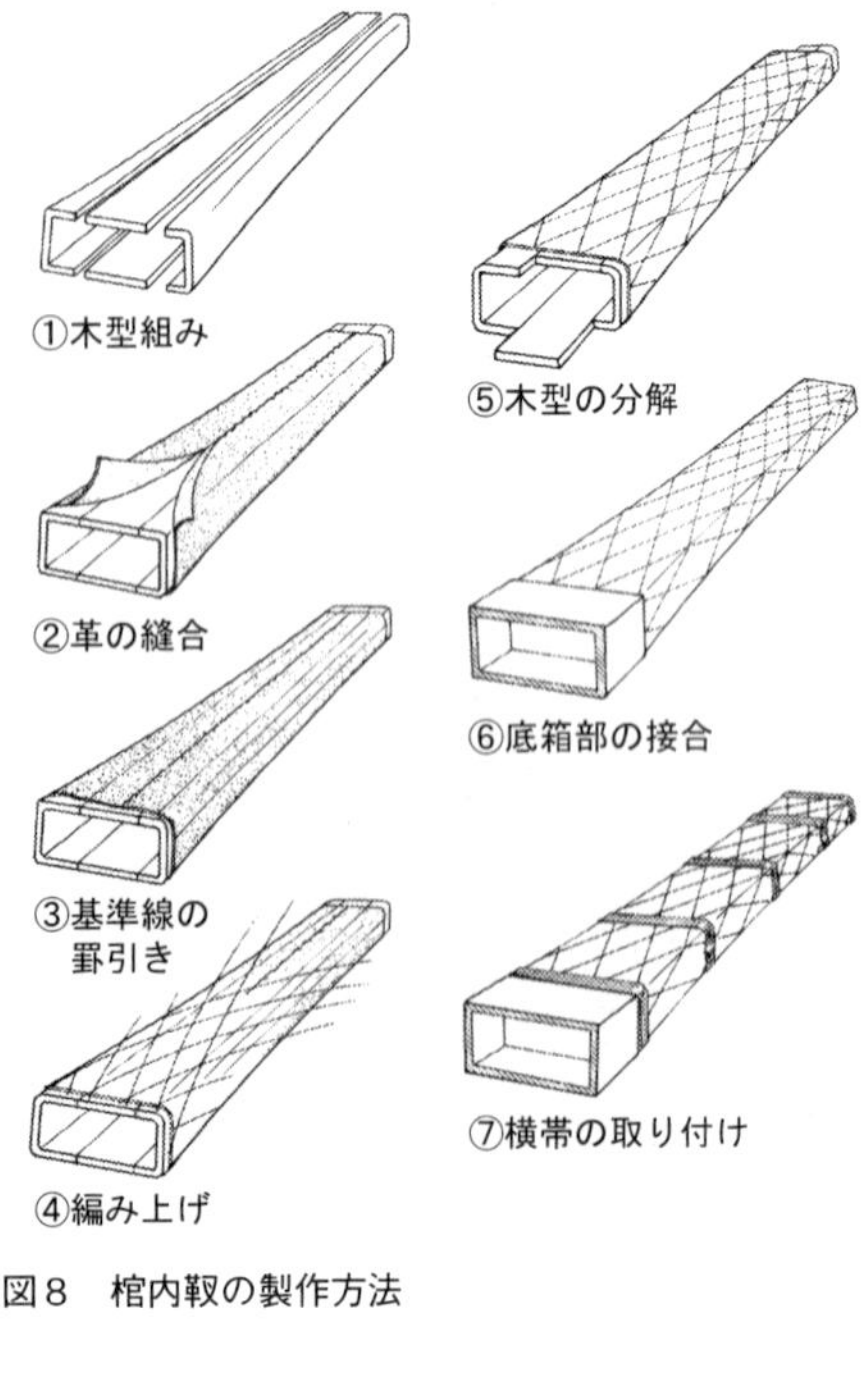

図8　棺内靫の製作方法

た、表面には毛穴のみが見えますから、毛を全部取り除いた革だったこともわかりました。

これは菱形文様の様子です（**図９**）。先ほど、靫の横幅は口縁部の方が小さいというお話をしました。非常に細かい話ですけれども、一つの菱形文様を構成するのはこんな細い糸で、それが何本も並べられて文様を作っているんですけれど、よく観察すると、一つの菱形は底部の方が大きいんですね。靫の上の方の菱形が小さくて、下の方が大きい。で、この細い糸の本数、一つの菱形を作っている細い糸の本数を全部数えたんです。そうすると、下の方の菱形では、この菱形の四分の一の範囲に一一本ずつあるんですけれど、上の方の菱形になると八本か九本くらいしかないということが判明しました。この点も結構重要だと思います。つまり、靫の上側と下側に、菱形文様を同じ数だけ横に並べているんですが、そのようにしようとしたら、靫の上側は横幅自体が小さいから、そこに表される菱形文様一個の大きさも小さくならざるを得ない。靫の上でも下でも同じ数の菱形文様を表現しようとすると、どうしても上の方の菱形を小さくせざるを得ない。そうすると、必然的なことですが、上の方の菱形では、それを構成する糸の本数も減らさないといけなくなる。糸を組み上げる途中で、この細い糸を、どこかで減らしていっているんです。細い糸は、底部側で三五二本あります。一番上の方だと全部

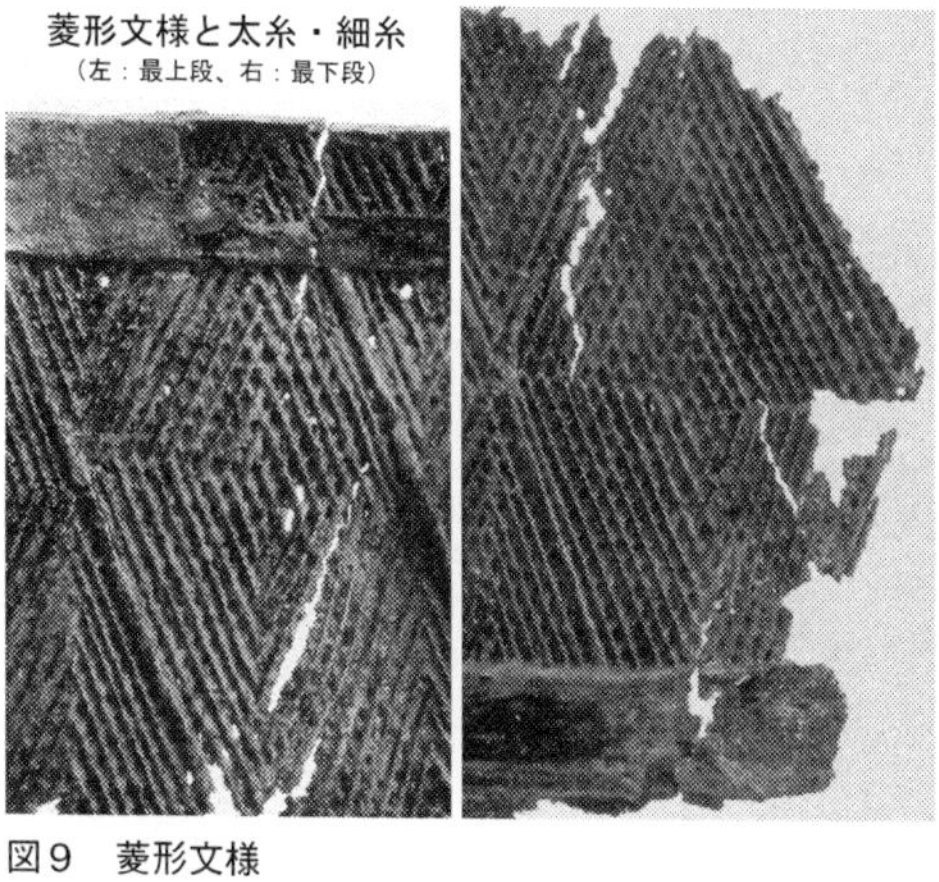

菱形の輪郭は太糸で縁取られ、その内部は細糸で埋め尽くされる。一つの菱形の大きさは上位のものほど小さい。したがって、一つの菱形を形成する細糸の数は、上位の菱形ほど少なくなる。

図９　菱形文様

数え切れなかったんですけども、だいたい二七〇本前後です。そうすると底部と口縁部では、だいたい八〇本の差がある。それがわかった時、今度は、どこで糸を減らしているんだろうっていう疑問が出てきまして、細かく観察していった。すると糸を減らしている部分が何箇所かで観察できました（**図10**）。とても上手に細い糸の数を減らしているようで、全部はわからなかったんですが…。それ、ちょうどこの場所なんですけれども（**図10の○の位置**）。ここですね。太い糸で菱形文様の輪郭を縁取っているんですけれども、太い糸どうしの交点、この場所を拡大すると、交点の太い糸の手前で、下側のこの細い糸がどこかに消えてしまっていることがわかります。わかるでしょうか。太い糸どうしの交点、この下側にある細い糸が消えています。ここまでわかると、今度は太い糸の交点を中心に観察していけば、細い糸を減少させている箇所が判明するんじゃないかということで、一生懸命見たんですけれど、結局全部はわからなかった。とても上手に作っています。

強調したいのは、靫を作った人は、こんな非常に面倒くさいことを、一生懸命やっているということです。矢を収納するためだけの道具なんですけど、それを飾るためにものすごい労力をかけている。そんなことをあえてするのが古墳時代なのかな、という気がしています。

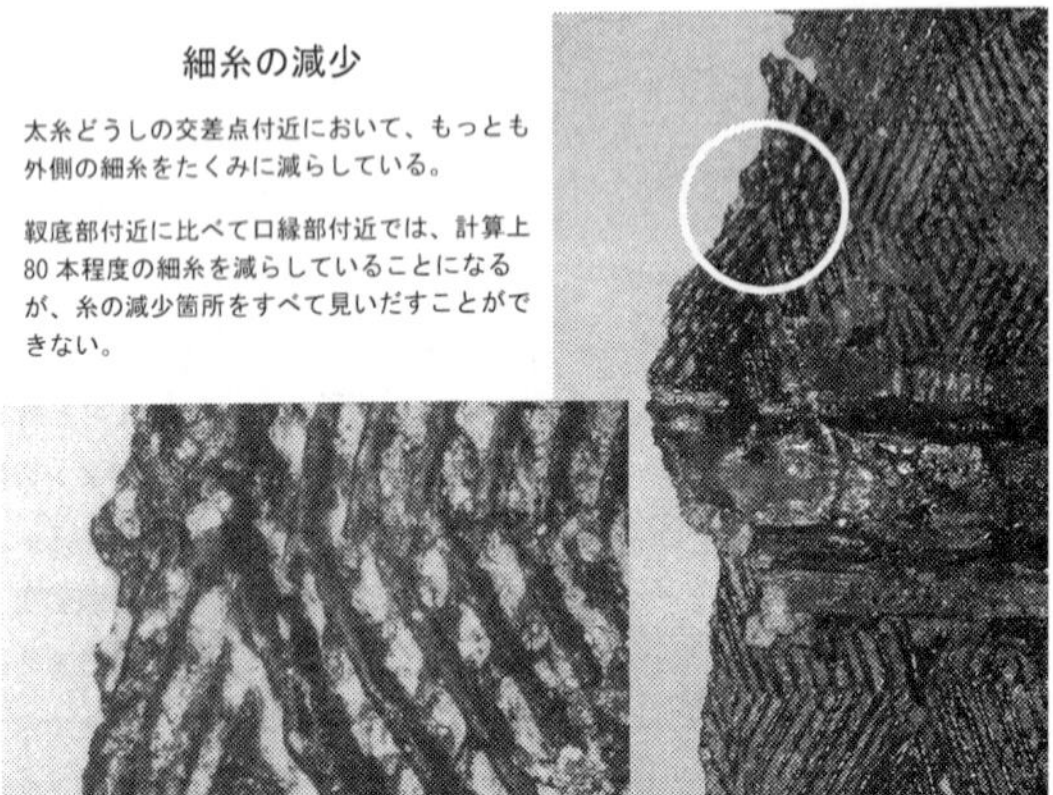
細糸の減少
太糸どうしの交差点付近において、もっとも外側の細糸をたくみに減らしている。
靫底部付近に比べて口縁部付近では、計算上80本程度の細糸を減らしていることになるが、糸の減少箇所をすべて見いだすことができない。

図10　細糸の減少

菱形文様を作り出す糸をどういうふうに組んでいったのかという話ですけれど、靫は断面長方形で、短辺と長辺の比が一対三、だから短辺側に一個、長辺側に三個の菱形が配置されています。で、最初に組み上げる細糸ですが、長辺側の中央から始まっています。糸は織物のように糸どうしが上下に組み合っているのではなくって、糸一本一本が、一本ずつ、底部から口縁部まで一気に組み上げられている。その最初に組み上げる糸の始点が、長辺側の中央だということです。そこから、一本目は左上がりに、二本目は右上がりに、三本目と四本目は始点をずらして左上がりと右上がりに、という風に繰り返して組み上げられています。そうすると一番最初に組み上げた細糸というのは、すべての糸の下を通っている。ということは、最後に組んだ太糸というのは、全部の糸の上を通る。単なる織物でも組紐のような物でもないということです。一本一本下から上まで個別に糸を組み上げて作られた菱形文様だということが判明しました。

靫を背負う際の紐を通す部分の構造も、ズボンのベルト通しのようなループ状の物ですけど、その構造も判明しています。この写真がそうですけれども、蝶ネクタイ状の、こんな形をしています（**図11**）。木でこんな風に蝶ネクタイ状の物を作って、横帯の上に渡し、七、八本程度の糸を巻き付けて固定しています。この形態が非常に特徴的で、これとそっくりな物が、別の古墳から出

靫側面の４箇所ー第２段横帯と第４段横帯をまたぐ位置に、それぞれ１個ずつを設置

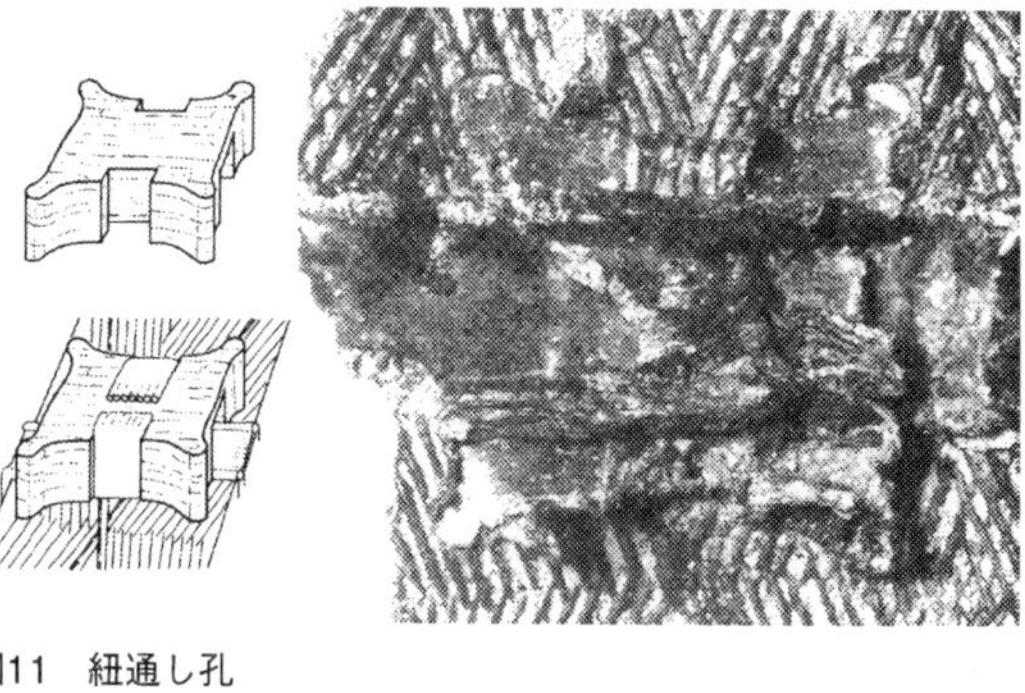

図11　紐通し孔

土した靫でも確認されています。

靫の底部には底箱が取り付けられます。底板を兼ねたもので、その表面には直線と弧線を組み合わせた文様、直弧文が彫刻されています。現状は、ウレタン台の上に乗ったままの状態で収蔵しています。ウレタン台から取り外すとばらばらになって、文様が崩壊するだろうと考えたので、ウレタン台の上に乗せたままにしています。ということは、ウレタン台の上に菱形文様部分の破片を並べていったら、出土時の裏面の状態を復元することができる。そうした展示も可能です。

もう一度、棺内靫の全体像を写します（**図3・6・7**）。先ほどまでの話を総合していくと、こういう断面長方形の矢筒部に菱形文様があって、そこに横帯と紐通し孔がつけられる。底部には底箱がある。靫はそんな構造だった。雪野山古墳の棺内靫は、こうした靫の全体構造が明確に示された唯一の事例といっていいと思います。

次に棺外の靫ですけれども、こんなふうに粘土床と石室壁に挟まれた場所で出土しました（**図5**）。鉄鏃が一緒に出ています。現場の写真ではなかなか見にくいですけれど、整理作業の時の写真では、繊維製品だということがよくわかります（**図12**）。棺内の靫は一枚の革で作られていましたけれど、こちらは繊維です。経糸《たていと》がこの写真の縦方向に通っていて、それに緯糸《よこいと》が交差するという物です。よく見ると、編み目には、細かい目の所と、粗い目の所がある。細かい目の所と粗い目の所は別物ではなくて、同じ一つの組織です。緯糸が一本の経糸を上下する箇所が細かい目の所、二本の経糸を上下する箇所が粗い目の所です。粗い目の所をよく見ると、四角形が重なったようになっています。ちょっと見にくいですけれども、四角形がその幅の半分をずらして上下に階段状に連なっていくという文様です。市松文様ですね。とても細かいことですけれども、この市松文様部分は緯糸が経糸を二本越えて二本潜る、二本越え二本潜りといわれますが、これを繰り返して、そして途中でその緯糸の送りを経糸一本分ずらすということによって作り上げられます。このバンド状になっている所、これは横帯部分です。細かい目の所がこのバンド部に当たるのですが、これは緯糸が経糸を一本越えて一本潜ることで作り出されています。縦に長い長方形が横に一列並んでいるという文様です。この棺外靫と同じ構造の靫は、全国にいくつかみられます。

次は背負い板です。粘土床の南小口面に貼り付くようにして出土しました。その一部、ちょうど東端の部分ですが、それを拡大すると、ヒレのような突起が付いていて、その根元に四角形を連ねる文様があって、その内部に直弧文が刻まれていることがわかります（**図13**）。最初これが出た時には、何かわかりませんでした。でも、靫形埴輪の上部、この背負い板といわれていた部分にそっくりです。靫形埴輪に見られるこの四角形が連なる文様と、ヒレ状の突起、そして直弧文。とても

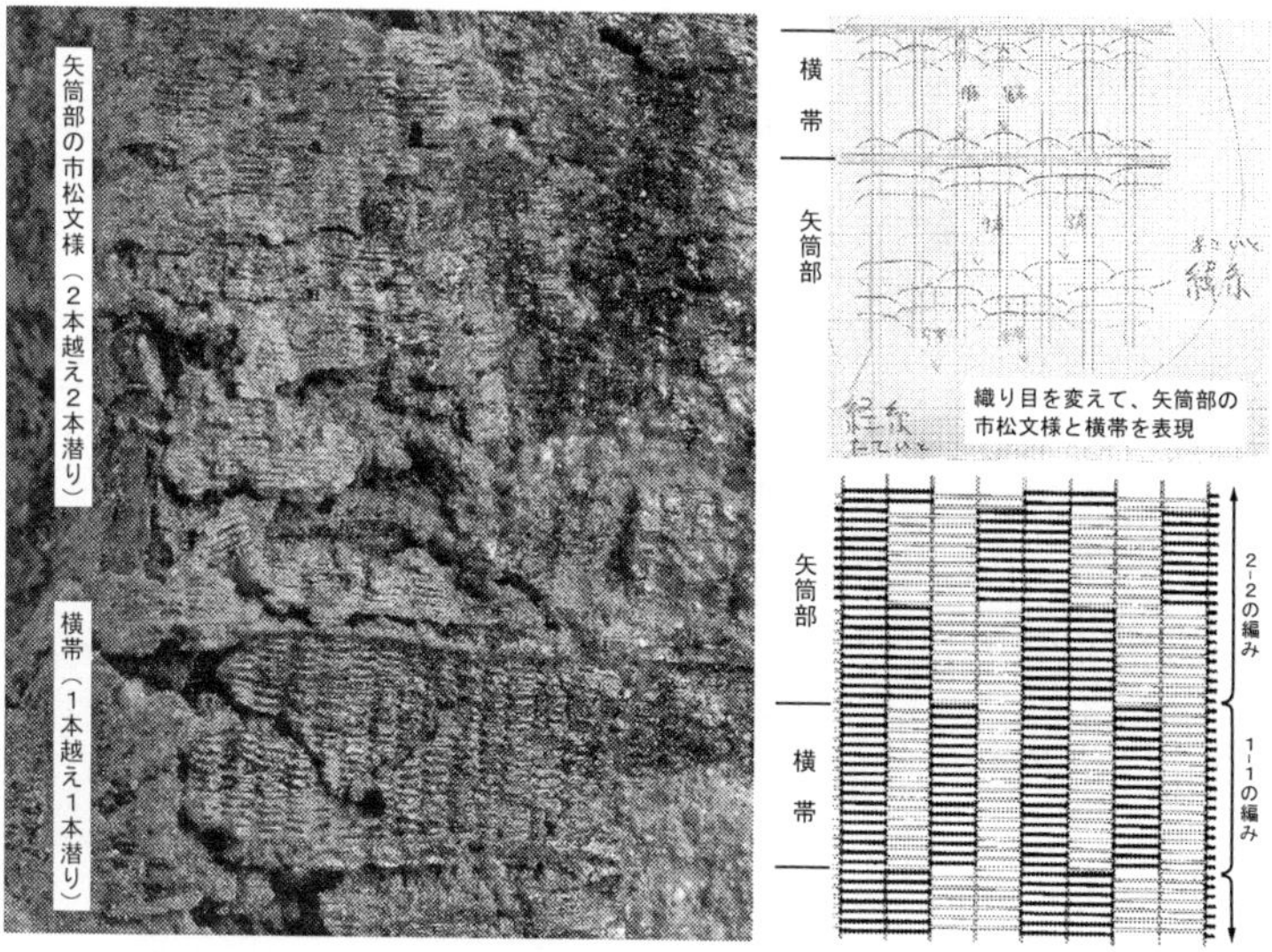

図12　雪野山古墳出土棺外靫の繊維構造

よく似ています。こうした類似から雪野山で検出されたこの漆塗り木製品は背負い板だろうと判断しました。靫の背負い板が出土したのは雪野山が何例目かでしたけれど、これだけ良好な状態で出土したのは初めてでした。

靫に収められていた矢ですけれども、それには矢尻が着いています。鏃《ぞく》ですね。これも重要なことなのですが、その鏃は中央に稜を持つ鏃なのです。鎬《しのぎ》ですね。これ、有稜系鏃といわれます。これについてはたぶん次の講演、松木さん（124頁参照）の時に話されると思いますけれど、真ん中に稜《りょう》を持って、その両側を平坦に研磨する。綺麗に磨いて、太陽光に当たればキラキラと光るように仕上げられています。こういう鏃も古墳時代になって登場します。しかも、単に戦闘に使うための武器だとすれば、もっと鏃の先端を尖らせてもよさそうなものですが、とても丸く作っている。本来の矢尻は、もっと人とか動物とかに刺さりやすいような形に作られるものですが、先端を真ん丸にするという、刺さる機能を良

宮山古墳の靫形埴輪に表現された背負い板の形状

図13　雪野山古墳出土背負い板と宮山古墳出土靫形埴輪の比較

くするための方向とは逆の方向に進化しています。そして、稜の両側を丁寧に磨いて、非常に装飾性の高い鏃になっています。このことは、菱形文様やら市松文様やら、手の込んだ複雑な文様が表現された飾られた矢入れ具、靫と連動する動きです。矢の鏃が非常に装飾性の高い物に変化していくのと同時に、それを収納する靫も、とても面倒な手をかけて装飾性の高い物に仕上げるようになります。矢と靫の二つには装飾性を高めているという点で強い共通性があります。

これはどういうことかと申しますと、こうした飾られた矢や靫は、古墳に権力者を葬る際に行われる葬送儀礼用の道具、儀礼専用の道具として作り出された物だと解釈することができます。そのように考えると、矢や靫の本来の機能を高めるためには全く必要がないと思われる装飾性の向上の意味を理解することができます。

5. 靫の諸例と分類

雪野山古墳についてはこれくらいにして、スライドの後半は、各地で出土している靫を見ていきたいと思います(図14)。今日の会場は机がないのでちょっと申し訳ないんですけれど、配布した資料も見ていただきながら、スライドで各地の出土例を紹介していきます。

まず、私の靫の分類ですけれども、矢を入れる部分、矢筒部といっていますけれども、そこの材質と文様で分類するのが、今のところ、一番いいだろうと考えています。専門的な話になってしまいますけれども、靫が完全な形で出土することって、まずないんです。全体の形がわかって、断面形が長方形だとか、上の方が小さいとか、そんなことが判明する状態で検出されることって本当に少ないんです。小

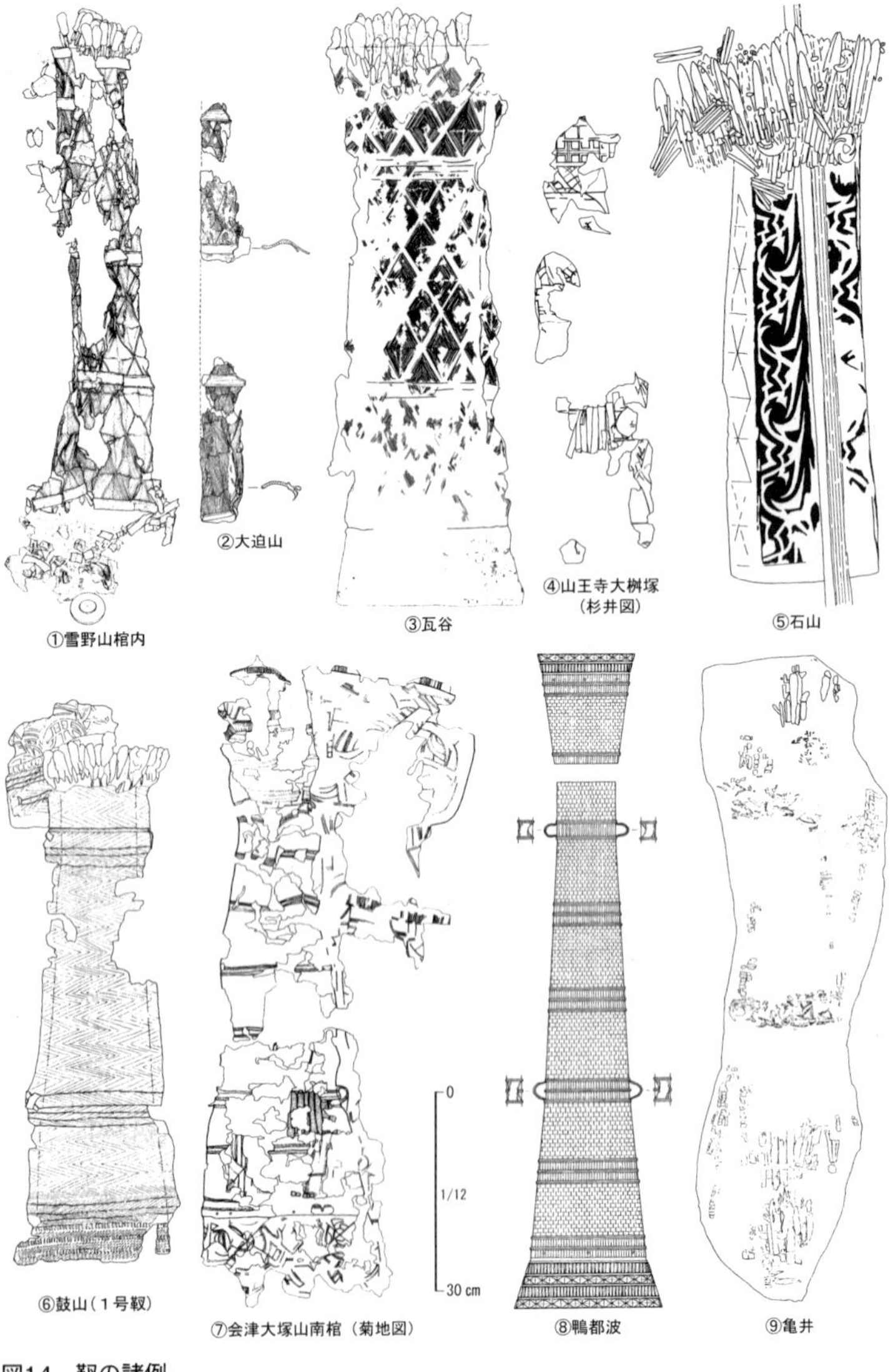
①雪野山棺内
②大迫山
③瓦谷
④山王寺大桝塚
（杉井図）
⑤石山
⑥鼓山（１号靫）
⑦会津大塚山南棺（菊地図）
0
1/12
30 cm
⑧鴨都波
⑨亀井

図14　靫の諸例

さな断片だけが残存しているということが非常に多くて、そうするとそんな断片の材質とか、表面に見られる文様とかで分けて、全国各地で出ている靫を比較して関係を探るというのが現状でできる最も可能性のあることだと判断しています。そんな視点で靫を見ていくと、矢筒部が飾られる靫、飾られない靫、それから最初に紹介したような金属製の金具を持っている靫の三つに分類できそうです。ざっといってしまいますと、矢筒部が飾られる装飾性を持つ靫は前期古墳に多いですね。装飾性を持たない靫は中期から後期になって、鉄製の責金具《せめかなぐ》を持つ靫、鋲留め技法が用いられる物ですが、それは後期に登場する。このように変化します。

今回のお話の中心は飾られる靫ですけれど、これは大きく革製の物と繊維製の物に分類できます。で、革製の靫には三つのタイプがある。繊維製の靫も三タイプ。これは何によって細分したかというと、表面の文様です。例えば、雪野山の棺内靫と同じような菱形文様を持つ物は雪野山タイプ、瓦谷《かわらだに》古墳と同じ物は瓦谷タイプというように、典型的な文様型式を出した古墳の名称を使って分類名称としています。こうしたそれぞれのタイプを、今から紹介していきたいと思います。

まず、革製靫の雪野山タイプ。雪野山の棺内靫を代表としますが、広島県大迫山《おおさこやま》第一号古墳から出土した靫はこれに分類されます（図14①②）。大迫山の靫はこんな断片的な状態で残存しています。これを見ていただくと雪野山の棺内靫とそっくりですね。でもこれは朱で彩色していなくって、真っ黒ですけれど、文様はそっくりです。ちょっと太めの糸で菱形の輪郭を縁取っているところとか、ちょっと細めの糸で菱形の内側を埋めているところとか、そっくりです。この大迫山の靫で重要なのは、紐通し孔が蝶ネクタイのような形をしていることです。雪野山と本当にそっくりです。こんな細部の部品の構造までがそっくり同じであること、面倒な加工をしないと作り出せない小さな部品の形が同じであることって、とても重要です。つまり、こうした形をよく知っている同じ工房か、あるいは同じ工人が作った物じゃないかとさえ想像できるということです。

もう一つ、同じ雪野山タイプの靫が韓国で出ています。韓国の南東海岸沿い、金海《キメ》という地域ですけれども、そこの大成洞《テソンドン》一四号墳、正式に報告されていない資料ですけれど、ここで出ています。バンド状の横帯があって、雪野山の棺内靫と同じように太い糸で菱形の輪郭を縁取り、中を細い糸で埋めるものです。雪野山の棺内靫にとてもよく似ています。韓国の大成洞古墳群というのは、倭系の文物というんですけれども、古墳時代の日本列島で作られた物が、たくさん収められている古墳群です。そこに、この靫も入っているんです。これは多分、古墳時代の近畿地方中央部で作られた靫が朝鮮半島のこの大成洞古墳群が築かれた地域にもたらされた、そういうふうに考えられます。当時、朝鮮半島の南部と日本列島とで、とても密接な交流があったということですね。

私は大成洞一四号墳の靫を、十五年ほどのあいだをおいて二度観察していますが、だんだんと破損が進んでいっていることが気になっています。早く正式な報告書を作る必要性を感じますが、そうなったら可能な限り協力したいと思っています。とにかく、日本列島出土の靫ととてもよく似ている非常に重要な資料です。

次は、革製靫の中でも瓦谷タイプと私が名前を付けている物です（図14③）。京都府の瓦谷古墳から出た物で、形は下の方が幅広くて上の方が狭くなっている点とか、よく観察すると、縦方向に折れ線のような線が二本入るので断面形は長方形だったろうと想像できることなど、だいたい雪野山の棺内靫と同じような形をしています。でも、文様がちょっと違う。細部を細かく観察していくんですが、菱形文様の中の糸が非常に細いんですね。で、その細い糸の数が雪野山の物に比べてとても多い。雪野山では一〇本程度でしたけれど、これは一八本前後。同じ菱形文様ですけれど、ちょっとその作りが違うということで、雪野山の靫と瓦谷の靫を分けて分類しています。

もう一つ、横帯の部分ですけども、瓦谷の靫は糸を四本ほど巻いているだけです。それも、一本一本が離れて配置されている。雪野山の棺内靫は、一〇本くらいの糸を密にぐるぐるっと巻いて、その上に黒漆を厚く塗って帯状に仕上げている。このように横帯の構造も違っている。これも重要な点です。

瓦谷の靫と同じ物が、バラバラの破片になっていますけれど、兵庫県の森尾古墳で出ています。京都大学の資料です。これも図面が公表されていない資料ですけれども、靫の破片がおさめられたケースのなかの紙に「漆器断片?」と書かれています。雪野山の靫が発見されるまでは、これは何なんだろうということだったんですけれども、構造をよく見ると、これも矢入れ具の靫の断片だろうと判断することができたというわけです。これは、先ほどの瓦谷の靫と同じように非常に細かい糸で菱形文様を作っているので、瓦谷タイプに分類できます。

次の栃木県山王寺大桝塚古墳で出土した靫は、全面革製だと報告されています(図14④)。直線と弧線による文様、直弧文だと思いますが、それが少し見られます。ほかに方形を重ねたような文様がありますす。でも、一部の漆膜しか残存していない。これを見ていただくと、雪野山の靫がもうほんとに良い状態だということがわかっていただけるかと思います。大桝塚は報告書が出ています。そこに靫の図面もあるのですが、私の観察した結果とちょっと違っていると思いましたので、私が書いた図面を資料に出しておきました。

次に、これは現物を見ることができないのですけれど、三重県石山古墳で出土した靫です(図14⑤)。京都大学の資料です。とてももろい状態になっているので見ることが許されない資料で、私は実際に見たことがありません。ですので、調査時の写真から判断するしかないんですが、直弧文のような文様が全面に彫刻されているので、先ほどの山王寺大桝塚の物と同じに分類されるのだろうなと考えている物です。こうした革製で直弧文を持つ物を山王寺大桝塚タイプと呼んでいます。

次から繊維製の靫です。まず、福井県の鼓山古墳の靫ですが、矢筒部は繊維でできています（図14⑥）。二つ並んで出ています。一号靫を中心にみていきますが、とても良好に残る繊維製の靫です。だけど、先ほど見た雪野山の棺外靫は四角形が連なった市松文様でしたけれども、この鼓山の靫はそうじゃなくて、よく見ると、こういうふうにギザギザと綾杉文様が表現されています。細かい話ですけれど、緯糸が経糸二本の上を通って一本の下を潜るというのを、送りを経糸一本ずつずらしながら繰り返して、ある程度の所で送り方向を逆転させる。これを何度も繰り返すと、こういう綾杉文様になります。こんな繊維製で綾杉文様をもつ靫を鼓山タイプと呼んでいますが、同じような物が結構あちこちにあります。鼓山の靫のバンド、横帯ですが、これは繊維製の矢筒の上に数本の糸を巻き付けるタイプです。そこに紐通し孔が取り付けられていますが、これも繊維でできています。糸を編んで細長い繊維製の帯を作って、それを単に丸く回しているだけの物です。雪野山の蝶ネクタイ状の紐通し孔と比べて、非常に簡素な紐通し孔です。

鼓山の一号靫の細部を見ますと、鉄鏃の背後に繊維と木製品があることがわかります。背当てといわれていますが、実際には構造がよくわからない物です（二〇一三年現在は、蓋の可能性を考えています）。この木製品部分には直弧文が表現されています。靫の底部には底箱部がありますが、その表面にはギザギザの線、鋸歯文《きょしもん》と、櫛の歯のような文様、櫛歯文があります。

鼓山の靫とそっくりな物が、京都府の波路《はじ》古墳で出ています。鏃のうしろに背当てとされる部分があって、櫛歯文が刻まれています。それから、横帯があり、矢筒部には綾杉文様がある。底部には直弧文を持つ底箱部もあります。

福岡県琵《び》琶《わの》隈《くま》古墳から出た靫も鼓山タイプです。未公表資料で、九州大学が持っています。石膏で固めて取り上げられていて、そのため今も、石膏の上に乗った状態で保管されていますけれど、一部の断片しか残っていません。文様は、ギザギザした綾杉文様です。繊維製だということがよくわかる資料です。

繊維製で綾杉文様を持つ靫は宮城県大塚森古墳からも出ています。でも、断片しか残っていません。また、未公表資料ですが、岡山県備前車塚古墳からも綾杉文様の靫が出ています。

正式に報告されていない資料がとても多い、この辺りが、なかなか研究が進まない原因です。

次も、私が大学に入る前に調査された資料ですけれども、まだ報告書が出ていません。石川県国分尼塚古墳から出た靫です。これは非常に残りが良くて、正式に報告されたら、また靫の研究が大きく進むだろうなと思うんですが…。一番下の部分に木製の底箱部があって櫛歯文などが刻まれています。矢筒部の文様が非常に珍しくて、全体は普通の平織りなんですが、所々にギザギザ文様が表現されています。そのギザギザ文様、山形文様と呼んでいますが、一本越えて一本潜るという平織りの途中に、二本潜らせる部分を作って、それを斜めにつなげることによって表現されています。そんな山形文様をもつ繊維製の靫、国分尼塚タイプといっていますが、全国で唯一、国分尼塚古墳だけで出ています。

次は、福島県会津大塚山古墳の南棺から出土した繊維製の靫です（図14⑦）。全国的に見てもとても残りのよい物だと思います。一九六〇年代の調査では画期的なことだったと思いますけれど、切り取って持ち帰って、今、出土時の下面が見える状態で保管されています。大塚山の靫の矢筒部には、市松文様が表現されています。これは四角形を幾つも重ねたような文様ですけど、雪野山古墳の棺外靫の文様とそっくりです。また、一本越え一本潜りによって作られた縦長の長方形が並んだ文様もそっくりです。とてもよく似た文様の靫が、滋賀県と東北の福島県にある。とても興味深いことだと思います。各地の靫でこのような分布状況が見られることから、近畿地方中央部にあった中央政権が作って各地に配布していたのではないかと考えています。

会津大塚山の南棺靫ですが、その一番下の部分、底箱部の直弧文ですが、これも非常に良く残っています。×《バツ》を書いてその周りに弧線を描くというのが典型的な直弧文ですが、それがとても良く残っている。もう一つ良く残っているのは、横帯。これは二本一組の糸を数組、矢筒部に巻き付けています。紐通し孔もあります。この紐通し孔は最も単純な形態で、単なる太い紐を輪っかにしたような物です。他に、矢柄には漆が塗られることがあるのですが、それも靫の内部に良く残っています。

繊維製で市松文様をもつこんな靫を、会津大塚山タイプと呼んでいます。雪野山の棺外靫もこれに分類されますが、他に福岡県の阿志岐B二六号墳でも出ています。とても残りが悪い資料です。で、報告書で口縁部としている部分を実際に観察すると、そこには直弧文を持つ装飾帯、つまり底箱部と判断できる部分があって、とすればそちらが底部だということが判明しました。そうすると報告書で書かれた靫の上下の認識が反対だったということになります。だからこの靫の底箱部付近で出土した二本の銅鏃、鋭い逆刺《かえり》を持つ変わった形の銅鏃ですけれども、報告書ではこの二本を靫に収納していたとされていますが、本当はそうではなくて、この底箱部から五〇～六〇㎝離れた所で出土した銅鏃と鉄鏃の束が、靫に収められていた矢に関連する物だということもわかりました。こうした新しい認識も、雪野山古墳の調査をきっかけにもう一度検討することによって得られたものです。

6. 装飾型靫の創出とその製作体制、そして無文の靫へ

次は最新の資料です。奈良県鴨都波《かもつば》一号墳の靫（図14⑧）。これの発見はいつだったでしょうか、この十年以内に出土した今整理中の資料です。概報にはきれいな写真が掲載されていますけれども、粘土槨という木棺の周りを粘土で覆う埋葬施設があって、その棺外の西側なんですが、そこに甲《よろい》と三角縁神獣鏡があって、その三角縁神獣鏡の上に靫があります。靫の上に重なる形で甲が出ています。この靫には朱が全く塗られていません。非常に良い状況で検出されていて、その矢筒部にはよく見ると四角形が連続して連なった文様があることがわかります。会津大塚山タイプの靫です。古墳時代当時の中心地である奈良県にこういう物がある。それが明確になった点がとても重要です。バンド状の横帯もありますが、これも会津大塚山の南棺靫とそっくりです。紐通し孔の形状は、先ほど紹介した鼓山の一号靫と同じです。全く一緒。でも注意が必要なのは、鼓山の靫は綾杉《あやすぎ》文様だったけれど、鴨都波の靫は市松文様だということ。つまり、矢を収納する矢筒部の文様構成は違っていても、紐通し孔は同じ構造なんです。

このことから、異なった型式の靫であっても、非常に近い場所、例えば情報交換が常に行われているような同じ工房内で作られていた可能性を考えています。四角形を連続させる市松文様の矢筒部であっても、ギザギザ文様である綾杉文様の矢筒部であっても、そっくり同じ構造の紐通し孔を持つということは、靫の細部の構造についての情報交換がいつも行われているような環境で製作されない限り、そんなことは起こらないだろうと。そう考えているんです。で、靫は前期古墳から出土しますから、近畿地方の中枢部の中でも、奈良盆地、なかでもその東南部にあった狭い工房の中で生産されていたんだろうというふうに考えています。そういう所で、銅鏃、先ほどいった有稜系鏃なんかも、葬送儀礼用に考え

出されたんだろうと思うんです。

いろんな型式の靫が同じ場所で作られていたと考えるもう一つの根拠は、先ほど革製の靫の製作方法を説明した時に、最初に木型があって、それに革を巻いて縫合したという話をしましたけれども、この繊維製の靫も、革製の靫で考えたのと同じ製作方法によって作られたと想定されていることです。

繊維製の靫ですが、一枚の布のような物から作られていたとしたら、どこかに必ず布を筒状に縫い合わせた縫合線があるはずなんですが、いろんな繊維製靫を観察しても、どれにもそんな縫合線は観察できない。どれだけ見ても縫合した箇所がないんですね。ですから、雪野山古墳の報告書を書いた段階では、何でだろうって思っていたんです。そんなとき、鴨都波からとても残りの良い靫が発見され、その製作方法が検討されて復元製作された。そこで考え出された繊維製靫の製作方法が、革製靫と同じ木型を使う方法だったんです。それは、木型の上に、細く裂いた竹籤を縦方向に何本も並べて、その竹籤を経にして絹糸を一本一本、二本越え二本潜り、あるいは一本越え一本潜りとなるように横方向に通して行く。絹糸を一本一本通して行くという非常に手間暇のかかる作業をやって作られていたんじゃないかと想定されたんです。これ、かなり可能性の高い想定だと思うのですが、そうすると、木型を使うという点で、革製の靫も繊維製の靫も同じ製作方法を取っているということが想定できる。そうすると、革と繊維のように矢筒部の材質が異なっていても、製作技法の情報交換ができるような非常に近しい関係の中でそれぞれの靫が製作されていたんだろうなということが考えられます。鴨都波の正式報告が待ち遠しいです。

次からは古墳時代中期以降の靫ですけれども、中期の靫で良く残っている物はあまりありません。これは大阪府亀井古墳の靫で、たぶん革製ですけれども、革は全く残っていない（図14⑨）。おそらく矢筒部には装飾を持たないんだと思います。でも、横帯にだけ黒漆を塗っていて残っているんですけれど、直弧文が崩れたような文様が表現されている。つまり、横帯部分だけを装飾する靫です。そんな物に変化している。さらに進むと、大阪府土保山古墳の靫のように、全く装飾のない物になります。土保山の靫も京都大学が持っている資料で、もろいので見ることが許可されないんですけれども、現場での遺物出土状況図には、奴凧のような形の靫が描かれています。報告によると全面皮製ですけど、なんの装飾もない。公表された写真を見ると、毛がいっぱいあることがわかりますが、ですから毛を除去していない毛皮を矢筒部に使っているようで、でもその表面には何の文様もなくて、朱も塗っていない。横帯にも直弧文などの文様はない。つまり、前期の靫は非常に飾るんですけども、中期以降の靫になると全く装飾をしなくなっている。古墳時代の靫は、こんな変化をすると考えています。

7. 靫の分布、そして再び雪野山古墳調査の意義

最後に、今日ここまで紹介してきた靫の分布を検討してみます。そうすると、近畿に集中していることがわかります。

今回、この分布を検討していて感じたのは、革製の靫は、そんなに大きな範囲ではなく、近畿地方を中心に分布しているのに対し、繊維製の靫はかなり広い範囲に分布しているということです。でも、そういう分布からするとより重要と思われる革製の靫が朝鮮半島にもある。雪野山タイプですが、韓国の大成洞一四号墳にある。なぜでしょうか。繊維製のうち、鼓山タイプとした綾杉文様をもつ靫は今のところ近畿中枢部にはまだありませんが、そのうち出土するだろうなと思っています。

もう一つ、分布を見て気付くのは、革製靫と繊維製靫の両方が出ているのは雪野山古墳だけだということです（二〇一二年、新潟県胎内市城の山古墳でも革製靫と繊維製靫の双方が出土しました）。これも非常に重要で、両者の関係を知る上でとても大切な情報を提供してくれます。雪野山では革製の靫が棺内にあったんですね。でも、繊維製の靫は、棺外、棺の中ではなくて、棺の外にあった。根拠はこれしかないんですが、革製の靫が被葬者により近い場所に副葬されていたことから、革製の方が重要視されていたのではないかと想像できます。革製の靫の方が、当時としては高級品だった。繊維製の靫はその次のランクの物だった。そういう事情もあって、繊維製靫の方が分布範囲が広くって、革製靫の分布範囲は狭いという状況になっているんじゃないかな、と想像しています。

準備したスライドはこれで全部です。最後に簡単にまとめて終わりにしたいと思います。

雪野山古墳の調査では、未盗掘の前期古墳であることなど、様々に重要な点がありましたが、今回紹介したような繊維製品や革製品、木製品がとてもたくさん出土して、そしてその細部の細かい構造分析ができたこと、それが今日の講演では最も強調したい重要な点です。そんな漆塗り製品って、物は非常に地味で、現場で検出したり部屋で整理したりするのが非常に面倒な物なんですけれど、でも、粘り強く調査すれば様々なことがわかって、いろんな研究のきっかけになる。そんな資料が雪野山古墳の調査ではたくさん検出されました。それから、靫に関しては、革製と繊維製の両方が出て、それもとても良好な状態で検出された。そして、丁寧に処理された結果、大変観察しやすい状態に整理できた。また、そんな靫の分析から、古墳時代前期の靫は非常に装飾性が高いことも判明した。弥生時代の矢入れ具はどんなだったかよくわかっていませんが、たぶん装飾性のない物だっただろうと想像していますけれども、それが古墳時代になって、とても飾られた物に変化する。そして、前期の間はそんな靫が継続する。

こうした飾られた靫は、近畿地方中央部の奈良盆地東南部の勢力によって創出され、各地に配布されたのだと考えることができます。

雪野山古墳はこうした革製と繊維製の両方の靫を持っていることが特徴で、この二つの種類の靫がどちらも近畿地方中央部の勢力から配布されたとすれば、雪野山の被葬者は中央政権から軍事的に非常に重視された人物だったのかもしれないですね。でも、これ以上のことはなかなかいえません。

雪野山古墳の正式報告書に靫についての論文を書いて以来、私はこういう靫の話をしたことがありませんでした。今回この講演の準備をするために、各地の資料をもう一度見直して、また当時はフィルムで写真を撮っていましたから、フィルムをスキャンしてデジタルデータに変換したりする中で、最後で紹介した分布の検討も今回あらためて行ったんですけれども、この講演をきっかけに再度勉強させていただいたなあと思っています。今ある資料をもとにもう少し考えて、新しい論を展開できればと思っています。今回、靫についてあらためて考える機会を与えていただいたことにとても感謝しています。本当にありがとうございました。

■図表出典

図1　福永伸哉・杉井健編　一九九六『雪野山古墳の研究』八日市市教育委員会

図2　杉井所蔵写真

図3　宮山古墳出土靫形埴輪：望月幹夫　一九九五『器材埴輪』日本の美術第三四七号　至文堂
所蔵は奈良県立橿原考古学研究所附属博物館

図4　雪野山古墳出土棺内靫写真・復元図：福永伸哉・杉井健編　一九九六『雪野山古墳の研究』八日市市教育委員会
望月幹夫　一九九五『器材埴輪』日本の美術第三四七号　至文堂
所蔵は東京国立博物館
図5　写真：杉井所蔵写真
図面：福永伸哉・杉井健編　一九九六『雪野山古墳の研究』八日市市教育委員会
図6　福永伸哉・杉井健編　一九九六『雪野山古墳の研究』八日市市教育委員会
図7　福永伸哉・杉井健編　一九九六『雪野山古墳の研究』八日市市教育委員会
図8　中川正人　一九九六「雪野山古墳出土漆製品の材質と技法」『雪野山古墳の研究』考察篇　八日市市教育委員会
図9　杉井所蔵写真
図10　左：福永伸哉・杉井健編　一九九六『雪野山古墳の研究』八日市市教育委員会
右：杉井所蔵写真
図11　福永伸哉・杉井健編　一九九六『雪野山古墳の研究』八日市市教育委員会
図12　福永伸哉・杉井健編　一九九六『雪野山古墳の研究』八日市市教育委員会
図13　雪野山古墳出土背負い板：福永伸哉・杉井健編　一九九六『雪野山古墳の研究』八日市市教育委員会
宮山古墳出土靫形埴輪：望月幹夫　一九九五『器材埴輪』日本の美術第三四七号　至文堂
所蔵は奈良県立橿原考古学研究所附属博物館
図14　①：福永伸哉・杉井健編　一九九六『雪野山古墳の研究』八日市市教育委員会
②：古瀬清秀・藤野次史・安間拓巳　一九九六「古墳時代」『東城町史』第一巻　東城町
③：筒井崇史　一九九二「瓦谷古墳出土の靭について」『京都府埋蔵文化財情報』第四五号　(財)京都府埋蔵文化

財調査研究センター
④:杉井　健　一九九六「靫の構造とその成立背景」『雪野山古墳の研究』考察篇　八日市市教育委員会
⑤:京都大学文学部考古学研究室編　一九九三『紫金山古墳と石山古墳』京都大学文学部博物館
⑥:沼　弘　一九八六「鼓山古墳」『福井県史』資料編13　考古　福井県、に加筆
⑦:菊地芳朗　一九九四「会津大塚山古墳南棺出土の靫」『福島県立博物館紀要』第八号　福島県立博物館
⑧:岡田圭司　二〇〇一「漆塗靫」『鴨都波一号墳調査概報』学生社
⑨:寺川史郎・尾谷雅彦　一九八〇『亀井・城山』(財)大阪文化財センター

五、副葬された武器からみた雪野山古墳

岡山大学　松《まつ》　木《ぎ》　武《たけ》　彦《ひこ》（二〇一〇年十一月二十一日）

はじめに

今日は「副葬された武器からみた雪野山古墳」というお話をします。これまで、雪野山古墳の発掘や整理に参加した人が、いろんな側面から、入れ替わり立ち替わりここでお話をしています。私は、武器について研究しておりますので、雪野山から出た武器をもとに、そういう方面から、雪野山古墳に葬られた人の人物や地位について、武器ですから物騒な話になるかもしれませんけど、お話をしてみたいと思います。

さて、雪野山古墳の発掘調査から二〇年くらい経ちました。二〇年前といいますと私も二〇代だったわけで、皆さんももう少しお若かったかも知れませんけれども、調査を見に来ていただいた方もいらっしゃるんじゃないかと思います。ちょうど今頃の季節です。九月の中旬～下旬くらいから、私たち阪大の学生が来て、一人京大の学生も来ていましたけど、石室の中に入って、十月頃が佳境、一番の良い所でした。十一月下旬ともなるとそろそろ疲れが出てきて、もう早く終わって帰りたい、みたいな空気になっていた頃じゃないかと思います。

雪野山というのは松茸山ですから、松茸を差し入れてくださった地元の方もおります。それから鮒寿司を差し入れてくださり、私その時生まれて初めて近江の鮒寿司というものを食べたんです。他の学生

も初めての人が多く、最初は普通の魚の料理と思っていきなり大きな塊を口に入れて「うわーなんじゃこれは」と、みんなで大騒ぎしました。けれど、不思議と毎晩少しずつ減っていくんですね。酒のつまみに結構尾を引くというのか、ちびちびいくんですよ。それ以来、私も鮒寿司の味わい方がよくわかりました。あと、八日市の当時の望田市長さんから、近江牛の差し入れもいただきました。やっぱり食べ物のことが思い出になるんですね。しかし、今日はこんな鮒寿司や近江牛の話をしてもしようがありませんので、そろそろ古墳の話をしたいと思います。

今日は三つのお話をさせていただきたいと思います。まず一つめは、副葬品のセットからみた雪野山古墳の特質ということです。どういうことかというと、雪野山古墳にはたくさん副葬品があって、しかもそれが、未盗掘の状態で全てわかったということです。当時騒がれて、古墳の上空を報道のヘリコプターが飛び交うようなことになったんです。副葬品というのは、そこに葬られた人の履歴書みたいなものですから、未盗掘だと、その履歴書が欠けずに残っていて、葬られた人の生前の地位や活動歴が完全にわかる。雪野山古墳に葬られた人の履歴書に、どんな特徴があるのかを、最初にお話しします。

二つめは、銅鏃《どうぞく》の話です。履歴書の中でも、雪野山の特徴を最も如実に示している項目が、この銅鏃です。雪野山の長は、銅鏃によって特徴づけられる長なんだという話です。

そして三つめに、そのことから特徴づけられる雪野山の被葬者とは、近江の歴史上、あるいは古墳時代史上どんな人物だったのかという話をします。

1. 副葬品の組み合わせ

まず、雪野山古墳の履歴書を読み解くということで、副葬品を見ていきましょう。品目だけじゃなくて、棺のどこに置かれているかが大切です。棺の構造も含めて、その辺りを最初にお話ししておきます。

石室と棺の構造

雪野山古墳では、竪穴式石室の中に棺を置いてありました。深さは一m以上あって、もとは大きな石を並べて蓋をしてあったんですが、古墳が発見された時は端の一枚を除いて外されていて、それなのになぜか中が荒らされないまま、土でどさっと埋められていたのです。ですから、その土を取り除くとそのまま、副葬された当時の状態で副葬品が並んでいました。

石室の底には、白い粘土が分厚く貼られ、石室の方向に沿って長く伸びる台のような形に整えられていました。この粘土の台は、断面がU字形になるように上の面が凹んでいます。つまり、この凹みに収まるように、底がU字形の木棺が置かれていたようです。日本の古墳時代には多い形の木棺です。大木を倒して、それを四mとか五mとかの長さに切って、なおかつそれを半裁して中を刳《く》り抜いたものを身と蓋にして合わせたものがその典型で「割竹形木棺」とよばれています。いっぽう、半裁とまではいかない薄いものもあって、それらは「舟形木棺」とよばれているようですが、雪野山のはむしろそっちのタイプかもしれません。木棺自体は腐り果ててしまってまったく残っていませんでしたが、この粘土の台から、いま述べたような形を推定できたのです。

この棺はとても長くて、人が寝た状態で埋葬されると、三人分くらいあります。しかし、ここに葬られていた人は一人だけです。どこに葬られていたかというと、この長い木棺の二ヶ所に仕切り板を設けてある。北の端から三分の一くらいの所に一ヶ所と、反対側の端から四分の一くらいの所にまた一ヶ所。木棺の空間の中を、二枚の仕切り板によって三つの部分に区切って、その中央の区画に遺体を納めていたのです。要するに、遺体を納める中央の区画があり、その頭の方向と足元の方向にもう一つずつの別区画があったということです。

副葬品の配置原則

副葬品は、それがどこに置かれているかが重要です。まず棺の中でも、いまみたように、遺体を置くもっとも大事な所、その頭側の別区画、そして足元側の別区画というように、違いがあります。次に棺の外側。つまり竪穴式石室の壁と棺との間の狭苦しい細い所ですが、ここにもズラーッと物を置いていくのです。さらに、雪野山では確認されていませんが、石室に蓋をしてからその上に物を置くこともあります。

いまみた副葬品の配置場所の違いというか、ランクのようなものを整理しますと、主人公の遺体と同じ棺内の中央区画の中が第一ランクで、もっとも大事な物がそこに置かれたと考えられます。次に、第二ランクが、頭側と足側それぞれの棺内別区画です。常識的に考えて、頭側の区画の方が、よりランクが高かったかもしれません。そして第三ランクが棺外ということで、大きく三段階に格付けされていた。そのどこに置くかで、副葬品の意味を違えていたと解釈できるわけです。

そこで、それぞれのランクの場所に、どういう副葬品が納められているか、詳しくみていきたいと思います（**図1**）。

まず、第一ランクの棺内中央区画内に被葬者の遺体と一緒に納められていたものに、一振りずつの鉄刀と鉄剣があります。それから、小さな鉄の道具ですが、刀子《とうす》（ナイフ）が数点、小さな玉が一つ。そして鏡です。被葬者の頭の近くにある三面の鏡のうち、内行花文鏡《ないこうかもんきょう》の一面は確実に中央区画内で被葬者の頭に寄り添うような位置にあります。あとの二面は仕切りの外側の別区画にあるという見方と、そう見えるけれども本来は中央区画にあったのがそちらにずれたのだという解釈があって、報告書では後者

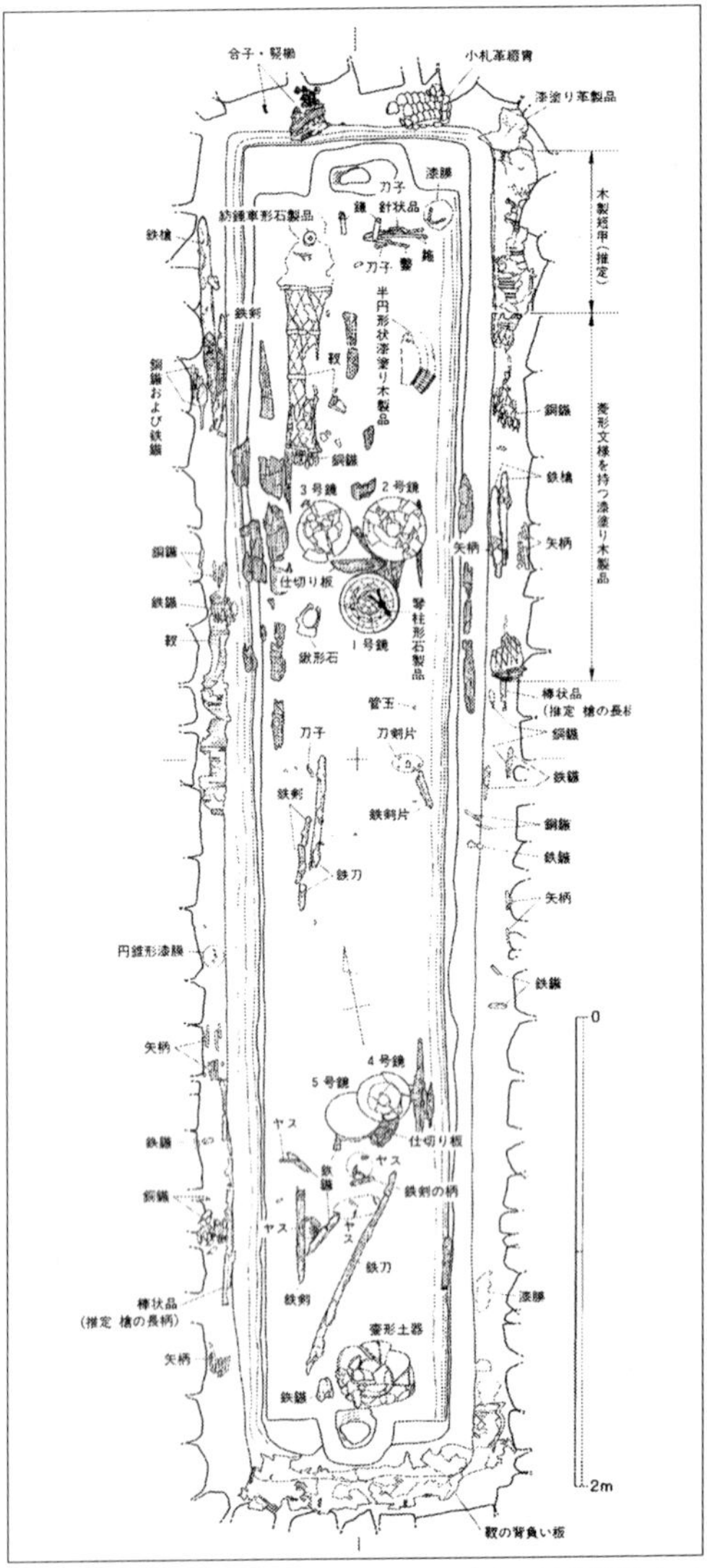

図1　雪野山古墳の副葬品配置（福永伸哉・杉井健編1996『雪野山古墳の研究』八日市市教育委員会より）

の解釈を有力視しています。しかし決着はついていません。確実なのは、内行花文鏡が被葬者にもっとも近かったということでしょう。さらに、足元側にも二面の鏡がありますが、足元ですので、やはりいちばん重要な鏡は頭に寄り添った内行花文鏡で、その鏡一面と鉄剣・鉄刀一本ずつ、少しの鉄の道具と若干の玉というのが、被葬者にもっとも近い重要な副葬品として扱われているとみられます。

一～二本の刀剣、鉄の道具と玉少々、および鏡一面を基本とするこの組み合わせは、雪野山と同じ頃の古墳では、被葬者の遺骸にじかに接する位置に置かれたセットとして、実は一般的にみられるものです。さらにそれは、弥生時代末期の有力な墳丘墓にもみられますので、長の威信を表すアイテム、あるいは葬送の道具立てとして、弥生時代の終わりごろには成立して古墳へと受け継がれた伝統だと、私は考えています。

弥生時代から古墳時代に入った当初の古墳には、かなりの規模の前方後円墳でも、まだこの弥生時代の伝統を引いた第一ランクの副葬品だけからなる、至極簡素な内容を保ったものがみられます（唐津市の久里双水《くりそうずい》古墳など）。しかし、古墳時代に入って少し経つと、今ここで第二ランクや第三ランクといっているような、外側へ外側へと場所を設けて付け足される種々雑多の副葬品群が、雪だるまのように付け加わっていくわけです。

どうもこの雪だるま効果の影響が第一ランクの副葬品群にも及んだようで、本来のセットにプラスワンというか、オプションのメニューが加わって、少しにぎやかになるようです。雪野山の場合、同じ中央区画内にもう二つ、それぞれ腕輪と玉杖《ぎょくじょう》の頭飾りの形をした、美しい碧玉《へきぎょく》の製品がありました。こうした碧玉製品は、古墳時代になってしばらく後、四世紀ごろから現れ、長の権威を演出する新メンバーの品目として加わってくるものです。

以上のような、遺骸にいちばん近い第一ランクの副葬品に加えて、さきに説明した第二ランクや第三ランクの位置に、雑多な品目が雪だるま式に加わってくるのが古墳時代です。そして大事なことは、第一ランクの副葬品目はどの古墳にも一般的で、いわば、古墳時代の長の権威を副葬品で演出するときのデフォルトみたいな感じだったのに対し、第二ランクや第三ランクの副葬品目は、古墳によってかなり内容が違うという点です。それはおそらく、長のランクや性質、キャラクター、活動履歴などによって、この部分に入ってくる副葬品の種類に違いが出たことを示しているのでしょう。さきほど、副葬品は被葬者の履歴書だと申しましたが、それは副葬品の中でも、第二ランクや第三ランクの部分にこそ、よりよく当てはまるというわけです。

雪野山の「履歴書」

では、雪野山の副葬品のその部分にどんな特徴があるのか、みていくことにしましょう。ただしそれは、雪野山のことばかりをみていてもわかりませんから、まず、他の古墳のその部分と比較してみることにします。

雪野山と同じくらいの時期、つまり三世紀の終わりから四世紀の前半にかけての古墳で、同じようにほぼ未盗掘のまま残り、副葬品もほとんど全部が揃っている、つまり履歴書の全部が見えている古墳として、奈良県天理市の黒塚があります。黒塚は奈良盆地の、いわば大和政権お膝元の古墳で、しかも墳丘の長さが一三〇mあります。雪野山は近江の地方豪族の古墳で、長さ七〇mと黒塚の半分と少し。両者の履歴書を比べる際に、この差は念頭に置く必要があります。ただし年齢、すなわち築造年代は、黒塚のほうがちょっと古いかも知れないけれども、だいたい同じ世代です。

黒塚の副葬品と配置を見ておきましょう（**図2**）。石室と棺の形は、雪野山とだいたい同じです。注目すべきことに、雪野山と同様、棺内は仕切りで三つに区切られ、中央に遺骸が置かれていた。そして、この中央区画に遺骸とともに置かれていた、言い換えると第一ランクの副葬品が、やっぱり雪野山とほぼ同じように、刀と剣が一本ずつ、そして鏡が一枚。雪野山にあった碧玉製品がないのは、雪野山より

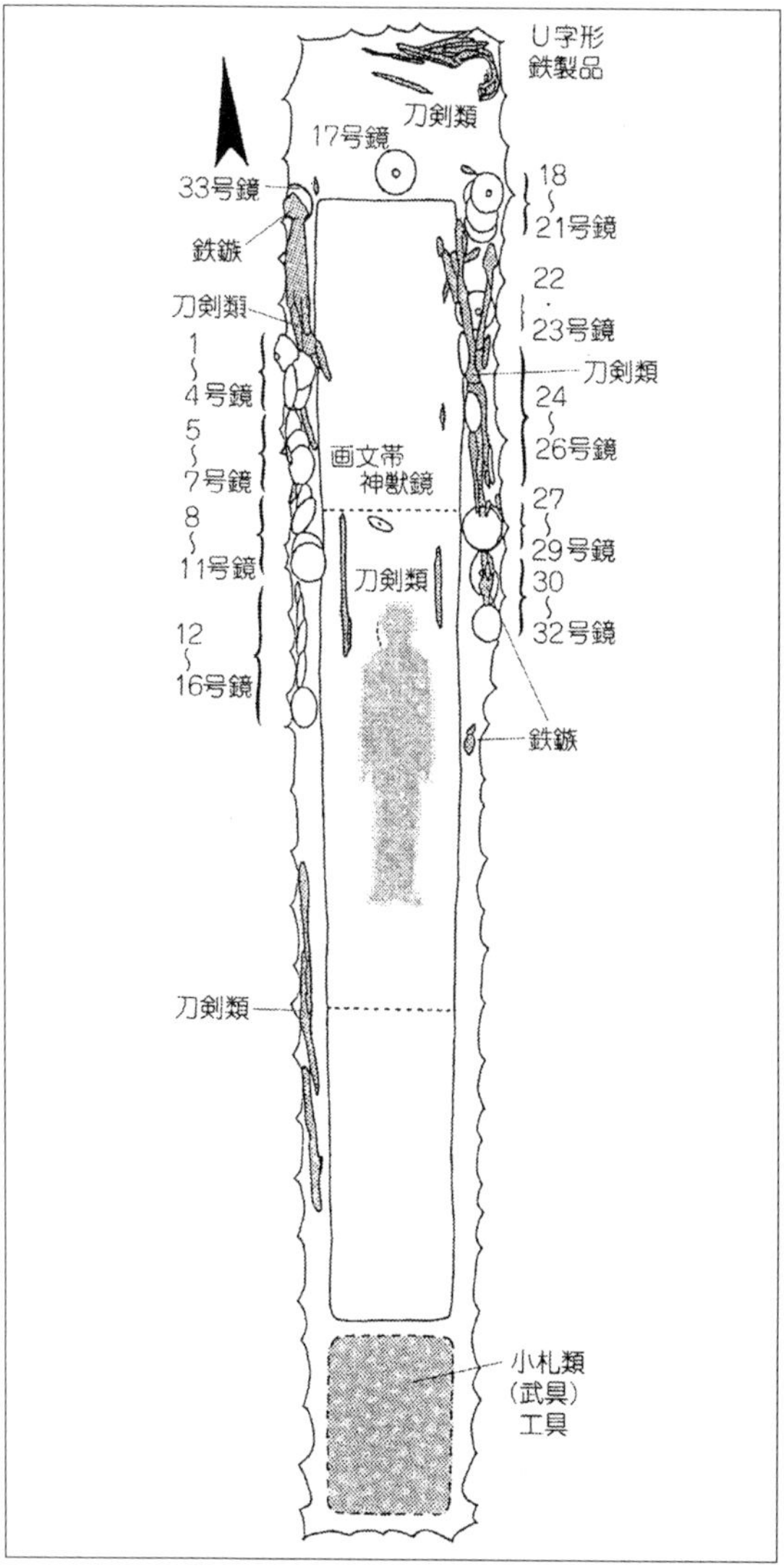

図２　黒塚古墳の副葬品配置（奈良県立橿原考古学研究所編1999『黒塚古墳調査概報』学生社　より　一部改変）

も少しだけ古いので、まだそれらが出現する前だったからでしょう。いずれにしましても、やはりこの第一ランクの副葬品は雪野山と共通していて、ここが長の権威を示したりその葬儀を演出したりするときのデフォルトだったことがわかります。

では、古墳によって違いが表れる、第二ランクより外側の部分を比べてみましょう。第二ランクは棺内の別区画で、雪野山、黒塚とも、被葬者の頭側と足側にそれぞれ一つずつあります。

まず、雪野山では、頭側の別区画に靫《ゆぎ》がありました。靫の中には、あとで詳しくみる銅鏃が、三〇本くらい入っていました。漆塗りの見事な靫で、これに接して紡錘車形《ぼうすいしゃ》といわれる碧玉製品がありましたが、靫に伴うものかどうかはわかりません。さらに、先に説明したように、被葬者の頭のところに三枚ある鏡のうちの二枚が、この別区画にあったという解釈もあります。いっぽう、足側の別区画には、非常に長い鉄刀が一本、鉄剣が一本、それから大型鉄鏃《てつぞく》、鉄の鏃《やじり》の束、鉄のヤス、そして赤色顔料の入った壷が置かれていました。

これに対して、黒塚古墳の棺内別区画にはほとんど何もない。私は、おそらくここには、今日痕跡をとどめていないような物が置かれていたのではないかと想像しています。木製品か、布製品か、革製品かはわかりませんけれども、いずれにせよ、雪野山の棺内別区画にあったようなものとは異なったものだったでしょう。

次に第三ランク。棺外ですね。雪野山から見ていきますと、まずいちばん目立つのは、北の端にあった小札革綴冑《こざねかわとじかぶと》です。魚の鱗のような鉄板を綴じ合わせて作った冑で、中国に源流があります。この小札革綴冑を持っている古墳は、非常に少なくて、全国で二〇もないくらいです。だから雪野山古墳の被葬者の履歴書の中では、非常に重要な項目になってきます。

さらに棺外の状況を、小札革綴冑のところから時計回りにみていきますと、すぐ東隣に木製短甲、つまり木で作った甲《よろい》がここに置かれていたんじゃないかと推定されていますが、原型をとどめていないので確定的なことはわかりませんでした。

それからその南側に銅鏃の束があって、鉄槍があって、またその南の方にも銅鏃や鉄鏃。そういった武器の類が散らばっています。

今度は逆に、小札革綴冑から反時計回りに進みますと、まず合子《ごうす》・竪櫛《たてぐし》があり、さらに南の方へ進むと、またここでも鉄槍、銅鏃、鉄鏃などがあって、靫に入っているものもあります。さらに南の方にも鉄鏃と銅鏃。

このようにみてきますと、雪野山古墳は、まず第二ランクの棺内別区画のうち、頭の方では見事な靫が、足のほうでは刀剣や鉄鏃が中心になっています。さらに棺外の第三ランクのところは、被葬者の頭の上の方に置かれた小札革綴冑が中心で、そこから被葬者の遺骸を遠巻きに囲むようにたくさんの銅鏃・鉄鏃が並べられ、一部は靫に入れられていて、大形の槍や刀剣もあります。冑、鏃、靫、刀剣、槍。こういった武器・武具の類を累々と並べていることが、雪野山の履歴書の最大の特徴です。

これに対して、黒塚古墳の棺外でもっとも特徴的なのは、三角縁神獣鏡《さんかくぶちしんじゅうきょう》の大量副葬です。三三面が、遺骸の、とくに上半身の辺りを遠巻きに囲むようにズラッと並べられています。刀とか剣とか鉄鏃も少しありますが、目立つ物はこの「鏡」なのです。

第三ランクの品々で、雪野山にあって黒塚にないもの、逆に黒塚にあって雪野山にないものを取り出して見ますと、両者の違いが鮮やかに浮かび上がります。雪野山では銅鏃六六本というのが、黒塚にないもの。かたや黒塚では鏡三三面というのが雪野山にないもの。つまり雪野山を特徴づけるのは銅鏃であり、黒塚を特徴づけるのは鏡である。まさしくこの違いが、二人の長の生前の仕事ぶりの違いや、大和政権における立場や職務の違いなどを物語っていたと思われるわけです。

2．銅鏃の意義

次に、雪野山を特徴づける銅鏃というものが、古墳時代の社会の中でどのような意義を持っていたのかをお話ししたいと思います。

種類と形態

雪野山には、全部で九六本の銅鏃が副葬されていました。棺内別区画の靫に入っていたものが三〇本、棺外に並んでいたのが六六本です。あとで詳しくみますが、九六本というのは、銅鏃の出土数としては全国の古墳の中でも実に第四位になります。

さて、これらの銅鏃は、いくつかの種類に分けられます。一つは、考古学で「柳葉形《やないば》」、つまり柳の葉の形とよばれている型式で、真ん中に縦一文字に鎬《しのぎ》（稜線）が通ります（**図3**①〜③）。大・中・小があって、「中」のものには「箆被《のかつぎ》」とよばれるスカート状の部分が鏃の本体と茎《なかご》の間に付けられています。

もう一つの種類は、鎬が十文字に付く型式で、鏃の本体の両下端に「逆刺《かえり》」とか「腸抉《わたくり》」とかとよばれる逆方向のトゲが付いています（**図3**④）。幅広のものと細身のものとがあります。

さらにもう一つ、特殊な型式があります。鑿《のみ》のような形をしているので「鑿頭形《のみがしら》」とよばれているものです（図3⑤）。先が尖っていないので、機能的にはあまり意味がなく、それよりも形を重視した鏃といえます。成分を分析してみますと、鉛がたくさん含まれていて、そういう意味でも特殊なものです。

いま述べてきたような雪野山の銅鏃は、三世紀の中頃、古墳が出現するのとほぼ同時に、各地の有力な古墳に副葬されるようになるもので、それまでの弥生時代の銅鏃や鉄鏃とは異なった特徴があります。

第一は、素材の質が良いことです。弥生時代の集落から出る銅鏃は質が悪くて、出土すると表面がポロポロ崩れたり錆がひどかったりするものが多いのですが、古墳から出るこれらの銅鏃は、あまり錆びもせずに黒光りしているようなものがたくさんあります。稀に、まったく錆びないで当時と同じ色と光沢を放っているものもあります。東京国立博物館に展示されている神奈川県の真土《しんど》大塚山古墳の銅鏃などは、当時の輝きを見事なまでに保っています。

第二は、造りが丁寧で美しく仕上げられていることです。とりわけ特徴的なのは、雪野山の例でも顕著にみられるように、縦一文字や十文字にピシッと鎬（稜）が研ぎ出されてい

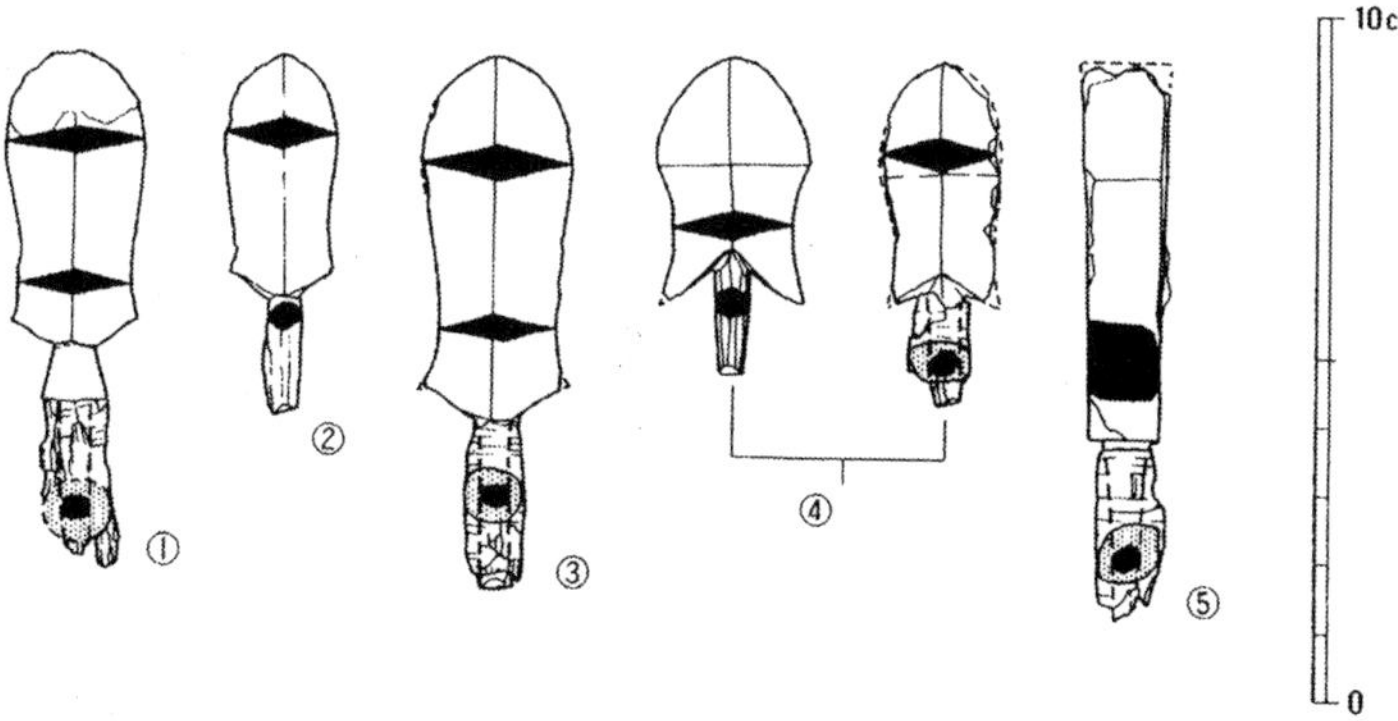

図３　雪野山古墳の銅鏃（福永伸哉・杉井健編1996『雪野山古墳の研究』八日市市教育委員会より）

ることです。手間ひまをかけて一本一本丁寧に仕上げられた精品です。

第三として、雪野山の例でもみられるように、これらの銅鏃はいくつかの種類に分けられますが、形の規格性が高く、一つの種類の中では個体差が小さい。つまり、特定の形の決まりがあって、それに厳密に合致するように製品を作っているのです。たとえば、さきほど「柳葉形」として紹介した縦一文字の鎬をもった型式をよくみますと、どれも必ず輪郭の両側がS字のカーブを描いています。このS字上の湾曲と下の湾曲の比率がちょっとでも狂うと全然違ったプロポーションになるんだけれども、そこはきっちりと守られ、どの個体をみても同じ独特のプロポーションが堅持されています。この独特の形を、私は「頭でっかちのS字カーブ」とよんでいます。全国から出た千数百本の柳葉形銅鏃が、「頭でっかちのS字カーブ」を厳密に遵守しているのです。また、柳葉形以外の型式にも、やはり同じように厳密な形の決まりがそれぞれにあって、各個体はそれをきっちりと守って作られています。

雪野山の出土品も含め、古墳に副葬された銅鏃の特徴を、いま三つ挙げました。これらを総合して推測されるのは、これらの銅鏃は、実用本位の量産品ではなく、見た目の効果を重視して編み出された特定のデザインに沿って、どこか特定の場所で、最高の原料と技術によって計画的に生産され、各地に供給された特別な品だったのではないかということです。そして、あとでもみるその分布のあり方から、これらを生産して供給した元締めは、畿内の、おそらく大和政権の膝元にあっただろうと推測されます。これが、日本列島で第四位の数を誇るほどたくさん雪野山に副葬されているという事実は、そこに葬られた長の姿を考えるときの最大のポイントになります。

認知考古学からみた銅鏃

ところで、私は「認知考古学」という耳慣れない分野の考古学をかじって、その成果を何とか日本の先史・古代の歴史叙述に組み込めないかと、目下奮闘しています。

認知考古学とはどんなことかと申しますと、たとえば今日、私はちゃんとネクタイをして、スーツの上下を着ています。たくさんの方々の前で話をするからです。普段の仕事先では、ジャケットにスラックスですし、ジーンズの上下のこともあります。さらに家に帰れば、ジャージの上下か何かを着ているかもしれません。

いまたとえに出した四種類の服は、物理的には同じような形をしています。でも、いま私がジーンズの上下で話をしていると、ちょっと変なヤツだとみなさん思うでしょう。家でスーツの上下を着ているのも奇妙です。さらに、スーツもネクタイも全部黒にしたら、たちまち家族に怒られるでしょう。

つまり、衣服というのは、体を包むという物理的な役割と、まったく物理的ではないけれども着ている人の立場や職務や状況などを演出する、いわば社会的な役割という二つの役割から、その形や色が成り立っていることがわかります。これは衣服だけでなく、食器もそうだし、ありとあらゆる道具には、多かれ少なかれ、物理的な役割だけでは説明できない社会的役割を演出する形や色の要素があります。従来の考古学では、そこのところを遺物から引き出すことが方法的に少し弱かった。これをカバーするのが、認知考古学のすべてではもちろんありませんが、重要な仕事の一つです。

では、そういう認知考古学の視点から古墳時代の銅鏃を見た時に、どういうことがいえるのか。それを試してみたのが**図4**です。真ん中に七本の鏃がありますが、下の三本のうちもっとも左側のものが、これまでに詳しく述べてきた、雪野山にもある柳葉形の銅鏃です。その右隣は、三叉《さんさ》状に鎬を研ぎ出した「定角形《じょうかく》」とよばれる銅鏃。そして右端が、雪野山にある鑿頭形《のみがしら》の銅鏃です。

これらはいずれも、形の決まりにしたがって、良質の材料できっちりと鎬を研ぎ出して仕上げた精品の銅鏃ですが、実は、同じように作った鉄の鏃もあります。上の四本がそうです。下の銅鏃にそれぞれ対応して、同じ形の鉄鏃があります。右端のナイフのような形のも鉄鏃で、これは同じ滋賀県の安土瓢箪山古墳から出たものです。

これら、鎬を研ぎ出して折り目正しく作った精品の鏃を、鉄製か銅製かを問わず、私は「有稜系」とよんでいます。作られた当時の見た目は鉄鏃も銅鏃も変わらず、実用というよりも美しく作った特別品として、一様に扱われていたと考えられます。

さて、この銅鏃三本、鉄鏃四本、つごう七本の有稜系鏃を囲んだ枠から三本の矢印が伸びています。これは、認知考古学で「スキーマ」とよばれるものを示しています。「スキーマ」とは、一言でいえば「連想の鎖」。ふたたび衣服の話に戻すと、私が着ているこのスーツは「ビジネスマン」とか「会議」とか、そんなイメージや概念を、見た人の心の中に呼び起こします。今日私の壇上でのスーツ姿を見て皆さんに等しく違和感がないのは、スーツが呼び起こすそういうイメージや概念の連想の鎖から、「講演の壇上」というのも決して外れることがないからでしょう。これに対して、ジャージの上下からは「体育館」や「トレーニング」などが連なるイメージや概念の鎖が伸びていて、「講演の壇上」は決してそこには乗ってこない。今日もし私がジャージを着ていたら皆さんびっくりするだろうというのは、そういうことです。「民族」のような文化集団は、同じスキーマの体系を共有する人々です。

さて、そこで**図4**をあらためて見てみますと、その左上の矢印がつながる先に、弥生時代の銅矛《どうほこ》があります。さっきから話題にしている銅鏃の「頭でっかちのS字カーブ」、どこかで見たことがあるぞ、と思った人は、きっと考古資料に親しんでいる方でしょう。そういう方のお祭しのとおり、この独特のカーブは、弥生時代後期の武器形の青銅器に、くり返しくり返し、連綿と表現されてきた形なのです。こういう、くり返しくり返し物に表現され、しかも機能とは関係のない形を、認知考古学の専門家の松本直子さんや中園聡さんは「形態パターン」とよんで重視しています。

　武器形の青銅器は、弥生時代後期のものは、ほぼ確実に実用品ではなく、お祭りの道具です。武器の形をしているのですから、そのお祭りの内容には、おそらく武力とか武威とか霊威とか、そんな類のパワーにまつわる観念が込められていたとみるのが自然でしょう。となると、そうしたパワーをもっとも如実に象徴する形が、この種の道具にくり返しくり返し注入される「頭でっかちのS字カーブ」だった可能性は、かなり高いと思われるのです。そしておそらくこの認識、つまりスキーマは、少なくとも武器形青銅器が分布していた範囲の倭人たちには、共有されていたことでしょう。

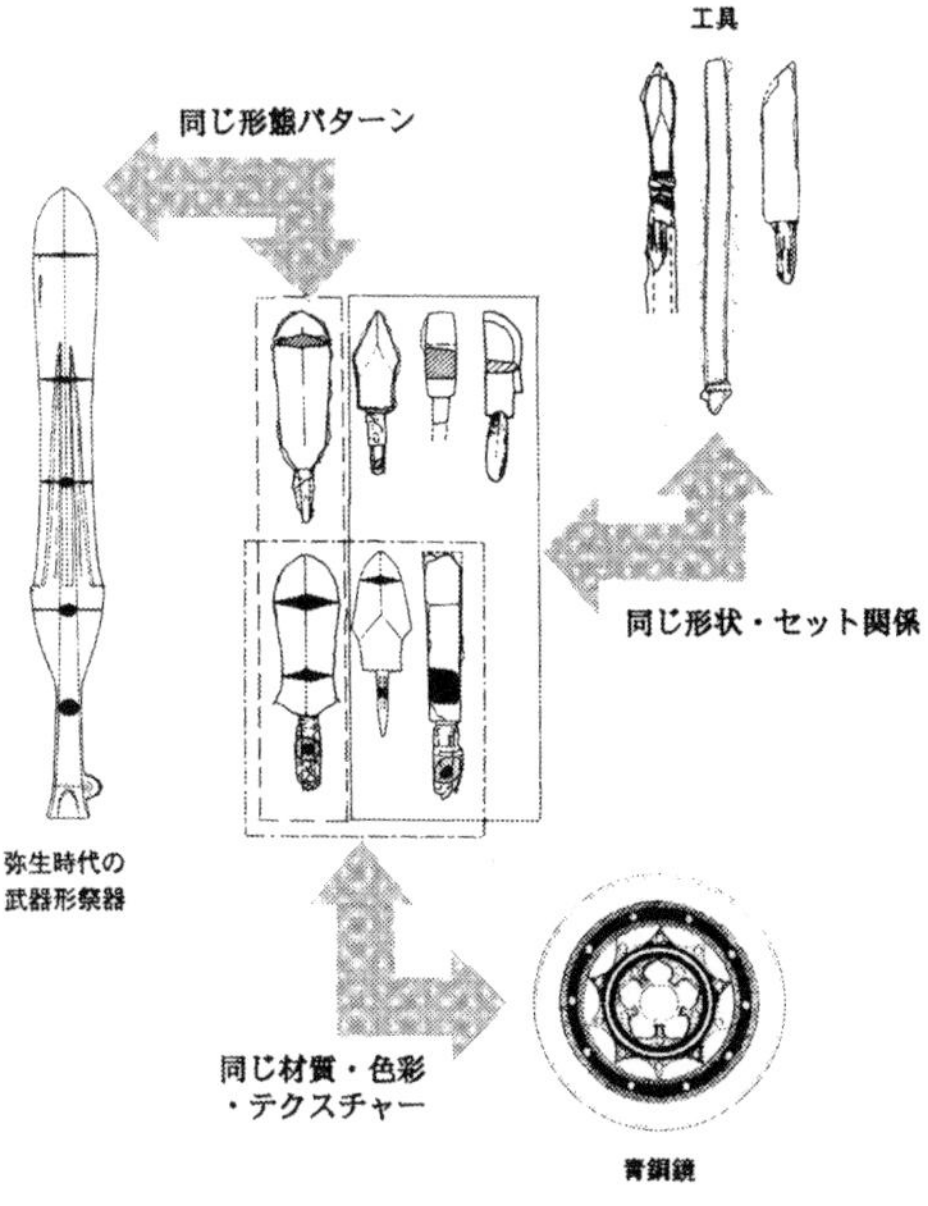

図4　有稜系鏃のスキーマ

　弥生時代の武器形の青銅器が姿を消す

のと、古墳時代の銅鏃が出現するのとは、時間的にみて、タッチの差くらいです。しかし、この種の銅鏃を創り出した人々は、武器形青銅器を十分に見知っていて、その「頭でっかちのS字カーブ」が象徴するところの意味もまた認識していたに違いありません。だからこそ、自分が作る銅鏃に、まったく同じS字カーブを、くり返しくり返し厳密に表現したのでしょう。このように、柳葉形の銅鏃は、パワーを表す弥生時代以来の象徴的な形を盛り込んだ、特別な武器として生み出されたと考えられます。柳葉形銅鏃から武器形青銅器に伸びる矢印は、この種の銅鏃から「パワー」の概念やイメージへと連なるスキーマの存在を表しているのです。

では「有稜系」のうちの、その他の種類の鏃についてはどうでしょうか。**図4**の、今度は右上に伸びるスキーマの矢印をご覧ください。さきほど、雪野山から「鑿頭形」の銅鏃が出ていることを紹介しましたが、これは文字通り、大工道具の鑿に大変よく似ています。物理的な形として似ているのですから、当時の人もその形の共通性を認識していたのは確実です。

さらに、ナイフ（刀子）の形の銅鏃もあるし、三叉状の鎬を研ぎ出す銅鏃や鉄鏃は、ヤリガンナとよばれる工具にそっくりです（ヤリガンナは、今ではほとんど見ませんが、かつては主要な大工道具でした）。ここまでくると、有稜系鏃の一部が大工道具とあえて同じ形に作られていたことは間違いありません。この種の鏃から、なぜか大工道具へと連なるスキーマが存在していたと考えられます。ただし、その背景となった思想の具体的な内容については知る由もありません。そんなことまで取りざたするのは認知考古学ではなく、ただの推理にすぎない。そのようにいうと、認知考古学は、きちんとした理論と方法を踏まえた、過去の人々の心の復元だということが、ある程度はわかっていただけると思います。

さて、**図4**の一番下の矢印は、これまでの二本ほどはっきりしたものではありませんが、とくに銅鏃から、同じ時代の鏡へとつながっています。実は、この両者はともに同じ良質の青銅で、ほぼ同じ頃から日本列島での製作が始まるのです。ですから、できたときの色や輝きやテクスチャー、つまり質感は鏡と同じで、少なくとも製作にたずさわる人は、同じ青銅からできていることを知っていた。呪具《じゅぐ》中の呪具といえる鏡と同じ成り立ちだという認識も、これらの銅鏃からは呼び起こされたと考えられます。

認知考古学の方法で、有稜系鏃、とくに銅鏃のもっていた、機能以外のさまざまな意味や役割を解析してみました。これらの鏃は、一言でいうと、非常に複雑で豊かなスキーマをもつもの、つまりさまざまな社会的・思想的な意味の世界を背後に深く宿した、特別な品物だったという結論になります。

3. 雪野山古墳の被葬者像

雪野山古墳に葬られた人の履歴書をもっとも特徴づけるのが銅鏃だったこと、および、その銅鏃は古墳が出現した頃に生み出された特別な品だったことを述べてきました。

先にも述べたように、このような銅鏃は、特別な材料と認識と技術を集中して作られるものですから、誰でもが手に入れられるものではありません。その分布は畿内に明らかな重心をもちますので、そこが製作と供給の核だったと思います。その主導者は大和政権だったとみるのが自然でしょう。

その出土数の第四位が雪野山古墳だということは、すでに何度か述べました。そこで、その上位や同列にどんな古墳が並んでくるかをみることが、雪野山の位置づけを、さらに明らかにする有効な手段となるでしょう。

銅鏃の副葬本数

そこで改めて、銅鏃出土数のベストテンを見てみることにします。

第一位と第二位は、ともに奈良盆地にあって、二〇〇本以上という法外な数を持っています。これは、銅鏃の製作と供給の総元締めとなった大和政権のお膝元だったことの反映でしょう。

第一位の奈良県天理市東大寺山古墳は、全長が約一三〇mの前方後円墳で、同じ時期の大和の中ではせいぜい中堅クラスの古墳です。しかも竪穴式石室をもたず、木棺をそのまま粘土で覆って埋めただけの粘土槨とよばれる埋葬施設は、この時期では高い格のものではありません。ここから、日本最多の二六一本もの銅鏃が出てきたのです。

それも故なきことではないな、と思うのは、東大寺山からは、他にもきわめて重要な武器が発見されているのです。それは、おそらく「中平」という中国の年号が記されている刀で、この年号は二世紀後半、ちょうど『後漢書』に「桓霊間、倭国大乱」と記された時期に当たるのです。ですから、動乱の中で中国と結んで、想像ですけれど大和を勝利に導いた人の系譜に連なるような、そういう軍事的に重要な出自で、この時期においては銅鏃の差配に関与していたという、そんな家柄の人がここに葬られた可能性が高いと考えられます。三角縁神獣鏡三三面を出した先の黒塚もそうですが、規模からすればこの程度のランクの古墳に、その製作や流通に関わったような重要人物が葬られているのが、この時期の大和のすごいところです。またそこに、三世紀から四世紀にかけての大和政権の構造を解く鍵が隠されているでしょう。

第二位は、二三八本を出した奈良県桜井市のメスリ山古墳です。長さが二五〇mもある文句なしの巨大前方後円墳で、大王墓に準じるクラスです。銅鏃は、すでに盗掘されていた主人公の竪穴式石室の隣に作られていた副葬品専用の石室から見つかりました。銅鏃の総元締めだった大和政権の要人の墓ですから、この数は、さもありなんといったところです。

第三位は京都府向日市の妙見山古墳で、長さ一一四mの前方後円墳でした。墳丘は雪野山よりかなり大きいのですが、小札革綴冑を伴うところは同じです。銅鏃は一〇六本ありますが、一、二位の東大寺山やメスリ山がほぼ同じか少数の型式のものを集中的に副葬していたのに対し、妙見山はいろいろな種類の型式のものを少しずつ持っているのが特徴です。製作や供給に関わったというよりも、それらをもらう立場にあったような印象です。ただし、種類と本数が示すように、もらっていたのだとしたら、何べんも頻繁にもらっている。もらう立場の中では優等生だったような古墳です。そして、これに次ぐ第四位がわが雪野山で、九六本でした。

第五位は、畿内を離れて岡山に飛びます。山間部の美咲町にある月の輪古墳で、八三本持っています。径六〇mの円墳で、時期は他の古墳よりも新しく、五世紀前半に下るようです。五世紀前半といいますと、もう銅鏃は作られていません。これも想像ですが、ここの主は田舎大尽みたいな人で、大和政権から配られた型落ちのブランド品をたくさん集めて「どうじゃ！」と自慢しているような印象です。埴輪も、畿内のものを真似て作っているのですが、どうもヘタクソなのです。銅鏃は確かにたくさんありますが、ワンテンポ遅れて田舎に入ってきたような感じです。

次の第六位は、今度は東側に遠ざかって静岡県磐田市の松林山古墳になります。長さ一〇七mの前方後円墳で、竪穴式石室から八〇本の銅鏃が発掘されています。ここの短甲は、かつては四世紀中頃までに多い古式のものだと考えられていましたが、橋本達也さんの研究で、四世紀後葉以後に出てくる新式のものだとわかりました。ですからこれも、少し時期が下ります。

第七位は、桜井市のホケノ山古墳で、これは三世紀中頃に築かれた最古の古墳の一つです。この種の銅鏃を副葬する古墳としても最古です。確認されたのは七〇本ですが、副葬当初は八〇本ほどではなかったかといわれています。この種の銅鏃の製作が始まった当初のもので、すでにこの時期から大和の政権中枢にその核があったことを示しています。

第八位と第九位とは、それぞれ五七本と五五本で、場所はいずれも北陸・能登です。石川県七尾市の国分尼塚古墳と中能登町の雨の宮一号墳。どちらも前方後方墳だということも共通します。第一〇位は畿内に戻り、大阪府羽曳野市の庭鳥塚古墳です。これもまた前方後方墳で、確実には五四本あります。五〇本以上の銅鏃を出したといわれる古墳はあと二基ほどあるのですが、資料の記録にはっきりしないところがあるので、確実なものだけでベストテンを組んでみました。

銅鏃のルートと雪野山古墳

そこで、あらためてベストテンの分布を見てみましょう。ただし、その中でホケノ山は古く、月の輪や松林山はやや新しい世代のものだと考えられますので、その辺を外して、雪野山の前後の世代、つまり四世紀の古いところから中頃までに絞っておきます。

まず、二〇〇本以上と突出して多いメスリ山・東大寺山の二古墳は、大和にあります。これらの主は、銅鏃を作って配る側の立場に立った、大和王権側の重要人物だったのでしょう。それ以外の古墳は地方にあって受け取る側だったでしょうが、大和からもっぱら北の方、まず山城に妙見山があり、次に近江に雪野山があり、北陸道に出た先の能登に雨の宮・国分尼塚の二古墳があるというルートが見えてきます。大和から山城・近江を通って北陸に抜ける「銅鏃のルート」です。このルートの枢要な位置に雪野山があるのです。

ベストテンに入らなかった五〇本未満の銅鏃出土古墳までを見ても、このいちばん目立つ北陸方面への銅鏃ルートも含め、中部から関東にかけての東の方に銅鏃は多いという傾向があります。畿内より西は、古墳の密度の割に銅鏃は少なく、とくに出雲を中心とする山陰にはほとんどなく、玄海灘沿岸を中心とする北部九州にもわずかしかない。出雲や北部九州のような弥生時代以来の有力地域に銅鏃が入らないというのは、大和から各地へと銅鏃が供給されることの背景を考える上で重要です。

つまり、銅鏃は、特別な品であってもカテゴリーは武器ですから、その需給が表すつながりの性格は、武力や軍事に関する色彩を帯びていた可能性が想定されるでしょう。そうであるならば、軍事的な色彩を帯びた長同士のつながりは、大和から山城・近江・北陸へというルートを主軸に、もっぱら大和と東日本諸地域の間で盛んに結ばれ、西日本には比較的希薄で、出雲や北部九州にはほとんど及んでいなかったというような構図が浮かび上がってきます。

雪野山古墳の立ち位置

さきほども述べたように、雪野山古墳は、大和から東日本に対する手厚い銅鏃の供給網、言い換えれば軍事的なつながりのネットワークの中で、枢要な位置に立っているということです。

その辺のことをさらに踏み込んで明らかにするために、近隣の古墳の中での雪野山の位置づけを見てみましょう。もっとも近いところにあるほぼ同時代の古墳に、安土瓢箪山があります。厳密にいうと雪野山よりも少し新しいようですが、四世紀中頃までには収まるでしょう。長さが雪野山の二倍以上、一六二mもある大形前方後円墳で、後円部に三つの竪穴式石室があります。葺石と埴輪を持った堂々たる古墳です。

おそらく、墳丘の規模と形でしっかりと位置づけられた、いわば地域構造の中で安定した地位にいた四世紀の湖東の最高権威者は、ダントツで安土瓢箪山の主だったに違いありません。けれども、銅鏃の数に限ってみれば、安土瓢箪山では、三つのうちいちばん大きい中央の石室から三〇本が出ているだけで、雪野山の三分の一以下です。

安土瓢箪山よりもずっと小さくて、自然の岩盤を切り出して整形し、その上に少しだけ土盛りをした程度のB級の墳丘に甘んじ、埴輪もない雪野山が、期せずして分不相応なほどの数の銅鏃をもっている。中国由来の軍装である小札革綴冑までもらっている。そこには何か、特殊な経緯というか、タイムリーな事情があったように思えます。

これ以上のことはだんだん想像になってしまうのですが、雪野山の主は、安土瓢箪山の主ほどは、地域の長として安定した地位には居なかった。けれども、大和政権が、能登あたりを当面のゴールとする北陸へのルートを軸に、軍事的な統制を東に対して及ぼそうと企図した時、その中継地にいた雪野山の主が何らかの重要な働きをし、それに対して、釣り合わない程の数の銅鏃や身分不相応な小札革綴冑をもらったのではないかと。いうなれば、近江を代表して大和政権に参与した伝統的名望家というよりも、特定の政策に際して起用されて期待に応えた実務家といったイメージが、雪野山の主には近いのではないかと、ひそかに考えております。

おわりに

銅鏃というたった一つの資料から、ずいぶんと大きな推測に踏み込みました。まだまだ実証ができるようなことではありませんが、関連の資料や研究が蓄積されるにつれて、だいたい申してきたような方向で、雪野山の被葬者像はおいおい解明されていくのではないかと思います。

雪野山のような未盗掘古墳をつねに狙う必要はありませんが、地域に埋もれた資料を丹念に集めてつなぎあわせることによって、かなり細かい古墳時代地域史を組み立てることができると思っています。地元の研究の進展に、ますます期待をしながら、話を終わらせていただきたいと思います。

■本講演の内容は、左記の三つの既発表論考に依拠する。

松木武彦一九九二「銅鏃の終焉：長法寺南原古墳出土の銅鏃をめぐって」都出比呂志・福永伸哉編『長法寺南原古墳の研究』大阪大学長法寺南原古墳調査団

松木武彦一九九六「前期古墳副葬鏃群の成立過程と構成：雪野山古墳出土鉄・銅鏃の検討によせて」福永伸哉・杉井健編『雪野山古墳の研究』八日市市教育委員会

松木武彦二〇〇五「日本列島と朝鮮半島における武器の形態比較：認知的視点による武器の比較形態学研究序説」『日本列島と朝鮮半島の国家形成期における武器発達過程の考古学的比較研究』(二〇〇一～二〇〇四年度科学研究費研究成果報告書)

六、農工漁具から見た雪野山古墳

奈良文化財研究所　清《せい》野《の》孝《たか》之《ゆき》（二〇一〇年十二月五日）

1．雪野山古墳が調査された頃

ただいま紹介いただきました、奈良文化財研究所の清野孝之と申します。よろしくお願いします。

一九八九年（平成元年）、当時の八日市市教育委員会と大阪大学が雪野山古墳の発掘調査を行い（第一次調査）、大きな発見があって注目を集めました。私が大阪大学に入学したのも、ちょうどこの年です。しかし、その頃まだ私は、考古学と縁のない学生生活を楽しんでおりました。そのころにこんなすごい発見があったというのは、後から聞いて知りました。

私が初めて発掘調査に参加したのは、大学二年生から三年生になる春休みのことです。考古学研究室に入ろうと思い、説明会を聞きに行ったところ、ちょうどいま、発掘調査をやっているから、よかったら参加してくださいと言われました。当時の私は、考古学以外の学生生活を充実させるのに忙しくて、すぐには参加できなかったのですが、日程をやりくりして、発掘調査に参加させていただきました。これが一九九一年（平成三年）です。雪野山古墳の第三次調査に当たります。

第一次調査の時には、竪穴式石室の中で、三角縁神獣鏡など、豪華な副葬品が見つかりました。第三次調査では、石室の中でも、主に棺の外側の調査と、墳丘の調査を行いました。その翌年の第四次調査で、雪野山古墳の現地での発掘調査は終了しました。私はその後、大阪大学の大学院に進み、雪野山古墳の出土遺物の調査・整理、報告書作成に関わらせていただきました。私が大学院を卒業したのは、一九九六年（平成八年）三月です。雪野山古墳の報告書が出たのも、その三月です。全くの偶然ですが、私が入学した時に発見されて、数年間、いろいろな作業に関わらせていただいて、報告書が出た時に卒業という、雪野山古墳と共に歩んだような大学生活を送らせていただきました。何かの縁があった古墳だと思います。

さて、本日の私のお題は「農工漁具から見た雪野山古墳」です。農工漁具とは、農具と工具と漁具、三つの種類の道具の事です。農具は農業に使う道具です。雪野山古墳からは鎌が出土しました。工具は大工道具、木材などを加工する道具で、鑿《のみ》やヤリガンナという昔の鉋《かんな》などが出土しています。漁具は魚を捕る道具で、ヤスが出土しています。これらの道具からみた雪野山古墳、というテーマでお話しいたします。

私は、雪野山古墳の報告書を作る時に、これらの農工漁具に携わりました。きっかけは偶然だったのですが、当時は特に漁具に関する研究が少なく、いろいろと調べるうちに、まだ誰も気づいていないことがわかってきて、興味がわいてきました。今日のお話は、漁具を中心に、農工漁具のお話をしたいと思います。

2. 雪野山古墳の副葬品

まず、雪野山古墳について、これまで何人かの先生方の詳しいお話をお聞きになっている方が多いと思いますので、簡単に説明させていただきます。雪野山古墳は古墳時代前期の前方後円墳で全長が約七〇mです。葬られた人が納められた施設、埋葬施設は二つあると考えられていますが、そのうちの古い方が竪穴式石室で、一九八九年に八日市市教育委員会と大阪大学が調査したものです。雪野山古墳の最大の特徴は、盗掘されていない、未盗掘だったことです。日本の古墳は、そのほとんど全部に墓泥棒が入って盗掘されているといわれていますので、この古墳は非常にラッキーだったといえます。未盗掘の古墳の重要性は、希少性だけでなく、埋葬施設の内部や副葬品が、当初の状態から乱されないまま見つかるという点にあります。

副葬品に注目すると、まったく盗まれていないので、自然に腐ったりして無くなったものを除くと、もともと納められた副葬品の数や組み合わせがわかります。また、副葬品を納めた状況が人為的に乱されていないので、副葬品を納めた際の儀式や儀礼を復元する上でも非常に重要です。こうした重要性から、この雪野山古墳は、日本の前期古墳の代表例として、学校で使う日本史の教科書にも出てきます。

雪野山古墳の竪穴式石室内には、たくさんの副葬品が納められていました。割竹型木棺とよばれる棺の内側と外側に大きく分けることができますが、棺の中もさらに仕切り板で北・中・南の三つの区画に分けられています。

納められていた副葬品の種類は非常に豊富です。例えば、中国の魏から邪馬台国の卑弥呼に贈られたとする説があることで有名な三角縁神獣鏡《さんかくぶちしんじゅうきょう》、これを含め銅鏡が五枚副葬されていました。また、鹿児島から沖縄にかけての南の海で捕れる貝を加工した腕飾りを石で模したもの、琴柱形《ことじがた》石製品、紡錘車《ぼうすいしゃ》形石製品などの石製品がありました。こうした呪術的とされる物が納められています。

武器、武具がたくさん出土しているのも大きな特徴です。武器としては銅鏃《どうぞく》、鉄鏃や鉄刀、鉄剣、鉄槍、武具としては冑《かぶと》や靫《ゆぎ》があります。このほか、土器の壺や管玉《くだたま》やガラス小玉も数点、出土しています。

雪野山古墳で出土した農工具はいずれも鉄製で、鎌、刀子、ヤリガンナ、鑿《のみ》、斧《おの》があり、いずれも棺内の三つの区画のうち、北区画に納められていました。

次に漁具は、ヤスが九点以上、棺の南区画に納められていました。しかし、棺内ではなく、棺の蓋の上に置かれた可能性もあります。ヤスの構造は、細い針みたいなものを三本一組に組み合わせて、糸で柄に巻き付けています（**図1**①）。けっこう小さな物で、これだとそれほど大きくない魚を刺すくらいかと思います。現在の一般的なヤスは、三本以上の先端部分を平面的に、フォークのように合わせています。こうした平面的な組合せのヤスも古墳時代にあるのですが、この雪野山古墳のヤスは、立体的に三本、組み合わせているのが特徴です。

私が大学生の頃、雪野山古墳のヤスを整理することになり、その製作技法を復元してみました。雪野山古墳のヤスは、細い糸で針状の先端部を巻く手法がとても精巧です。当時、大阪大学の考古学研究室に焼き鳥に使うような竹串が何本もあったので、これを針状の先端部に見立てて、柄の方はアロンアルファーのケースを使い、荷造り用の紐を使って作りました。どれも、研究室に転がっていたものばかりです。そして、いま鳥取大学に勤めておられる髙田健一さんと議論しながら、ああでもない、こうでもないと何度も何度も作り直して、たどり着いたのが、三段階に分かれる糸巻きの手法です。

この手法を今回詳しく説明はできませんが、とにかく、仕上がったときの見た目がとてもきれいです。実用性の観点からも、糸で巻いただけなのに、相当しっかり柄に固定でき、手ではまず抜けなくなりますので、十分な強度を持っています。しかし、実用性という意味以上にきれいではないかと、私は思っています。糸巻きの回数がとても入念です。真上から見ると巻かれた糸がみごとな三角形で、横から見ても、三角形の模様のようです。実用性以上に見た目のきれいさ、装飾性も意識して作っているのではないでしょうか。

　じつは、古墳時代には、漁具以外の副葬品や埴輪でも、三角形のノコギリ歯状の模様が多く用いられます。この模様は魔除け、邪《よこしま》なものを防ぐ辟邪《へきじゃ》など、呪術的な意味をもつと考える人もいます。こうした実用以外の意味合いが、雪野山古墳のヤスにも込められた

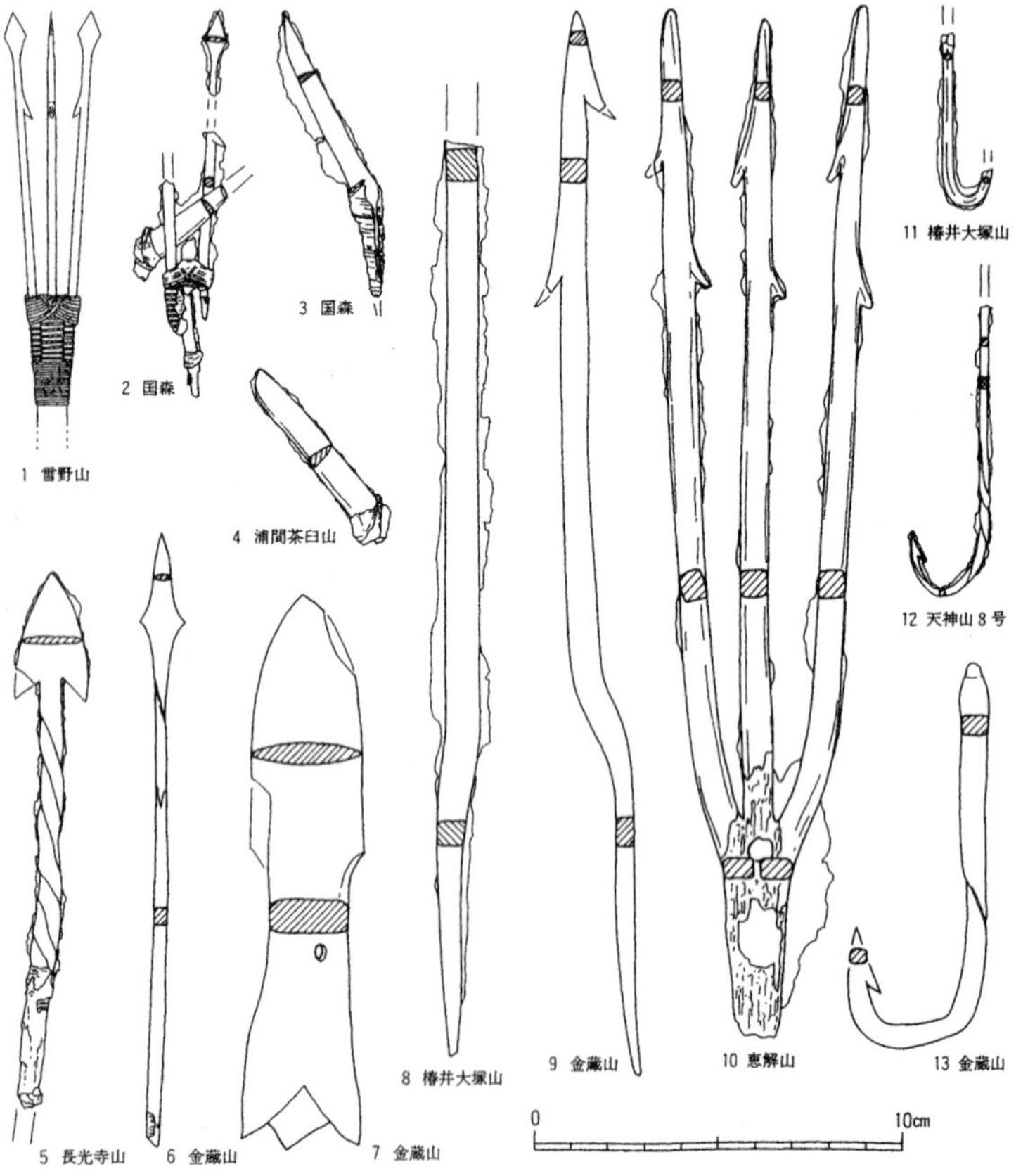

図１　漁撈具実測図（１は復元図 ５はその後の研究により鉄鏃と考えられている）
（１・２　小型複式１類ヤス、３・４　複式２類ヤス、５・６　小型単式ヤス、
７　大型単式銛、８・９・10　大型複式１類ヤス、11・12・13　釣り針）

のではないかと私は考えています。

3．農工漁具の納め方

さて、次に、農工漁具にどのような意味が込められて古墳に副葬されたのか、考えてみましょう。鏡、石製品、玉類など装飾品やおまじないに使うと考えられる物、武器、武具なら、葬られた人物が、それらを使っていた、または身につけていたと想像することも可能ですが、農工漁具はどうでしょう。大きな古墳に葬られる人物ですので、ある程度の地位があり、周辺の一帯を治めていた有力者だと思います。そうした人が、実際に農具や工具や漁具を日頃、使っていたのか、素朴な疑問がわきます。

これを考えるヒントは、農工漁具がどのように古墳に納められたか、ということにあると私は考えます。雪野山古墳以外の古墳も含め、分析してみましょう。農具と工具は同じように納められることが多く、漁具の納められ方が特徴的ですので、漁具の納められ方に着目したいと思います。

私が考えた分析方法は、棺の中や外に置かれた漁具のすぐそばに、何が納められているか、というものです。しかも、すぐそばに置かれただけでなく、出土状況までよく似ているケースがないか、という視点で分析しました。これらに着目したのは、出土状況がよく似ていれば、似たような扱われ方をしていたのではないか、すなわち古墳で行われた儀式、儀礼の中で同じような役割を果たした、果たすことを期待されたのではないか、あるいは、同じような思いを込めて納められたのではないか、と考えたからです。こうした仮説を立てて検討を行いました。

いろいろな事例を検討したところ、漁具のすぐそばに武器が納められている事例と、農工具が納められている事例が多く見られることがわかりました。このうち、武器については、平根《ひらね》系という特殊な形状の鏃《やじり》と一緒に納められるパターンが特に目立って多いことがわかりました。雪野山古墳もこのパターンに該当します。雪野山古墳のような、小型のヤスが平根系の銅鏃や鉄鏃と一緒に納められるパターンを、武器共伴型a類と私は呼んでおります（**図2**）。

　平根系の銅鏃や鉄鏃については、私の先輩で、雪野山古墳の発掘調査をされ、今は岡山大学の教授をされておられる松木武彦さんが詳細な研究を発表されており、武器、鏃の中でも特殊なものとされています。たとえば、有稜《ゆうりょう》系や細根《ほそね》系と呼ばれるその他の鏃と比べ、大型化したり、穴が開けられていたりなど、装飾性の強さが指摘されています。また、納められ方については、有稜系や細根系の鏃は同じ種類が大量に、整然と並んで出土することが一般的で、束ねられたり、矢筒に入れられたりして納められたと想定されるような状況を示します。これに対して平根系の鏃は同じ種類の物が少なく、ばらまかれたような状況で納められることもあります。

　この武器共伴型a類の特徴は、ヤスも平根系の鏃とよく似た出土状況を示すという点で、まるでばらまかれたように、

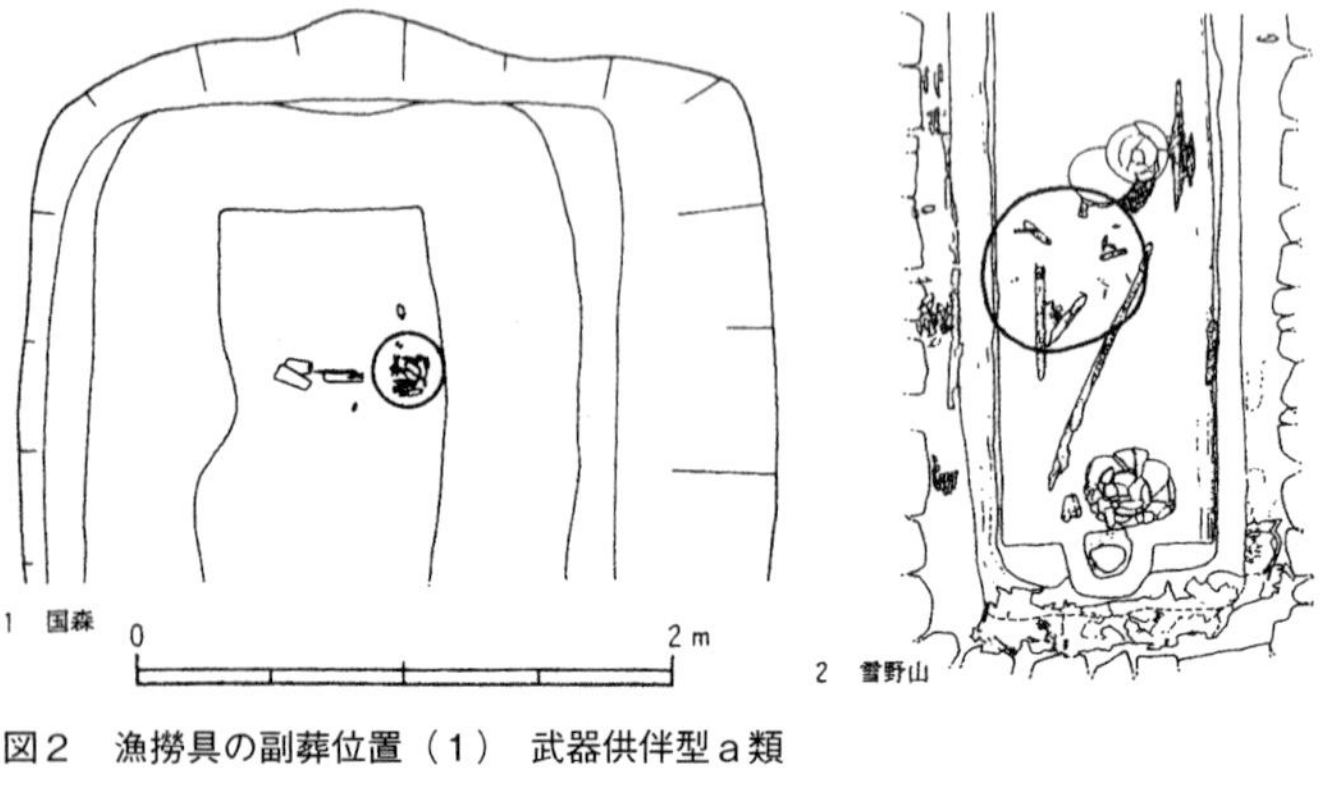

図2　漁撈具の副葬位置（1）　武器共伴型a類

ばらばらになって出土します。最近では、このパターンのヤスを、棺の蓋の上に置かれたのではないか、と考える人もおり、私もその可能性があると思います。こんな特徴的な出土状況が一致することから、武器共伴型ａ類の特殊性が際立ちます。

雪野山古墳の他にも、山口県の国森古墳では雪野山古墳のヤスとそっくりなヤスが、同じパターンで納められていました。同様に、雪野山古墳とよく似たヤスが、同じパターンで納められる事例が複数、認められます。注目すべきなのは、現在のところ、ヤスが副葬品として納められる一番古い事例である京都府の大風呂南一号墓、これは弥生時代後期の墳墓ですが、ここでも、鉄鏃の近くにヤスが納められていたことです。

次に、平根系鉄鏃以外の武器と一緒に入っているパターンです。これを武器共伴型ｂ類と呼んでいます（**図３**）。例えば大阪府紫金山古墳、実はこの古墳を私の分類でいうところの武器共伴型ａ類ではないか、といっている人もおり、微妙なところではありますが、ここでは仮に武器共伴型ｂ類の事例として扱います。このｂ類は、平根系の鏃以

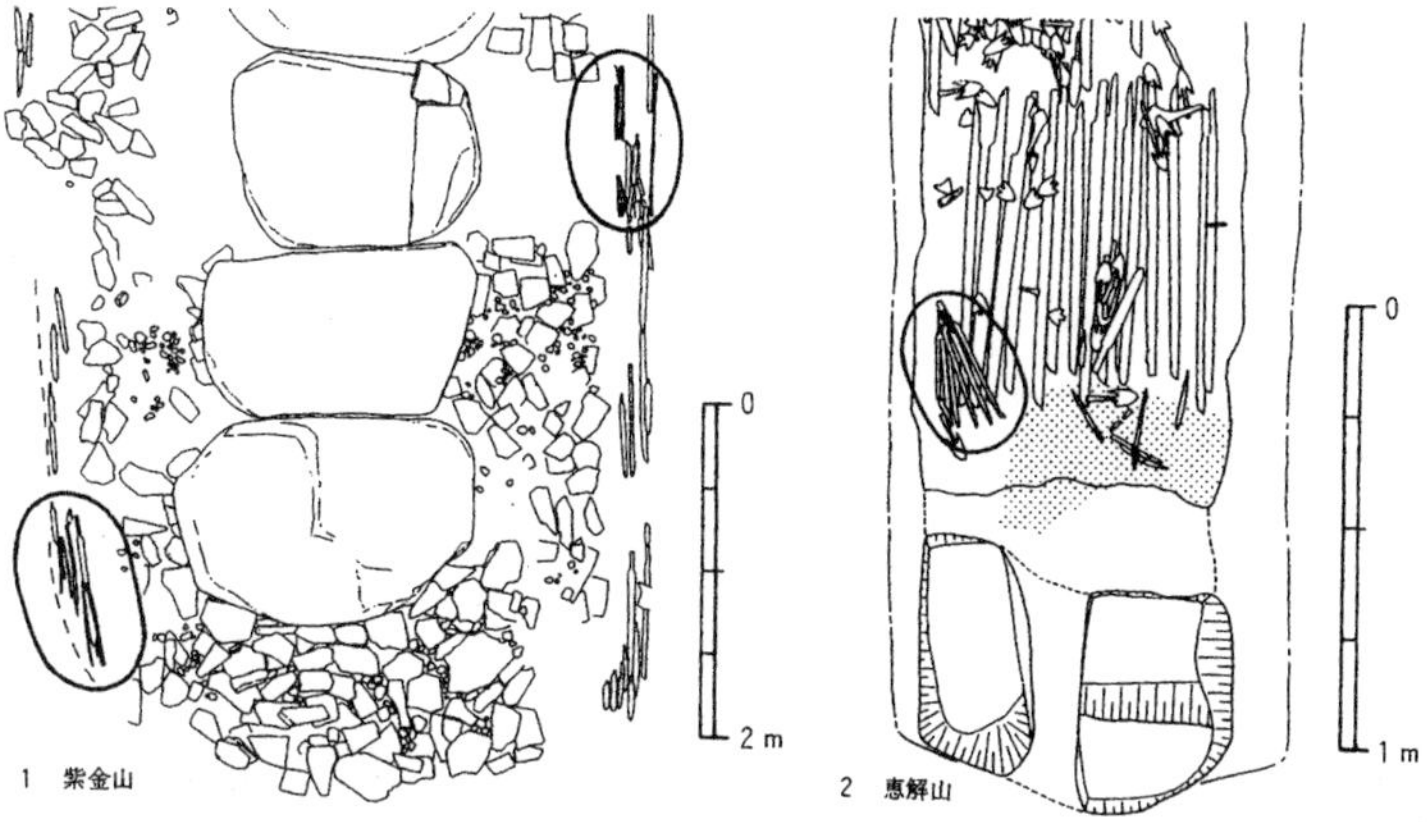

図３　漁撈具の副葬位置（２）　武器供伴型ｂ類

外の武器と一緒に納められている物で、大型のヤスの場合に多く見られます。そしてそのそばには、槍や長い刀など、長めの武器が納められる事例が多く認められます。

最後に、農工具のすぐそばに納められるパターンは農工具共伴型と呼んでいます（**図4**）。農工具も漁具も、もともとは生産をするための道具なので、本来は農工具と漁具がよく似た用途、役割を持っていた筈です。農工具と一緒に漁具が納められるのは、武器に比べると理解しやすいと思います。農工具共伴型の特徴は、あらゆる種類の漁具がみられることです（**図1**）。特に釣り針は、すべて農工具共伴型のパターンで納められます。ここまでの三つのパターンをまとめると、**表1**のようになります。

なお、実はその後の松木武彦さんの研究によれば、平根系の鏃は、武器ではなく狩猟用、あるいは狩猟用の鏃が変化したもの、とされておられます。私が漁具の研究をしたときには、松木さんの研究はまだ公表されていなかったの

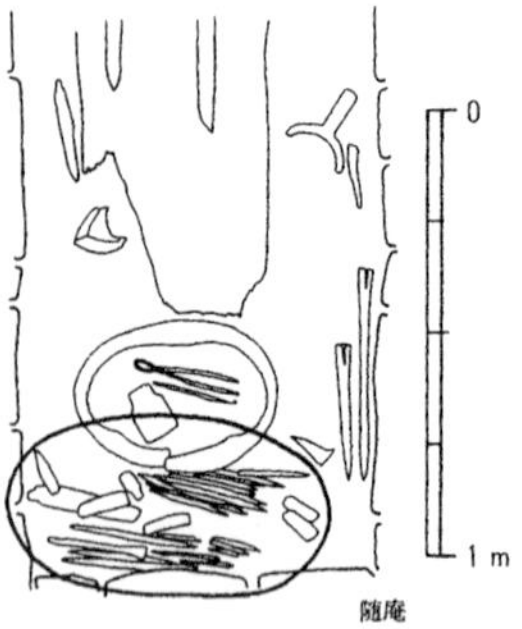

図4　漁撈具の副葬位置（3）
農工具供伴型

表1　分類の指標

類　型	漁　撈　具	供伴遺物	副葬状態	副葬位置	代　表　例
武器 供伴型 a 類	小型複式１類ヤス 複式２類ヤス 小型単式ヤス	平根系鉄鏃	柄を折り取って納める	棺内	国分尼塚１号墳、雪野山古墳、石山古墳東槨、弘住３号墳、国森古墳、長光寺山古墳
武器 供伴型 b 類	大型複式１類ヤス 大型複式１類銛	武器 （平根系鉄鏃を除く）	柄をそのまま納める	棺外	紫金山古墳、椿井大塚山古墳、恵解山古墳、鞍塚古墳
農工具 供伴型	各種刺突漁撈具 釣り針	農工具	柄を折り取って納める場合が多く見られる	棺外	椿井大塚山古墳、庵寺山古墳、随庵古墳

ですが、平根系の鏃が武器ではなく狩猟用、ということになれば、漁具も魚という獲物を採る道具ですから、この平根系の鏃とともに納められる武器共伴型a類は、農工具共伴型以上に漁具の本来の用途と共通していることになります。

4．副葬品にこめられた意味

さて、漁具の納められ方はこのように分類することができますが、それぞれの納められ方にどんな意味があるのか、何を表しているのか、考えてみましょう。

農工漁具に限らず一般的に、古墳の副葬品はいったい何を表しているのでしょうか。以前は、たとえば、おまじないに使う道具が多く副葬されていると、この人は祭祀や呪術を行った人とか、武器や武具が大量に副葬されると、武人、戦士としての性格、生前の役割を持っていた人達ではないか、というように、副葬品が葬られた人物の性格、生前に果たしていた役割などを、直接的に近い形で表しているのではないか、という解釈が多く見られました。先ほども申し上げましたが、これでは、農工漁具をどう解釈するのかが問題になります。

この一〇年か一五年ぐらいは、こうした解釈が変わってきています。この新しい解釈は、副葬品は葬送の儀礼の道具なので、儀礼というフィルターを通して解釈しなければならない、つまり、副葬品が直接的に葬られた人物について表しているとは限らない、というものです

確かに、古墳には明らかに実用的でない、実際に使えない物が、副葬されるケースが見られます。たとえば、雪野山古墳に副葬されていた、貝製の腕輪を石で模した物もそうです。このほか鉄製の刀では、

刃が付いていなかったり薄すぎたりして、とうてい使えない物、農工具では、実用品のミニチュア版と考えられるものなどが副葬されることがあります。

また、雪野山古墳のヤスは、実用性を離れた装飾性も重視された可能性を指摘しましたが、武器、武具などでも、実用を離れた装飾性、呪術的な装飾が追求された、とする研究があります。

最も極端にいえば、副葬品とは単なるお葬式の道具に過ぎず、葬られた人物とは何も関係がない、その人物が何をしていたのか、その役割などは全く反映していない、という解釈すらできないわけではないのです。

それでは、副葬品は葬られた人物と全く関係ないといえるだろうか、というのが、私の発想です。お葬式の道具にすぎないかもしれませんが、いろんな種類がある中で、特定の副葬品が選択されて納められたわけですから、その選択が葬られた人物と無関係ということはなかろう、何らかの関係があるだろうと私は考えます。

では、具体的にどの副葬品が何を表しているのかというのは、非常に難しい問題です。たとえば、葬られた人物の性別、出身地などを示すものもあったかもしれませんし、生前の役割や立場を示すものもあったのかもしれません。しかし、武器が納められたら武人、というような直接的なことではなく、やはり、儀礼というフィルターをかけて考える必要があります。しかし、そうしても、やはり武器が儀礼の中で選択された、ということから、葬られた人は、何らかの形で武器を用いた儀礼を行うべきだ、行わなければならない、と儀礼を行う人や参列する人に思われた人物、あるいは生前にその儀礼を希望した人物、と考えるのが適切ではないかと考えます。

それでは、農工漁具がなぜ、どのような意味を込めて副葬されるのでしょう。特に漁具の副葬は何を表しているのでしょうか。

これまでの解釈としては、漁具を使っていた人達は日頃から船に乗っていた人だから、魚を捕る以外に、海上交通や交易、時には朝鮮半島など遠距離交易も行っていたとも考えられます。そこで、漁具が副葬された古墳では、海上交通に関わる祭祀や、海上交通ルートを把握していたという事を象徴するような儀礼が行われたのではないかと考える人もいました。

私は、漁具の納められ方には、武器と一緒に副葬されるパターンと、農工具と一緒に副葬されるパターンがあるので、それは分けて解釈すべき、と考えています。漁具は海や川などで魚を捕るために使用されますので、海や川における活動と関係があるだろう、と考えました。海や川における活動にはさまざまなものがあります。たとえば生産活動、魚を捕る活動があります。農工具と一緒に納められるパターンは、海や川などでの生産活動を象徴するような儀礼が行われたのではないか、と考えました。武器と一緒に納められた漁具については、武器とつながりがあるような海や川での活動、水上での軍事活動や軍事力などを象徴する儀礼が行われたのではないかと考えました。水上の軍事力には、海上交通や外交に関する権力なども含まれるかもしれません。農工具や武器とともに納められた漁具、あるいは漁具を用いた儀礼には、こうした意味合いが込められていたのではないか、というのが私の考えです。

5. 最近の研究から

私が以前に発表した考えはこのようなものでした。しかし、先ほど申しましたとおり、松木武彦さんの研究によれば、平根系の鏃は狩猟用の可能性が指摘されていますので、武器共伴型a類は、解釈を改める必要があるだろうと考えています。

私がこうした考えを発表してから、もう一〇年以上たっていますので、その後、いろいろな研究が行われています。たとえば魚津知克さんは、漁具の副葬について、「漁労の行為と、狩猟の行為を周囲にわかりやすい形で演じて、山野河海の支配を示す」という興味深い解釈をされています。

こうした研究を受け、最近、私が考えていること、今後まとめたいと思っている方向性を少しお話しします。

古墳時代の漁具のうち、ヤスやモリなど、突き刺して魚を捕る刺突漁具に注目すると、その形状にはさまざまな系譜があります。たとえば縄文時代や弥生時代以来の木製や骨角製のヤスの系譜を引くと考えられるものがあります。朝鮮半島で四世紀から五世紀の古墳に副葬される鉄製のモリやヤスは、複数の刺突部を平面的に組み合わせたフォーク型をしており、平面的に組み合わせるヤスは朝鮮半島の系譜を引く可能性があります。それぞれの系譜ごとに、副葬される意味合いに違いがあるのではないか、と考えています。

次に、副葬パターンの系譜にも注目すべきものがあります。漁具の副葬自体は、弥生時代の九州、福岡県に見られるものが最も古い事例です。ただし、弥生時代の福岡県の事例では、副葬されるのは釣り針です。釣り針は、先ほどお話ししたとおり、すべて農工具共伴型で納められます。漁具の本来の機能からすれば、農工具共伴型はよほど違和感がないのですが、漁具の副葬においては、釣り針は特殊なあり方を示しているといえます。

一方、モリやヤスなどの刺突漁具を副葬する最も古い事例は、先ほど紹介しました弥生時代後期の大風呂南一号墓です。京都府の丹後地方が、現状では最も古い事例となります。古墳時代に入ると、刺突漁具を副葬する古墳が畿内から瀬戸内にかけて一気に出現します。しかも、古墳時代前期には、非常に特徴的なあり方を示す武器共伴型a類が、数多く見られるようになります。いまのところ、武器共伴型a類は丹後、日本海側の影響を受けて成立した可能性が高いと私は考えています。また、古墳時代中期には、形状だけでなく納め方も、朝鮮半島の系譜を引くものが現れます。

古墳時代に入ると、九州に源流を持つ釣り針の副葬も、畿内をはじめ、いくつかの地域の古墳で認められるようになります。しかし、武器共伴型a類と比べると、目立ったあり方を示しません。こうした漁具の副葬パターンの系譜や源流とその後の展開に、弥生時代から古墳時代にかけての社会・政治情勢の一端が現れているのではないか、と最近考えています。

6. 文化財としての雪野山古墳

最後に、文化財としての雪野山古墳についてお話ししたいと思います。

まず、文化財とは何でしょうか、というところから始めましょう。文化財には、法律上の定義や規定があって、いろいろ難しいことが書かれていますが、もう少し柔らかくお話ししてみます。

皆さんは、竜王町やその周辺にお住まいの方が多いと思いますが、皆さんそれぞれにとって大事なもの、大事にしていきたいものがあるかと思います。一人一人、個人のレベルでいうと、たとえば、家族や仲間など大切な人との思い出とか、思い出の詰まった場所・土地とか、その時の風景・景色とかがあるかと思います。ちょっと想像してみてください。思い出の場所もあるでしょうし、思い出の詰まったものもあると思います。

では次に、地域にとって大切にしていくべき物や場所は何でしょうか。地域の宝として、次の世代にもしっかりと守り伝えていかなければならないと思う重要な物や場所、これらが文化財につながっていくのであろうと思います。そしてこうした物や場所を大切に守り伝えると同時に、これらをうまく使って、利用して、みんなで楽しみましょう、というのが、文化財の保護、保存と活用です。

竜王町やその周辺でもさまざまな文化財があります。雪野山古墳も貴重な文化財ですし、この会場のすぐ隣にある苗村《なむら》神社も、非常に立派な神社です。私も先ほどお参りしてきましたが、国宝の本殿や、国の重要文化財に指定されている建物がたくさんあります。そういった地域を代表するもの、地域を形作る上で欠かせない物、パーツがたくさんあると思います。国宝や重要文化財に限らず、もっと身近な物もあります。道の傍らにずっと残って大事にされているお地蔵様や古くから残る大木なども、地域を形作る上で重要な物だと思います。そういった物が文化財と呼べるのではないかと思います。

図５　ハイキングで親しまれている雪野山

私が強調したいのは、文化財は、学術上重要で、貴重な資料、研究材料になるのですが、決して学者さんが研究するためだけにあるのではない、ということです。みんなの宝であってこそ、地域に根ざし、地域のための存在であってこその文化財だと思います。文化財はみんなの物である、という意識を持って考えていただくと、文化財が身近な物になると思います。

さて、学術的な価値ということで申しますと、雪野山古墳の副葬品は、非常に価値が高いことから、国の重要文化財になっています。古墳については、史跡や特別史跡に指定するという仕組みがありますが、今のところ、雪野山古墳はこれらに指定されていません。㊟

では、雪野山古墳の学術的価値は高くないのか、というと、そんなことはありません。皆さんも、雪野山古墳についていろいろとお話を聞いておられるでしょうから、その価値が高いことはおわかりいただいていると思います。この古墳は、竜王町や周辺の、あるいは近江の歴史や文化を考える上でも、この日本全体の古墳時代を考える上でも重要な物だろうと思います。文化財としての指定については、地元の教育委員会が、いろいろな取り組みをされておられるとお聞きをしております。これまで国の史跡に指定されている古墳と比較しても、雪野山古墳は決して遜色ない内容を持っていると思います。

こうした学術的価値をもつ雪野山古墳を、学術の世界だけではなく、この地域の、みんなの宝、財産だという意識を持っていただくことが、これからのこの古墳にとって大事なことです。

皆さん、この竜王町のどういった物や場所が財産とお考えでしょうか。皆さん、ちょっと想像してみてください。たとえば竜王町にお客さんが来て、竜王町の中を案内しようと思った時、どこに連れて行きますか。そういうとき、地域にとって大切な物や場所、地域を形作る欠かせないパーツが候補になると思います。

私が竜王町のホームページを拝見したところ、この町にもいろいろな物や場所がありますね。最近、道の駅のマスコットキャラクターができたそうです。近江牛と牛若丸を合わせたもので、この町の住民票を持っているそうです。この町には義経元服《げんぷく》伝説があってこれを素材に、道の駅で元服式をやっておられると聞きました。なかなか面白いなあと思います。地域が持っている歴史、ずっと歩んできた成り立ちを素材にして、今に生かしていこうという、面白い取り組みだと思います。

このほか、雪野山古墳の麓に妹背《いもせ》の里という公園がありますね。皆さんご存じの方も多いと思いますが、万葉集の「あかねさす紫野ゆき標野《しめの》ゆき野守《のもり》は見ずや君が袖振る」という歌の舞台である蒲生野《がもうの》を素材にして広場に整備し、みんなで活用できるようにされています。先ほどお参りしてきた苗村神社では、この地域に古くから伝わる日置吉田流という弓術を身につけておられる方が、流鏑馬《やぶさめ》をやるそうですね。こうした地域の歴史文化、地域がこれまで歩んできた歴史を生かして、今も私たちの暮らしの中に息づいている物があると思います。

そして雪野山古墳は、地元の人たちにハイキングコースとして大変親しまれているとお聞きしました。このように地域を形作る物、これまで大切に守られ、いま使われている物や場所がたくさんある。これが地域の財産になっていると思います。雪野山古墳も、そういう素材の大きな一つになるのではないかと思います。

そのためには、まず地域の人が、一つ一つの文化財を楽しんでいただければと思います。地元の人が親しんで、楽しんでいただくというのが第一であろうと思います。まず、地域の人が楽しいと思えば、それが地域の魅力につながっていきます。あそこに行くと何か面白そうな物や場所があるよ、ということになってくると、今度は、外から人が集まって来るようになります。だんだん人が集まって来ると、そこに活気が生まれます。間接的には、経済的効果も生み出していくかもしれません。

そういった意味で、地域の魅力、ブランド力、地域の個性を形作る素材、大きな起爆剤が、地域の文化や文化財の中に眠っていると思います。考古学的にも貴重な雪野山古墳ですが、ぜひとも、みんなで大切な宝だと思って楽しんでいただきたい。それによって、この雪野山古墳が今、現代社会の中で生きて、地域を活性化する素材になっていくと思います。雪野山古墳に現代的な役割を与えていただけると、この雪野山古墳としても大変幸せだろうと思いますし、私が強く願っているところです。

時間オーバーしてしまいましたが、本日の私の話は、以上で終わりたいと思います。ありがとうございました。

㊟　二〇一三年（平成二五年）、国の文化審議会は文部科学大臣に対して、雪野山古墳は国の史跡に指定することがふさわしい、という答申を行いました。まもなく、正式に国の史跡に指定されると思います。これまでの関係者の方々のご尽力に深く敬意を表するとともに、心よりお祝い申し上げます。

七、琵琶湖地域の中の雪野山古墳

滋賀県文化財保護協会
細《ほそ》川《かわ》修《しゅう》平《へい》（二〇一一年十一月十三日）

はじめに

ただいま紹介していただきました滋賀県文化財保護協会の細川修平と申します。今日は竜王町にあります雪野山古墳についてお話しします。「雪野山講座」として過去三年間連続して講座をされていますが、その一つに加えていただきました。雪野山古墳を発掘調査されたのが、平成元年頃だったと思いますが、それは、私がまだ滋賀県教育委員会の文化財保護課に勤めて間もない頃でした。

滋賀県の文化財技師として勤める前には、大学で考古学の勉強をしていましたが、その頃から古墳が好きで、大学院で勉強したいなと思って、大学の先生に相談したところ、「前期古墳を掘ることなんかないよ」、「大学院に残っても古墳を掘ることなんかないから、行政に勤めていた方が勉強になるよ」と言われました。「大学院には来るな」と言われたようなわけで、仕方なくではありませんが、県庁や協会で仕事をすることになりました。すると、「大阪大学が雪野山で古墳を掘っているらしい」という噂を聞きました。だまされたとも思いつつ、行政という立場の中で、その雪野山古墳の調査にかかわることとなった次第です。大阪大学の先生を捕まえて、まだ大学出て間もない職員が、いろいろと行政としての意見や注文を言わせていただくということになったのです。

当時、都出比呂志《つでひろし》先生が発掘調査の指揮を執っておられましたが、先生はそんな若造の話にも耳を傾け、その上で、親しく指導をしてくださいました。今でも冷や汗ものです。

また、先ほど紹介していただきましたが、現在は東近江市の旧蒲生《がもう》町で発掘調査を行っています。そこからは、毎日、雪野山古墳を眺めています。雪野山古墳の時代の遺物も多く出土しています。後からお話ししますが、雪野山古墳からは三枚の三角縁神獣鏡《さんかくぶちしんじゅうきょう》が出土しています。あと一枚ぐらいは山の裾に落ちていないかなと、毎日それを楽しみに掘っていますが、今のところ出てきていません。それはともかく、今掘っている蛭子田《えびすだ》遺跡と雪野山古墳の関係の解明も、重要な課題となっています。そんな思いもお話しできればと思っています。

1.「古墳」とは何だろう

今日の話は、三世紀から四世紀頃の滋賀県・琵琶湖地域のお話ですが、その前に、古墳時代とはいったい何だろうかと、確認しておきたいと思います。

古墳時代は、三世紀中頃から始まって七世紀中頃位までの四〇〇年間、これを古墳時代と呼んでいますが、研究者の中では、一般的に、前方後円墳が造られた時代ともいっております。しかし、ここには一つの落とし穴があります。前方後円墳というものに限ってしまえば、造っているのは三世紀中頃に始まり、六世紀終わりから七世紀初頭には造らなくなります。したがって、七世紀前半から中頃までの「その後の古墳時代・五〇〇年間はどうなるの?」という疑問・問題が湧いてきます。

さて、「前方後円墳」といえば、例えば、大阪の仁徳天皇陵古墳・大山古墳が思い浮かびますが、見てのとおり四角と円形が組み重なった形です。これが「前方後円墳」の基本です。しかし、前方後円墳はその形の古墳だけを意味するものではないです。「墳墓概念」という、ややこしい言葉にでもなるのでしょうが、古墳時代のお墓を総称して前方後円墳と考えています。古墳の中には、前方後円墳の他にも円墳ですとか方墳、また滋賀県では前方後方墳が重要な意味を持ってきますが、いろんな形の古墳があります。これらは当然、前方後円形ではありません。しかし、円墳も方墳も前方後円墳の影響を受けたお墓であることが明らかにされています。そうしたことから、これらの古墳についても「前方後円墳」の中で理解しようという訳です。正確にいえば、「古墳時代とは、前方後円墳に代表され、その影響を受けたいろいろな形の古墳を造った時代」になるかと思います。

では、前方後円墳・古墳というものは、どのようなものなのでしょうか。前方後円墳はよく、「王様のお墓」「王墓」といわれます。先程の大山古墳、墳丘だけで四八六mと、とてつもない規模です。これはもう「大王の墓」、「大王墓」に間違いないといえるでしょう。しかし、前方後円墳に限っても全国で約五二〇〇基あります。古墳全体、先ほどの円墳とか方墳を含めれば、正確に数えたことはありませんが、おそらく数万を超える数になると思います。また、前方後円墳は、北は岩手県の角塚古墳、南は、宮崎県、鹿児島県まで分布しています。全国で五二〇〇基あって日本列島の多くの地域にあるのであれば、「それは本当に王様の墓だろうか」という疑問が素直に湧いてくるのです。四〇〇年間で五二〇〇基の前方後円墳を造ったとすると、一年間で十数基造った計算になります。一年間に王様が十数人も死んだら、大変なことですよね。この数から見ても、全てを同じような「日本の王墓」と考えることは誤りと理解できるでしょう。結論から申しますと、日本の各地に、それぞれの「王」がおり、それらには、いろいろなレベルがありました。仁徳天皇陵のように巨大な権力を持った「王」から、村の村長さん程度の人でも、「王」と名乗ることができれば、前方後円墳を造れるというわけです。そして、同じ形の墓を造るということで、強い仲間意識で結ばれていたことが大変重要になってくるのです。

現在の国連・国際社会を思っていただければ、理解できるでしょうか。アメリカ大統領も国連の場では、基本的には一票しか持たないし、最近独立を果した南スーダンも、この国では大統領は居なくて、何とか協議会の議長が国の代表ですけど、その人も同じ一票持っているのです。これと同じような考え方で、アメリカのように巨大な権力・影響力を持っている王も前方後円墳を造る、一方、今独立したばかりの非常に小さい国の王も前方後円墳を造る。しかし、権力が大きく世界に影響を与えるアメリカの国務長官は、前方後円墳は造れない、円墳や方墳にならざるを得ない。そうした仕組みが前方後円墳の仕組みになってくるかと思います。また、各地に「王」がたくさんいる中で、それを一番巨大な権力を持った「大王」といわれる人物が治めるという考えもあります。これは江戸時代の幕藩体制、各地にいろんな藩が多くあって、徳川幕府その中央でそれらを支配する。そうした体制と前方後円墳の仕組みは近いと考える方もおられます。いずれも極端な考え方ですが、古墳時代のイメージとして聞いていただければと思います。

ところで、前方後円墳というのは、今言いましたように四〇〇mを超える大きなものから、小さなものは僕が見た限りでは一六mの前方後円墳があったと記憶がありますが、それぐらい大きな規模の差があります。ちなみに二〇〇m以上は三五基、一〇〇m以上は三〇三基です。滋賀県で一番大きい前方後円墳は安土にあります。一三六mの安土瓢箪山古墳で、安土城の近くにあります。一〇〇m以上は三〇三基なので、一三六mは二〇〇〜二五〇番目の規模になるかと思います。ちなみに、一〇〇m以上の前方後円墳は滋賀県には三基しかありません。

さて、規模・大きさに大きな差があることは、その規模が、地位とか身分などを表現していると、理解することができそうです。アメリカ大統領は四八六mの古墳を造って、最近独立したばかり国の元首は十数mかもしれない。そういった力の差、影響力の差を古墳の規模の差で示しています。さらに、最初にお話しした円墳や方墳などのいろんな形の墓というのも、おそらく仕事や身分とかの違いが関係すると考えられます。したがって、その古墳を見れば、ここに葬られた人はどのような立場でどういった人なのか、当時の人は理解できたと思いますし、それこそが前方後円墳の仕組みになるかと思います。そして、そういった地位・格式を表現する古墳を造ることによって時代を運営していた時代こそが、古墳時代なのです。

さらに地位・格式を表現する話が続きますが、古墳の中に副葬品を入れますが、副葬品も地位などを表現しています。王様だからいろいろと自分の持ち物を入れることは当然ですが、それ以外にも周りの人々がこの地位に相応しい物を入れることも多く行われました。例えば、三角縁神獣鏡は中国に認めてもらった倭国の一員であることを示す物だと思いますし、甲冑は当時の軍事編成の中での立場や身分を表すともいわれています。

このように、規模、形、古墳に納める物、そういった種々のことがらを複雑に組み合わせて社会の構造を示しているのが「前方後円墳」です。世界的にみても、これだけ墓に重み・意味をもたせているのは他にはありません。世界に誇るべき、古代日本が生み出した社会編成システムこそが、前方後円墳といえるでしょう。

ところで、各地に王が居住し連合していた、ある意味で封建社会的な時代と話しましたが、実はそうではない側面もあります。二〇〇m以上の前方後円墳は三五基といいましたが、そのうち三二基は畿内、中でも大和・河内・和泉に集中しています。圧倒的にこの地域が優位にたっています。また、鉄器とか三角縁神獣鏡の出土も畿内が圧倒的に多いです。三角縁神獣鏡は四八六枚強が日本から出土していますが、そのうち畿内ではおそらく二〇〇枚以上が出土しており、黒塚古墳では、この中の三三面が出土したのです。圧倒的に畿内が豊富だといえるのです。大阪府にある五世紀の西墓山古墳では、大量の鉄器が納められていました。「どれだけ鉄を墓に入れたら気が済むんだ」というぐらいです。同じく、大阪の野中古墳、ここでは、一人の持ち物とは思えない、三つも四つもの甲冑が見つかっています。

すなわち、古墳の規模だけでなく、副葬品においても、圧倒的な物量が畿内に存在しているのです。そして、この甲冑や鏡などの在り方や形式を細かく調べていくと、近畿地方、特に畿内に集まった物資を各地に配るという方式を取っていることも明らかになっているのです。

前方後円墳という同じ形の墳墓を造ることで、あるいは、同じような種類の副葬品を納めることで、強い「仲間意識」を形成することができますが、反面、同じ形、同じ副葬品であるが故に、同時に、隠しきれない規模の差、数量の差がより鮮明になるのです。同じ形の墳墓を造ることで「仲良くやっていこう」という平和的な社会が想像できますが、その一方で、圧倒的に畿内が有利に立って物資を支配し、分配している。絶対的な権力と経済力が集中する側面もあるのです。絶対王政、中央集権的という言葉も使われますが、こうした体制も古墳時代の真実なのです。古墳時代は、そうした相反する二つの側面・方向性を持っていた時代だったのです。

少し余談ですが、なぜ、ここまで古墳、墓にこだわったのでしょうか。今なら、王が死ねば、その王の子が後を継ぐことになるでしょう。しかし、古墳時代はそうではなかった可能性があります。少なくとも世襲という考え方は、古墳時代には成立していません。王になるべき家系・家族などは決まっていたでしょうが、その中で誰が後を継ぐのか、簡単ではなかったようです。あるいは、血縁関係がなくても次の大王に就けた可能性すら考えられます。だからこそ、その地位が重要になるのです。古墳・墓などの前任の王の死を意味する場所において、その地位を継承することを確認する。ここに古墳の重要な意味の一つがあると考えています。

2.「琵琶湖・琵琶湖地域」とは

次に、琵琶湖地域の中の雪野山古墳を考えるための、二番目の前提に移ります。滋賀県でお話をしているのに、「琵琶湖とは」など、もはや皆さんご存知かと思いますが、今一度、日本列島の地図を見てください。すぐわかると思いますが、琵琶湖こそ日本列島の中心だということが明らかだと思います。かつて、いろいろなことでの日本の中心捜しが流行りました。人口ならここが中心、面積ならここ、海を入れれば等々、いろいろありましたが、ぱっと地図を見れば、琵琶湖こそが日本の中心でいいだろうと直感的に感じます。琵琶湖に指を差してクルクルと回したら綺麗にバランス良くいけそうだなという感じの、日本列島の真ん中にあるのは確かだと思います。また、真ん中にあるだけではなく、細長い日本列島の真ん中にあるので必然そうなるのですが、大阪湾と伊勢湾、若狭湾の三つの湾に囲まれて、ちょうど日本列島が最も細くなった所に琵琶湖が位置しています。だから東西に伸びる日本列島を東西に移動する時に、必ず琵琶湖を通る、そうした意味でも中心といえるでしょう。

また、現代の人はピンとこないかもしれませんが、古墳時代や弥生時代などの歴史を考える時は、中国や朝鮮半島から文化が入ってきます。すなわち、圧倒的に日本海側が表日本・玄関口になります。しかし、平野の分布とか米の取りやすい場所、気象条件などを考えると、太平洋側の方が有利で、より多くの人口を持っています。その構図は古墳時代もあまり変わらないと思います。そして、この圧倒的に文化が入ってくる所と、人が住んでいる所を結ぶ場合、どこが一番便利なのか、琵琶湖が一番近いのです。日本海側と太平洋側を結ぶ時に、琵琶湖が一番近いルートであることは重要な特徴になるのです。

さて、滋賀県は「路《みち》の国」ともいわれます。その名のとおり非常に多くの「路」が発達しています。日本列島の東西を結ぶ路や南北の交通路などです。滋賀県の「路の文化」の面白い所は、こうした道が通過するだけではなく、道を通じて、滋賀県に多くの文化が流入しているところです。例えば、中世の食器の文化を見れば、湖東や湖北の人々は、尾張とか美濃から食器を持ってきます。また、日野や甲賀では大和の方を向いており、そこから食器を持って来ているのか、その食器の作り方を採用しているのか。いずれにしろ、大和と同じ食器の文化を造ります。また、大津とか高島の湖西地域は、京都と同じ食器文化を育てています。

このように琵琶湖地域というのは、琵琶湖を中心にした文化を形成するのではなく、それぞれの交通路で結ばれる外の地域と同じ文化、類似する文化を、それぞれの地域ごとに形成するという特徴があります。だから、滋賀県は面積的には四〇〇〇㎢ちょっとで、真ん中に琵琶湖があって有効な土地は狭い県ですが、その中で非常に多様な文化を持っているのです。その多様な文化が、琵琶湖を介在して共存している。多様な文化が結びつくことによって滋賀県が、琵琶湖が繁栄しているのです。こうした琵琶湖の役割・性格こそが、歴史を考えるうえで非常に大切で、今日お話しする雪野山古墳の時代にも決して無視できない前提となるのです。

3. 弥生時代の琵琶湖地域

さて、ここで質問です。邪馬台国はどこにあったと思われますか？「邪馬台国大和説」が多いようですね。「九州説」もおられますね。最近流行っている「近江説」は？

このように、邪馬台国にはいろいろな研究や考え方がありますが、例えば邪馬台国大和説の場合、邪馬台国と争った句奴国《くなこく》は伊勢湾地域、尾張を中心とした地域に求めることが一般的だと思います。さて、少し目を広げて、邪馬台国と句奴国が戦争をしたら、どこで戦争することになるでしょうか。ちょうどその中間にある滋賀県、琵琶湖の周辺が戦場になるのではと、思えてきます。一つの例ですが、邪馬台国の歴史を考える場合、このような点から滋賀県の遺跡の動向は大変重要になってくるのです。

これは、邪馬台国大和説でなくても、前方後円墳を造りだしたのは大和盆地であることは明らかなことですし、その当時の伊勢湾地域が、関東や東北に物資や情報を流すため、重要な地域だったことも確かです。したがって、その二つの重要な地域の関係を取り持つ琵琶湖地域の研究は、個別の地域ではなく、両者を取り持つ大切な意味を持っているのです。単純にいえば、琵琶湖地域の古墳を研究することは、「ヤマト朝廷」の東国政策そのものを研究することになってくるのです。こうした琵琶湖の位置づけ、性格は今日の話のみならず、歴史全体を考える場合にも大切です。ぜひ参考に覚えておいてください。

いよいよ本題に入っていきたいと思います。琵琶湖地域というのは、古墳を造る直前にはどのような地域だったか、弥生時代の琵琶湖地域の概要です。

先程の「邪馬台国近江説」の人たちは、邪馬台国こそは伊勢遺跡と考えておられるのではないでしょうか。滋賀県を代表する弥生時代の終わり頃の遺跡、集落跡です。よくいわれるように大型の神殿が円形に並んで建っていたかについては、もう少し議論する必要があると思いますが、大型の神殿を同時に複数棟建てていたことは確かです。数年前に、奈良県の纏向《まきむく》遺跡で非常に大きな建物跡が見つかり、「卑弥呼の宮殿が見つかった」と騒がれました。非常に大きな建物で、今でいえば、普通の家と比べて東京ドームとか、それぐらいの差のある建物と表現してよいと思います。伊勢遺跡では、ここまで大きな建物ではありませんが、神殿とすれば破格、普通の家と比べたら「体育館クラス」の建物といえばよいのでしょう。そんな大きな建物を、いくつか建てているわけです。巨大な建物を複数棟建て、権威を示している、伊勢遺跡は、非常な権力の持ち主が居住する遺跡であることは疑いありません。琵琶湖周辺の弥生時代の終わり頃には、そうした強力な権力を持ち得た「王」が住まう集落が成立していた。そんな時代であったことが確認できるかと思います。

滋賀県の弥生時代を代表するものとして、もう一つ、銅鐸があります。三〇年ほど前になりますが、出雲地方でたくさんの銅鐸が見つかって、滋賀県は出土数日本一の座から滑り落ちてしまいました。しかし、それでも日本一大きな銅鐸が出土しているのは滋賀県です。これは大岩山、野洲《やす》の裏山から出土しています。実は日本一小さい銅鐸も滋賀県から出ています。それはともかく、琵琶湖地域は豊かな銅鐸の文化をもっている地域なのです。さらに、弥生時代終わり頃の銅鐸の文化を詳しく見ますと、銅鐸には二つの流れがあります。一つは近畿地方を中心にする近畿式銅鐸。もう一個は尾張地域から三河地域を中心に三遠式銅鐸と呼んでいる銅鐸です。そして、この両者の銅鐸がともに見つかるのはどこかといいますと、名古屋にもありますが、琵琶湖地域こそが、この両方の銅鐸が出土し、二つの文化が交流する地域となっているのです。まさに、先ほど述べた滋賀県の文化の特徴を表しているといえるでしょう。弥生時代後期の琵琶湖地域は、この銅鐸の二つの文化の交わりにとどまらないで、この二つの銅鐸を上手く組み合わせて、新たな銅鐸を生み出した状況があります。先ほどの日本一大きな銅鐸がこれに該当します。詳しい分類の話は省略しますが、琵琶湖式銅鐸と呼んでもよい、新しい様相を生み出しました。これは、続く古墳時代を考えるうえでも、決して無視できない地域の特徴・エネルギーを示していると思います。

さらに、古墳につながる弥生時代のお墓についても見ておきましょう。弥生時代の終わり頃、墳墓も活発に造るようになります。弥生時代の墳墓の中で古墳に繋がってくる、重要なものの一つとして前方後方形周溝墓があります、その名のとおり、前も後ろも四角くて、周りに溝を掘った墳墓です。この前方後方形周溝墓については尾張に源流があり、そこで発達するという説があります。しかし、滋賀県においてもたくさん見つかっており、特にこの湖東地域から野洲川流域では、尾張と並ぶ地域なのです。野洲川流域から湖東にかけての地域も、前方後方形周溝墓の重要な故郷、発信地、発展地と考えなくてはならないのです。

一方、米原から長浜近辺では、前方後方形周溝墓もありますが、丸く溝を巡らせたやや大きい墳丘墓を見ることができます。米原市の西円寺遺跡、長浜市の鴨田遺跡、五村《ごむら》遺跡です。これは円形周溝墓と呼ばれ、瀬戸内沿岸の岡山県の南部から兵庫県の西部方面、その辺りで発達した墳墓です。それが、なぜかこの米原・長浜地域でまとまって造られています。

その北の方、湖北北部地域は、弥生時代の墳墓の様子がよく分かっておりませんが、続く時代から考えれば、前方後方形周溝墓を発達させていたであろうことは、容易に想像ができる状況です。

去年の発掘調査で明らかになった大津市の宇佐山遺跡、近江神宮の裏山ですが、ここでは四角く溝を掘った墓、方形周溝墓が見つかっています。小さいお墓だろうと思っていたら、けっこう盛り土もあり、墓の中には鉄器を副葬していました。琵琶湖地域では弥生時代の墳墓に鉄器を入れるのは珍しいことです。この当時、鉄器を副葬品とする墓を造っていたのは、日本海地域、特に丹後地域が思い当たります。丹後地域は日本海の物流の拠点で、鉄器を豊富に持っていた。そこで生まれた文化と同じような現象、四角い墓に鉄器を入れる文化が大津にもあったわけです。高島地域もそういった墓を造っている可能性が高そうです。日本海から高島を通って湖西を大津へ、墓の文化がつながっていた可能性が高いと考えています。

このように、弥生時代の終わり頃には、琵琶湖の周辺のそれぞれの地域ごとに、独特の墳墓文化が発達していました。まさに、琵琶湖周辺の文化の在り方と一致した状況で、複雑な地域社会を示しているといえるでしょう。

ちなみに、前方後方形周溝墓は滋賀県で発生した可能性も高いと思います。旧能登川町にある神郷亀《じんごうかめ》塚《づか》古墳、古墳と呼んでいるものの実は墳丘墓というべきですが、弥生時代の終わり頃に墳長六〇mと非常に大きな規模を誇っています。日本で一番古い段階の巨大な墳丘墓と考えられる方もおられます。また、そこでは棺桶をそのまま埋めるのではなく、木の棺桶を木で造った枠の中にきちっと納めている様子が明らかにされています。木槨木棺墓と呼ばれ、おそらく中国で発達し、朝鮮半島を経由して日本に入って来る墓の形式です。弥生時代の終わり頃の各地の「王」が好んだ方法で、それを採用するような、当時の日本列島を代表するような「王」の一人が旧能登川町あたりにいた、そう考えるべき状況です。

以上、弥生時代の話をしてきましたが、もう一度まとめておきます。この時代の一番の中心といえるのは、やはり、野洲川地域だろうと考えています。先ほどの伊勢遺跡など、圧倒的な物量を持っている遺跡が他にも点々と存在するようです。神郷亀塚墳丘墓にも負けない墳墓が見つかることを期待しています。それに負けない、それに匹敵する地域は、やはり、神郷亀塚墳丘墓を造っている湖東北部地域と思います。その中心である斗西《とのにし》遺跡は、伊勢遺跡にも負けない重要な遺跡だろうと思います。さらに、円形のお墓、円形周溝墓を造っていた長浜から米原付近も重要です。今日は、詳しい話をしませんが、この地域は近畿地方の影響を受けた土器類、特に甕《かめ》類を発達させます。琵琶湖のドンツキ・瀬戸内の最終点として注目されるべき地域で、鴨田遺跡が中心かと思います。また、墓の状況は不明な部分が多いのですが、湖北北部地域の木之本町から高月町付近も、当時は玉造りが盛んで、重要な地域像を形成していました。

　このように、弥生時代終わり頃の琵琶湖の周辺では、いろんな地域が栄えていました。先ほどの、前提としてお話しし

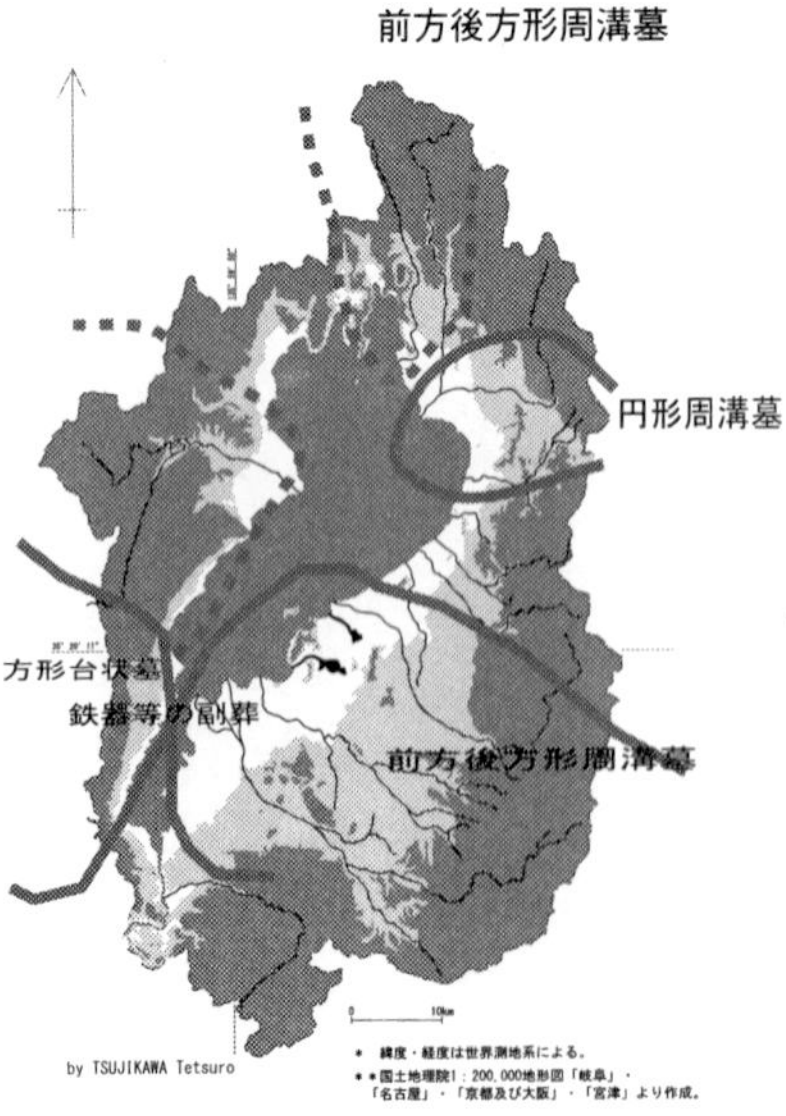

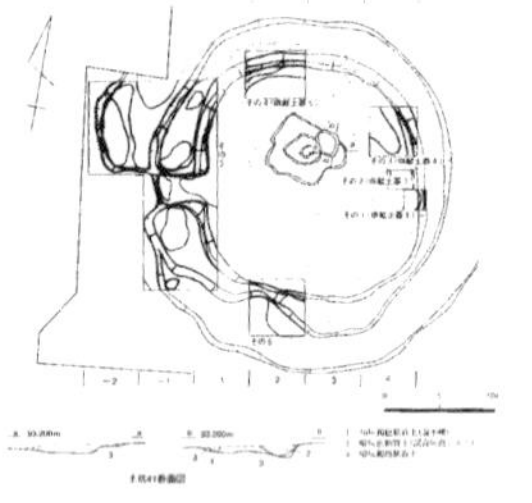

五村遺跡の円形周溝墓

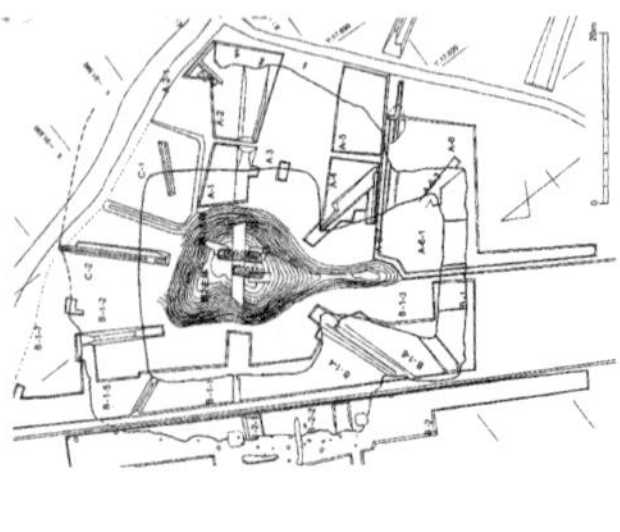

神郷亀塚墳丘墓測量図

図1　弥生時代終末期の墓制

た外部との交通、繋がりを基本として、それぞれの地域が独自の文化、社会を発展させていたのです。そして、これらがそのまま古墳時代に突入すれば非常に分かりやすくなりますが、そうでないところに、大きな問題が存在するのです。続く、三世紀の中頃から後半頃では、琵琶湖地域の様相は一変してしまうのです。

4．古墳創出の頃

続いて三世紀中頃から後半です。大和では箸墓古墳が築造され、古墳時代に突入します。まず、地域ごとに状況を見ることからはじめましょう。

まず、大津市域、穴太《あのう》から錦織《にしこおり》のあたりです。先に宇佐山遺跡を営んだ地域です。ここでは、注目すべき二つの古墳があります。雪野山古墳も高い所にありますが、この大津地域も非常に高い場所に墓を造ります。その最初が壺笠山古墳です。平野から四〇〇mほど登った、比叡山の中腹にあります。この壺笠山古墳では埴輪が重要です。滋賀県は埴輪があまり好きではなく、数も多くはないですが、壺笠山古墳では埴輪が採集されています。この埴輪の何が大切かというと、直線と円弧を使って模様が描かれている点です。こういった模様の描かれた埴輪は、ごく初期の埴輪になります。岡山で出土した同じような埴輪を見れば、一mを少し超えるくらいの高さで、非常に大きいものです。壺笠山古墳の埴輪もこれと同じような大きさだったのでしょう。で、何が大事かといいますと、壺笠山古墳の埴輪は岡山県総《そう》社《じゃ》市付近で作られている可能性があるといわれている点です。最近の研究では、近畿地方で作ったという考えもありますが、少なくとも、壺笠山の近辺、大津や湖南地域で作られたものではありません。つまり、岡山県からとは限定はしませんが、わざわざこの大きな埴輪を壺笠山古墳まで持って来ているのです。今でも、途中で割れてしまいそうですが、とんでもない作業をやっているわけです。

わざわざ遠くから埴輪を持って来るのは、どんな意味があるのでしょうか。この種の埴輪は、最初の大王墓、被葬者を卑弥呼にあてる人もおられますが、箸墓古墳に使用されます。その次の大王墓の候補である西殿塚古墳、ここでも並べているようです。一方、三三面の三角縁神獣鏡を出した黒塚古墳、ここではこの種の埴輪は見つかっていません。すなわち、ヤマト王権の一番偉い人が、この種の埴輪を、あるいは吉備から持って来て、古墳に並べる。二番目くらいの人だと、よほどでなければ持っていないという状況が見られるのです。もちろん、岡山近辺ではもう少し多く使用されていますし、近畿地方でも元稲荷古墳など中規模の古墳でも使用される場合があります。いずれにしろ、そんな貴重な埴輪が大津まで運ばれ、壺笠山古墳に使用されたのです。この地域が重視されていた何よりの証拠といえるでしょう。なお、壺笠山古墳は中世の山城になっていて、墳形がよく分かりません。四〇mほどの円墳と考えることが一般的ですが、七〇m級の前方後円墳という考えも成立します。私は、方墳、四角の古墳だと思っています。

さて、この壺笠山古墳に続くのが皇子山古墳です。これも高い山の上にあります。現在、復元整備がなされています。少し根拠が不明確な葺石《ふきいし》の復元ですが、当時の古墳をイメージするのにお勧めの古墳です。六〇mの前方後方墳でこれは発掘調査で規模、形は確定されています。ただ古墳の中を掘っていないので、どんな物が出てくるか、あるいは細かい時期なども分かりません。形や少量の土器を見る限りでは、壺笠山古墳の次、雪野山古墳と同じ頃からやや古い頃と思っています。いずれにしろ、古墳時代が始まった直後の大津地域では、優れた古墳を築造しており、非常に重要視されていた地域であったことが確認できるのです。

次に湖南地域、先ほどの弥生時代話では、琵琶湖地域で最も栄えた、中心というべき地域です。ここでは面白い現象が見て取れます。まず、弥生時代の墳墓として説明した前方後方形周溝墓が、古墳時代になっても活発に造られているのです。特に、この時代の中心と思われる守山市下長《しもなが》遺跡の周辺で多い傾向が見て取れます。滋賀県で見つかっている前方後方形周溝墓は一六基程度ですが、この地域だけで一〇基を超え、しかも、その多くが古墳時代になって造られているのです。規模的には一六〜一七mで、野洲冨波《とば》遺跡のものが四二mあるのが少し大きい程度です。つまり、伝統的な規模である二〇mくらいの小さい前方後方形周溝墓を多く造っている、突出した規模の王墓も造らない、そんな地域の状況が浮かび上がります。伝統的に固執して前方後円墳を拒んでいる、そんな見方もできそうです。

さらにこの地域の面白い点は、三角縁神獣鏡の出土状況です。前方後方形周溝墓を築造する地域を取り囲むように、三角縁神獣鏡を出土する古墳が分布しているのです。特に、古墳時代の初期に該当するものを見れば、瀬田に近い織部《おりべ》古墳と野洲の古冨波山古墳が指摘できますが、この二つの古墳は弥生時代の中心で、多くの前方後方形周溝墓を営む野洲川左岸地域を挟んでいるともいえるでしょう。三角縁神獣鏡が卑弥呼の鏡かの議論はさておきますが、初期のヤマト王権が全国にそれを配布して、「ヤマト王権」の仲間意識を形成するのに重要な意味をもっていたことには異論はありません。これを、あえて湖南地域の中心を避けるよう配っているのです。県内で出土している三角縁神獣鏡は一三面ですが、このうち一〇面が湖南地域で出土しています。この他では、雪野山古墳が知られるのみです。発掘調査の有無で大きく変わる数値ですが、湖南地域に集中的に三角縁神獣鏡が配布され、特に、野洲川右岸を避けていること、野洲川左岸地域などに色濃く分布している傾向は動かし難いと思います。しかも、出土した古墳の大半が、二〇～三〇mぐらいの円墳なのです。つまり、前方後円墳を拒み伝統に固執した、言い換えればヤマト王権の政策とは距離をおいていた野洲川右岸地域を牽制するように、その周辺を重視し、彼らに三角縁神獣鏡を手厚く配布した。特に、その代表が野洲川右岸勢力だったのです。古墳時代開始にあたっての琵琶湖地域、特に湖南地域の複雑な立場を示しているといえるでしょう。

次に、湖北地域、琵琶湖の一番北の地域を見てみましょう。ここは非常に安定した地域です。古保利《こぼり》古墳群という有名な古墳があります。賤《しず》ヶ《が》岳《たけ》の中腹から南に延びる尾根の上に、一〇〇基を超える古墳が造られています。その中には、前方後円墳八基、前方後方墳八基と一六基の首長墓、王墓を含んでいます。前方後方墳・前方後円墳は墳形から見る限り、あるいは一部の発掘調査成果からみると、いずれも古墳時代の前期に造られています。

この古墳群はお勧めです。ぜひ歩いていただきたいと思います。一日歩けば一〇〇基の古墳を見ることができ、景色も楽しめます。そのうち一六基の前方後円墳・前方後方墳が入っているのです。さらに、この古保利古墳群の周辺にも多くの注目すべき古墳が営まれているのです。これらを含めて話を進めます。

これらの中で最初に造られた、おそらく箸墓古墳と同時期と考えているのが小松古墳です。人によれば、箸墓古墳に先行し、弥生時代の墳丘墓に含むべきとする人もおられます。墳長六〇mの前方後方墳で、やや不整形で伝統的と見ることがよいと思います。盗掘を受けていましたが、多くの鉄器とともに、中国後漢鏡が二面、いずれも破片で出土しています。滋賀県で後漢の鏡の出土数は少なく、有力な古墳であることは確かです。また、銅鏃を見る限り箸墓古墳とほぼ同時期の銅鏃で、ヤマト王権と連携している状況も確認できそうです。

小松古墳の次に、おそらく大森古墳の六二m、さらに、姫塚古墳の七〇mの前方後方墳が造られると考えています。この順番や年代については異論が多く、弥生時代に遡るとする方もおられます。特に、姫塚古墳を形から古く考えることもありますが、私は葺石を持っている点を重視し、小松古墳より新しい皇子山古墳の頃と考えます。古そうな形は伝統性を表していると考えます。いずれにしろ、三代にわたって六〇mクラスの前方後方墳を、箸墓古墳と同じ頃に三基連続して造っている、安定した地域の状況といえます。伝統性と最新の動向をうまく両立させているともいえるでしょう。なお、この地域では、古保利古墳群の中や、その周辺地域を含めれば、三〇m級の小型前方後方墳を同時に造っている可能性があります。地域の中で階級関係が形成されている可能性や、古保利古墳を中心により大きな地域を形成しようとする可能性などが考えられます。

次に、湖北の南部、長浜から米原辺りの地域です。弥生時代の終わり頃に円形周溝墓を営んだ地域です。ここでは不明な点も多いのですが、注目すべき状況が指摘できます。

一つ目が、虎姫町の三河丸山古墳です。古い段階に円墳を造っている可能性が指摘できる古墳で、弥生時代の円形周溝墓との関係も考える必要があるかもしれません。ここでも後漢の鏡が出土しており、有力者の墓であることは確実です。

二つめが埴輪です。先ほど大津地区の壺笠山古墳では初期の埴輪が出土していましたが、これに少し遅れる時代の埴輪が、長浜市越前塚遺跡から出土しています。古墳に伴っているかは議論が必要ですが、初期の埴輪の情報がもたらされたことが確認できます。これはヤマト王権などと密接に関係していた証拠です。弥生時代のお墓の在り方から連続する、特徴的な地域の状況だと思います。

以上、ざっと駆け足ですが、古墳を造り出してから雪野山が築造されるまでの約五〇年間の琵琶湖地域の状況を概観してきました。もう一度、整理しておきたいと思います。まず、琵琶湖南部地域は、ヤマト王権からの強いプレッシャーの最前線といえそうです。地域の中心である野洲川左岸地域は、弥生時代には強大な勢力を生みだし、また、前方後方形周溝墓を発達させました。そして、古墳時代になっても、その伝統に固執し、いわば、前方後円墳を拒んだ地域です。そして、この地域を取り囲むように、三角縁神獣鏡を配布し、また、対岸には初期の埴輪を運ぶ。まさに、ヤマト王権からの圧力が野洲川左岸地域を取り囲んでいたのです。

長浜越前塚遺跡出土埴輪

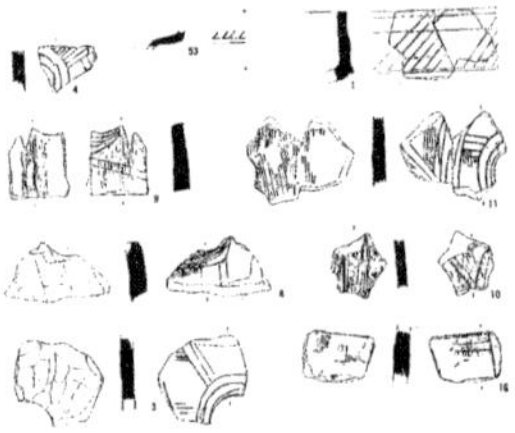
壺笠山古墳出土埴輪

壺笠山古墳（山城の縄張り）

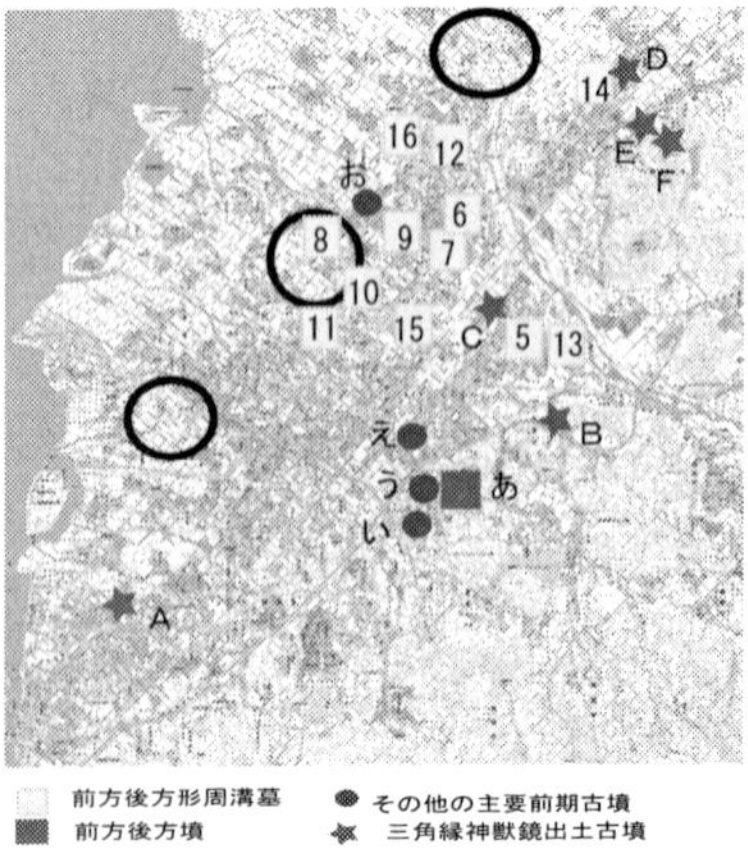

小松古墳

図2　古墳創出の頃の琵琶湖地域

特に、野洲川右岸地域はその一つの拠点として、三角縁神獣鏡を手厚く配布された点は重要かと思います。

この東に位置する竜王町を含む湖東地域、実は、この地域では、古墳の状況が全然分かっておりません。古墳を造っていないのが正解かもしれません。特に湖東北部では、神郷亀塚墳丘墓という優れた墳丘墓を築造しますが、続く古墳時代に入ったら造墓活動を停止したかのようです。社会的に混乱していた可能性があります。あるいは、狗奴国と邪馬台国の戦争を考えたら、その戦場になって荒廃し、今、一生懸命復興している地域といえば、言い過ぎでしょうか。

一方、湖北北部地域は、比較的安定していると思います。伝統的な墳墓を古墳として成長させ、銅鏃などヤマト王権との関係も形成する。そうした状況にあると理解できるでしょう。南部の長浜周辺についても、ヤマト王権からの強い影響がスポット的に入っている可能性がありますが、湖南地域ほど強いものではありません。

今回は触れませんでしたが、高島地域がどのような墓を造っていたか、日本海地域と関係を考えれば非常に重要になってきます。しかし、よく分かっていないのが実態です。

このように、この時代の琵琶湖地域では、大きくみて、三つの地域相、動向が読み取れます。すなわち、比較的安定し、伝統性を維持しつつ古墳文化を受け入れている湖北地域。おそらくは社会的な混乱が収束しておらず、古墳文化を受け入れることのできていない湖東地域の動向。そして、琵琶湖の南部地域では強固に伝統性に固執し、あるいは、古墳文化の受け入れを拒み続けている野洲川左岸地域に対し、ヤマト王権からの強い圧力が読み取れます。琵琶湖周辺の三つの動向こそが、雪野山古墳の直前の実態で、雪野山古墳を生み出す鍵となるのです。

5. 雪野山古墳の築造

さて、いよいよ雪野山古墳の登場です。まず、雪野山古墳を考える上で、非常に大事になってくるのが、桜井茶臼山古墳と思っています。時代的には桜井茶臼山古墳の方が雪野山古墳より若干古いともいわれますが、ほぼ同時期と考えて問題ないと考えています。

さて、桜井茶臼山古墳は大和盆地の中でも、近鉄電車で伊勢に向かうルートの出口付近に位置しています。この地域では、メスリ山古墳がこれに続きます。この二つを大王墓に含める先生もおられますが、私は、規模や墳形から、東国への交通路を抑えるために、言い換えれば大和盆地と伊勢湾地域との交通路を安定させるために、あえて大王墓グループである三輪山の麓から離れて、大王墓に匹敵する墳墓を、東国への門戸に築造した可能性が高いと理解します。つまり、桜井茶臼山古墳の頃から、ヤマト朝廷は、東国・伊勢湾地域との本格的な関係形成に動き出した。そんな状況を考えています。そうした時代背景に雪野山古墳が造られるのです。

まずは、雪野山古墳の細かい話から始めます。墳長は七〇m、葺石は部分的にしか持っていません。埴輪は持っておりません。湖東南部のどこからでも見える山の上に造ることも特徴的です。

副葬品は各種そろっています。ここでは重要なものを取り上げ、説明を加えます。

まずは小札冑《こざねかぶと》です。結論からいえば、中国製の可能性が高い副葬品と考えています。しかし、中国ではこの形の冑はありません。そこに、この冑の難しさがあります。詳細は省きますが、私は、その冑については三角縁神獣鏡と同じように考える必要を感じます。「当時の日本の技術では造れない、中国の年号も書いてある。しかし、中国からは一枚もこの種の鏡は出てこない」。これが三角縁神獣鏡の性格です。これと同じで、「当時の日本の技術では造れないが、中国からは一つもこの形の冑は出てこない」。これが小札冑の問題点、性格です。そして、私は三角縁神獣鏡の中国説を採っていますが、その説明に使われる「日本のための、卑弥呼の土産のための特注品」という考え方と同じで、この冑も「日本向けの特注品」と考えることが適切と思っています。大胆にいえば、卑弥呼の朝貢に際して、朝貢使がそろえたコスチュームのようなものの可能性もあると思っています。いずれにしろ、ヤマト王権との深い関係を示す、特殊な意味を込めた遺物といえるでしょう。

次に銅鏃です。銅鏃がたくさん出てくるのはよくあることですが、きっちりと背負いの状態で弓矢を副葬しているのが、雪野山古墳の特徴といえます。これはヤマト王権直属の武人の証しだといわれています。また、木製の甲冑らしきものもあります。あるいは、革製かもしれませんが、漆皮《しっぴ》だけが残っていて、どうも甲冑のようです。これも軍事的指導者としての性格を表します。

僕が考古学を習った時には、前期古墳の被葬者は鏡や玉を持って「祭祀的、呪術的」と習いました。「卑弥呼の鬼道」をイメージしていたのかもしれません。しかし、それには大きな誤解があります。雪野山古墳の被葬者はどこから見てもすごい武人ですね。ヤマト王権から高い武人の地位を与えられ、それに相応しい副葬品を揃えたのです。

次がいよいよ鏡です。雪野山古墳では、三角縁神獣鏡以外で出土している鏡は日本製の鏡です。先ほどもお話しした奈良県黒塚古墳ですが、ここでは三角縁神獣鏡は木棺の外、石室の壁に立てかけられていました。そして、一面だけ棺の中に入れられた鏡がありました。それは画文帯《がもんたい》神獣鏡です。すなわち、黒塚古墳では画文帯神獣鏡を他の鏡面とは区別していたのです。こうした鏡の扱いは、画文帯神獣鏡に限らず、中国製の内行花文鏡や方格規矩鏡《ほうかくきくきょう》などの古い鏡にもよく見られます。すなわち、中国製の鏡を被葬者の近くに入れることは、被葬者が伝統的に中国の鏡を持ち得る立場であったことを表す、首長としての正当性、伝統性を表す重要な行為だったのです。

でも、雪野山古墳はその鏡を持っていなかった。そのため、日本製の鏡を入れているわけです。もちろん、この鏡もヤマト王権の管理下で作られた鏡と考えられますので、「二面もらって」といういい方ができるかと思いますが、少なくとも、伝統的な中国製の鏡は持っていなかった、だから新たに日本製の鏡を入手し、副葬せざるを得なかったのです。いうなれば、雪野山古墳の被葬者は「新興勢力」であった可能性が浮かび上がるのです。ただし、日本製の鏡の中では、極めて上質な貴重品で、特に、直径二〇㎝を超えている点は重要です。ヤマト王権から日本製の鏡をもらったといっても、その扱いは破格であったといえるでしょう。

三面の三角縁神獣鏡については、詳細を省略しますが、問題点を一つだけ指摘しておきたいと思います。三角縁神獣鏡は今、非常に研究が進んでいて、その組み合わせでだいたい年代が分かるようになっています。雪野山古墳から出土した三枚の三角縁神獣鏡の組み合わせを見れば、極めて早い段階、三世紀中頃の組み合わせになります。しかし、他の遺物、特に、鍬形石や先ほどの日本製の鏡を見れば、四世紀初頭頃、せいぜい三世紀末と考えざるを得ません。すなわち、三角縁神獣鏡と他の遺物に年代差があるのです。これを説明するためには、三角縁神獣鏡をいつもらったのかを説明する必要があります。これが問題点です。研究者によってもいろいろ意見が分かれるところですが、私は早い段階で湖東地域に三枚の三角縁神獣鏡が送られていたと思っております。ただ、湖東地域の社会的混乱、あえていうならば、倭国大乱からの復興の最中で、古墳を造るほどの余力がなかった、社会が成熟してなかったので、どこかに置かれていた。それが雪野山古墳の築造段階になって、改めて副葬品として扱われたと考えて

七、琵琶湖地域の中の雪野山古墳

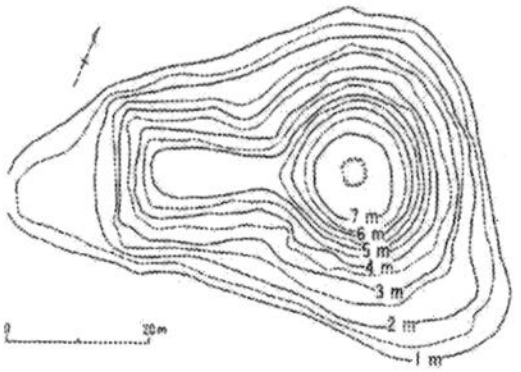

若宮山古墳

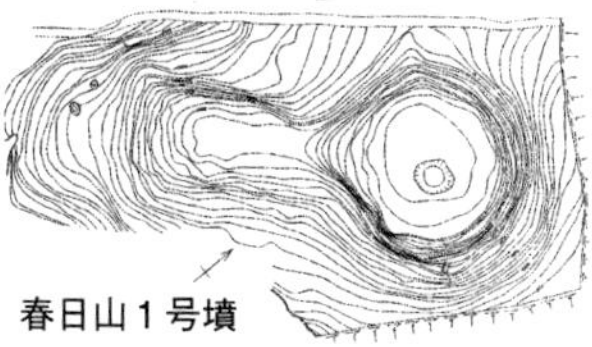

春日山１号墳

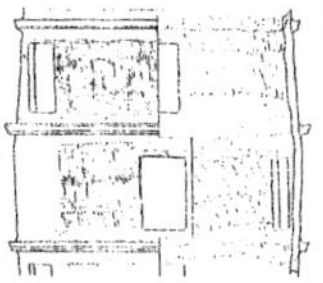

若宮山古墳埴輪

和邇大塚山古墳

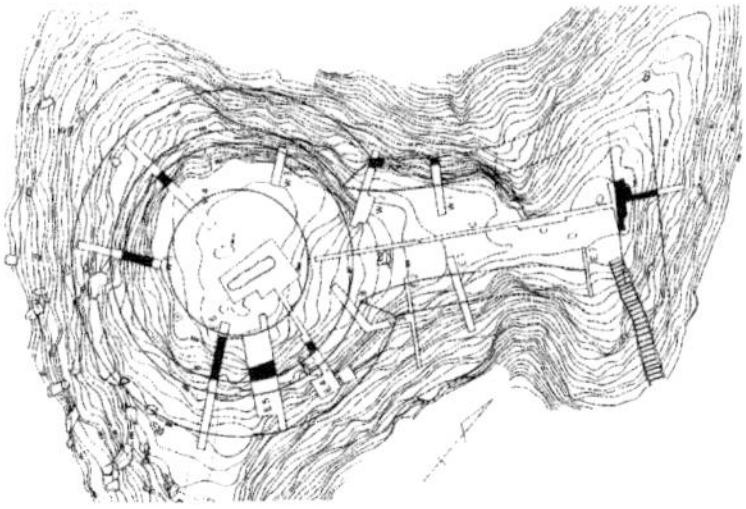

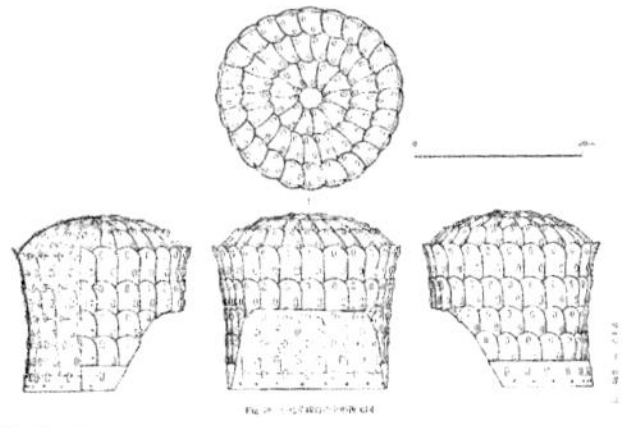

雪野山古墳と出土小札冑

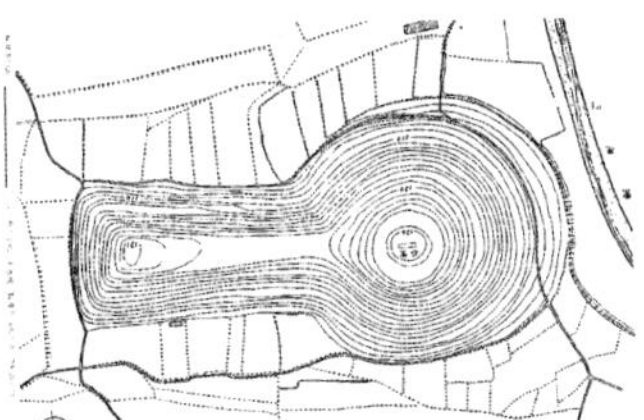

桜井茶臼山古墳

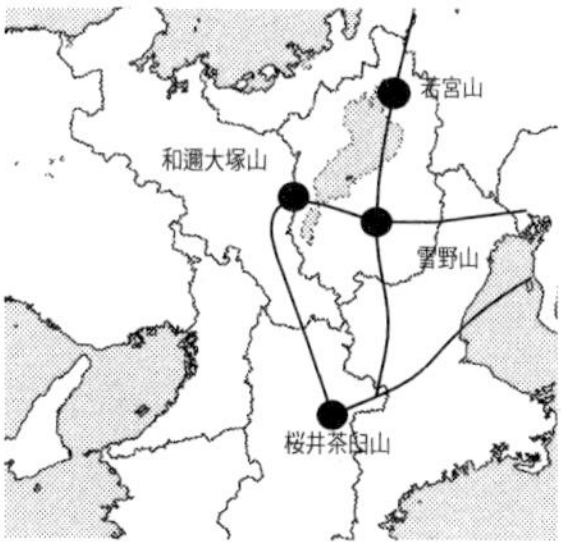

雪野山古墳と東国への道

図３　雪野山古墳築造の頃の琵琶湖地域

います。あるいは、混乱した社会に三角縁神獣鏡を手厚く配布することで、混乱をまとめるリーダーを指名したのかもしれません。これは、雪野山の性格、湖東地域の古墳の出現を考える上で非常に重要な問題点だと思います。

他の副葬品については、省略しますが、雪野山古墳は規模や外見はさほど優れたものではありませんが、このように副葬品が優れている点に特徴があります。特に、ヤマト王権と直接関したような、その中で武人としての高い扱いを受けた性格が読み取れました。また、地域の中で伝統的な勢力を持っていたわけではなく、むしろ、新興勢力とでもいうべき様相が指摘できました。この二つの状況が雪野山古墳の本質と関係していると考えています。

6. 雪野山古墳築造の頃の琵琶湖地域

再び目を広げて、雪野山と同じ頃の琵琶湖地域の状況について見ていきます。

この段階で、非常に安定して古墳を造っている地域が湖西の堅田《かたた》地区です。その前後の時代を含めて、五基の前方後円墳が知られています。まず、不ケ谷《ふけだに》一号墳です。志賀町史では前方後円墳と紹介され、しかも箸墓古墳と同じ頃とされていますが、私は前方後円墳とするには少し疑問です。ここでは、その評価は保留にしておきたいと思います。他の四基の古墳に関しては、確実に前期の前方後円墳になります。特に、和邇《わに》大塚山古墳は古くに発掘調査がおこなわれ、副葬品や構造は雪野山古墳より少し遅れる頃のものであることが知られています。また、春日山古墳群中の二基は五〇m級とやや小型になりますが、非常にきれいな前方後円墳です。道風《とうふう》神社古墳は、さらに小型の前方後円墳です。さて、堅田といえば琵琶湖の狭隘《きょうあい》部、琵琶湖が一番狭い場所です。狭いから船が通るのがよく見えるだけでなく、湖底の地形が非常に複雑で、難所となる場所です。まさに、その場所を支配するために、前方後円墳を安定して造っているといえるでしょう。余談ですが、この付近には和邇・小野・春日の地名が見られます。和邇氏との関係が考えられる地名です。和邇氏は大王家に皇后を出す有力氏族です。この和邇氏との関係が考えられる地域に、大きくはありませんが、安定して前方後円墳が造られている事実は、和邇氏の実態を示しているとも考えられます。

次に、先ほどの古保利古墳群、六〇m級の前方後方墳を造っていた湖北の北部地域です。ここでは、雪野山古墳の頃から、墳形が前方後円墳に変わるようです。しかも、この変わり方というのが非常に意味深い状況です。古保利古墳群から山本山の頂を越えた西側に、四九mの前方後円墳、若宮山古墳があります。この古墳は埴輪と葺石を持っていて、古墳としての外観・ビジュアルを整えています。こうした外見を整えた古墳としては、これが琵琶湖地域で最初のものです。そういった古墳を、伝統的な前方後方墳を安定して築造していた地域から少し離れた場所に造る、先ほどの湖南地域、前方後方形周溝墓を造っていた地域の周りに、三角縁神獣鏡を配布していたことと同じ現象といえそうです。前方後方墳を安定的に営んでいた湖北北部地域を牽制し、本格的な前方後円墳を伝える、そうした意味があると思います。これを契機に、この地域では寺ヶ浦古墳など前方後円墳の系譜が形成されます。また、長浜付近も五〇m級の前方後円・方墳が営まれ、さらに、湖北一円には三〇m程度の小型前方後方墳・前方後円墳が多く造られます。多くの前方後円墳を造るべき王が乱立するとともに、一回り大きい五〇m級の古墳を中心に、南部・北部のまとまりを形成している可能性も考えられそうです。

次に、湖南地域、前方後方周溝墓に固執した地域です。さすがにこの時代には前方後方形周溝墓は造っていないようです。この時代になると確実な検出例はありません。ただ、前方後円墳も造っていないようで、多くの古墳が円墳です。少し新しくなる事例ですが、北谷一一号墳という、前方後円墳として紹介されることもありますが、よくよく検討してみると円墳以外考えられない、現在では径三二mの円墳と考えている古墳です。この古墳は埴輪を持ち、鍬形石や、日本製の優れた鏡を副葬しています。鉄器もたくさん出土しています。前方後円墳でも不思議ではない内容にもかかわらず、三〇mぐらいの円墳を造っている。湖南地域には、そういった、少しアンバランスとでもいうのでしょうか、円墳が多く造られます。また、雪野山古墳の頃から、一部の円墳の中には小さい前方部を持ち出す可能性があります。発掘調査で明確に確認されていないので、時期や確実な墳形はいえないですが、ひょっとすると地域の一番偉い人が小さい前方部を持つ古墳、帆立貝形古墳とも呼びますが、これを造っている可能性があります。

このように、雪野山古墳時代の琵琶湖地域というのは、地域ごとの個性が強くなっている反面、明らかな一つの方向に向かって進んでいるともいえそうです。ヤマト王権の影響が強化される方向です。湖北地域では、五〇m級の前方後円墳が中心になり、明らかにヤマト王権との関係を強化します。その中で、かなり細かい地域ごとに古墳が造られるようになる、これが湖北地域の特徴です。大きな地域的な結合とその基礎の小さい単位、両者から伝統性が消えつつあり、本格的な古墳が浸透する動向といえるでしょう。

堅田地区では安定した前方後円墳の築造を見ることができ、しかも、七〇mという雪野山古墳と同じ規模の古墳が営まれます。この地域が有する琵琶湖の水運の拠点という性格に、ヤマト王権が大きな関心を示している状況です。一方、壺笠山古墳を築造していた大津地域では、皇子山古墳の後は造墓活動を停止しているようです。あるいは、堅田地区に墓域が移ったとも理解できます。

湖南地域では、中小の円墳が造られます。さすがに前方後方形周溝墳は造りません。ただ、円墳を造っているのだけれど、その副葬品には優れた物を納める事例が見られます。前方後円墳を採用しないのですが、明らかに、ヤマト王権との関係は強化され、実力的には前方後円墳に匹敵する。そんな人物が成立しつつある状況です。特に、帆立貝形古墳の意味は重要と思います。

こうした状況の琵琶湖周辺の中で、まだ古墳を築造していなかった湖東地域、ここに雪野山古墳が突然と築造されたのです。埴輪や葺石など十分ではない点も指摘できますが、その優れた内容、武人としての高い地位や副葬品に見られる破格の扱いなど、その意味は小さいと考えます。古墳としての圧倒的な姿を、半ば強権的に湖東地域に示すことで、その地域の混乱に終止符を打ち、新しい時代における地域の役割を明確に示した。あるいは、位置関係からすれば、前方後方形周溝墓から円墳への変化があるものの、まだ前方後円墳に積極的ではない湖南地域に対しても、強い牽制を示す意味もあったでしょう。さらに、墳長七〇mという規模に注目するならば、和邇大塚山古墳とセットとなり、琵琶湖の交通にも関与した可能性も考えられ、それは、湖北地域への前方後円墳の導入にも影響を与えたことは疑いありません。雪野山古墳は、まさに琵琶湖地域のフロントランナーとでもいうべき存在なのです。

弥生時代の終わり頃の琵琶湖周地域は非常に栄えていました。それが、前方後円墳という新しい社会システム、新しい体制が全国に押し広げられる段階になれば、あたかも、それに対抗するかの動向を含めて、混乱した状況が発生しました。そんな状況下で築造された雪野山古墳は、その混乱を収束するための一つの方向性を、明示したと評価することができるのです。

7．ヤマト王権の東国政策

ところで、雪野山古墳を考えるためには、桜井茶臼山古墳との関係が大事だといいました。ここで、もう一度、この視点を確認したいと思います。

桜井茶臼山古墳は奈良県の初瀬谷の入り口にあります。そして、少し新しい時代の古墳ですが、四世紀終わり頃には石山古墳が、初瀬谷の延長、尾張への中間地域に築造されます。おそらく、このルート、今の近鉄電車のルートですが、これが大和から尾張へのメインルートであったと思われます。

一方、東西交通は琵琶湖を通るのが一番便利だと考えれば、大和盆地から山城を抜け、小椋池《おぐらいけ》から山科を経て、大津から船を使うルートも考えられます。この先、堅田の狭隘部を通過して、対岸の日野川河口付近から内陸部に入れば、雪野山古墳は意外と近い場所にあります。七〇mの古墳の道と表現できるかもしれません。

さらに、桜井茶臼山古墳と雪野山古墳を直線で結ぶルート、初瀬から伊賀を抜け、甲賀を経て湖東に入るルートですが、このルートも距離が短く、かつ、高低差も少ない、非常に有益なルートであることは無視できません。つまり、雪野山古墳は、ヤマトから東に向かうルートの要衝とでもいうべき位置の一つに造られていることが確認できるのです。

では、雪野山古墳から先、それはどこに向かうのでしょうか。後にも触れますが、現在の八風街道に代表される鈴鹿山地を越えて北伊勢に通じるルート、私はこの道を非常に重視しています。また、湖東の湖岸部から湖上を使い、先ほどの若宮山古墳や古保利古墳群付近から敦賀へ、あるいは越前に通じることも可能です。さらに、高島から若狭を経由するルートも大切です。つまり、雪野山古墳は大和から東国へ向かう基点であり、そこから扇が広がるように各地に向かうことが可能になるのです。

雪野山古墳と桜井茶臼山古墳をセットで考えるべき意味はここに存在するのです。桜井茶臼山古墳が東国への基点を押さえるのと対応して、雪野山古墳は、そのルートの要衝といいますか、一つの関所のような場所に築造されていると理解することができるのです。そして、このルートの整備こそが、琵琶湖周辺地域の混乱した社会状況を収束する最大の意図であり、手段であるのです。

8. 雪野山古墳その後

こうした雪野山古墳の性格を、さらに明らかにするために、雪野山古墳時代以降の時代、四世紀中頃から後半についても簡単に見ておきたいと思います。この時代にはヤマト王権の内部においても大きな変化がありました。これまで、ヤマト王権では、三輪山の麓に前方後円墳を造っていました。箸墓古墳・西殿塚古墳・行燈山《あんどんやま》古墳・渋谷向山《しぶたにむこうやま》古墳などです。しかし、この時代には三輪山の麓から離れ、大和盆地の北部、佐紀盾列《さきたてなみ》古墳群に移動するのです。また、葛城《かつらぎ》地域でも古墳の造営が本格化します。やがて、大阪・河内を巻き込んだ古市《ふるいち》・百舌鳥《もず》古墳群の体制へ続くこの動向は、ヤマト王権の大きな変化と認識しなければならないのです。まさに、その時代の話しとなります。

さて、この時代の琵琶湖地域は三大古墳の時代と呼ばれます。冒頭、滋賀県には一〇〇mを超える前方後円墳は三基しかないとお話ししました。この三基の古墳というのは、いずれもこの時代、四世紀中頃から後半に造られるのです。しかも、いずれもが琵琶湖との深い関係が見て取れる古墳なのです。

最初は膳所《ぜぜ》茶臼山古墳です。これは大津の南部にあります。これまで皇子山古墳など、大津の北寄りに古墳が造られていましたが、ここでは大津の南部に墓域を移します。言い換えれば、伝統的ではない地域に、突然と大形の前方後円墳が造られているのです。琵琶湖を見下ろす絶好の立地で、琵琶湖との関係はいうまでもありません。現状では一二〇ｍの規模で、葺石は持っていますが、埴輪は不明です。近くのお寺に茶臼山古墳出土の埴輪が伝わっていますが、現地を見る限りに極小的な使い方に留まるようです。副葬品は知られていません。

この古墳で大切な点は、佐紀陵山古墳、佐紀盾列古墳群で最初に造られた大形古墳ですが、これと相似形になる可能性が指摘されていることです。現状の墳形で比べると、若干違うところもあるようですが、五分の三程度の大きさで、かなり近い形であることは確かです。

この佐紀陵山《さきみささぎやま》古墳の相似形古墳では、三基の注目すべき大形古墳、二〇〇ｍ弱の古墳が知られています。最初は五色塚《ごしきづか》古墳です。古くに環境整備がなされていて、葺石や埴輪が復元されています、明石海峡を見下ろす尾根の先端に造られていて、海との関係は明らかです。明石海峡を通る船に、巨大な古墳を見せつけていたと考えて大過なさそうです。次は大阪の南の方、和泉市の摩湯山《まゆやま》古墳があります。当時は、紀ノ川を通じてヤマトに入る交通もありました。それに関連して築造されたと思います。最後が伊賀上野の御墓山古墳です。まさに東海への出口に位置しています。先ほどの近鉄沿線の石山古墳に対して、こちらは関西本線沿いになります。また、伊賀から甲賀、琵琶湖地域に向かう場合も拠点になります。大和から東国への交通路を押さえる重要な古墳なのです。

このように佐紀陵山古墳の相似形古墳は、大和から各地へ向かう交通の要衝に営まれているのです。そして、膳所茶臼山古墳も同じように考えれば、規模は一回り小さくなりますが、近畿地方を取り囲む古墳の一つとして位置付けられるのではないでしょうか。まさに、琵琶湖岸に相応しい古墳であり、琵琵琶湖経由で大和と東国を連絡する拠点として、大津南部地域が位置づけられたのです。

次に安土瓢箪山古墳です。雪野山古墳との系譜関係についても興味がおありかと思いますが、私は年代的に、五〇年ぐらい差があると思います。さて、安土瓢箪山古墳は一三六ｍと県下第一位の規模です。また、滋賀県の人に説明するまでもないと思いますが、例えば、安土城は今や田んぼの中の丘陵にありますが、実は、大中《だいなか》の湖《こ》などの干拓前は、湖に飛び出した丘陵に位置していました。これと同じように、安土瓢箪山古墳についても、湖岸というか、岸辺の湿地帯に面した古墳だったのです。ぎりぎりまで船で進み、安土瓢箪山古墳の近くに上陸する。そのまま、繖山《きぬがさやま》を越えて湖東平野に抜ける、こんな場所に位置する古墳なのです。

安土瓢箪山古墳は古くに発掘調査が行われており、内容が明らかになっています。その中で注目すべきは、三角縁神獣鏡が出土していない事実です。四世紀の中頃の年代なので、まだ日本製の三角縁神獣鏡が副葬されていてもいい頃だろうと思います。しかし、それを持っていないのです。そしてこれに変わって、新たに副葬品に加えられたのが短甲です。雪野山からは鉄の冑が出土しましたが、安土瓢箪山古墳では鉄で造った短甲が出土しています。そして、三角縁神獣鏡から短甲への変化には、大きな意味が隠されています。

三角縁神獣鏡はヤマト王権に参加している「しるし」として、その背後の中国王朝の権威を共有するための副葬品です。日本製であっても、中国の年号が書いてあるので同じことです。しかし、四世紀の中頃といえば、もはや中国王朝の権威がなくなりつつあります。だから、安土瓢箪山古墳では、もはや中国王朝の権威を利用する必要はなかったといえるでしょう。三角縁神獣鏡が出土しないことは、そうした時代性を示しているのです。一方、この時代では、日本は直接朝鮮半島から鉄を手に入れるようになります。そのためには戦争も辞さない、事実、この時代以降、朝鮮半島諸国との争乱も多く記録に残っているのですが、そんな時代になりつつあります。安土瓢箪山古墳の短甲は、そんな時代の幕開けを告げる、軍事国家ともいえるような五世紀の状況を先駆けした存在なのです。安土瓢箪山古墳の被葬者は、中国王朝の権威をあきらめ、自らの武力、実力で事態を打開しようとした、新しい時代の動向と関係した人物で、彼が琵琶湖の湖上交通と密接に関係していたと理解できるのです。

三番目は荒神山《こうじんやま》古墳です。発掘調査によって、葺石と埴輪が確認されています。先ほどの若宮山古墳より新しく、滋賀県で二番目ぐらいに埴輪と葺石、古墳としてのビジュアルを供えた古墳です。規模は一二四m、ほぼ、膳所茶臼山古墳と同じです。琵琶湖を見下ろす丘陵上と表現しますが、詳しく見れば、頂上ではなく、頂上からやや琵琶湖側に降りた地点に位置します。これがミソです。頂上に造ったらどこからでも見えます。しかし、琵琶湖側に少しでも下った場所に造れば、琵琶湖側からしか見えなくなるのです。まさに琵琶湖との深い関係を示している古墳といえるでしょう。

以上、四世紀後半頃の琵琶湖地域では、膳所茶臼山古墳、安土瓢箪山古墳、荒神山古墳と、琵琶湖地域で群を抜いた古墳が築造されます。今まで雪野山古墳が七〇mしかなかったのに、安土瓢箪山古墳では一三六m、倍近くにまで拡大しているのです。この三基の古墳は琵琶湖との密接な関係を強調しており、琵琶湖の湖上交通がクローズアップされてきた証しだと理解できるのです。そして、膳所茶臼山古墳が西方、畿内地域との接点に位置することは容易に理解できるのですが、他の二基の古墳については、なぜ、その場所かという説明が必要になってくるのです。先に見たとおり、雪野山古墳の性格として東国への交通路の拠点を指摘しましたが。これを含めて、交通との関係を軸に、前方後円墳の湖東シフトの体制が形成されていたともいえそうです。

では、「なぜ、湖東地域のその場所だったのか」、実は、雪野山古墳が発掘されていた頃からの疑問です。「なぜ、この地域だったのだろう」。当時は、全く考えも及びませんでしたが、最近、一つの考えに到達しました。これが、鈴鹿を越える山道なのです。

荒神山古墳が位置する地域は、琵琶湖の非常に重要な港の一つである「薩摩湊《さつまみなと》」、中世に非常に栄えた湊ですが、この近接地にあたります。この湊は、古くから機能していたようで、古墳時代の終わり頃には付近に渡来人が居住し、大津宮時代には、大津と関係が深い瓦で寺院を建立します。その後も、緑《りょく》釉《ゆう》陶器を多く出土する芝原遺跡が営まれるなど、その状況は湊との関係なしでは理解できません。そして、中世になれば薩摩湊として確立し、近江商人たちはこの湊を拠点に、琵琶湖を通じて若狭から、京都から、運ばれてきた物資を、愛知《えち》川・宇曽川を遡り鈴鹿山地を越えて伊勢に持って行く。また、伊勢からの物資をここで船に積み替えて、京都、若狭などへ持って行く。そうした商売の拠点となっていたのです。

安土瓢箪山古墳も同様です。ここには常楽寺《じょうらくじ》湊があり、これも近江商人になくてはならない湊です。織田信長が安土城を造った時に、琵琶湖の拠点を意識していますが、常楽寺湊を利用し、ここから鈴鹿山地を越える路を通って北伊勢に抜けることも意識の中にあったはずです。安土築城前ですが、信長は千草越えの途中、鉄砲で撃たれる事件に遭遇しますが、まさに鈴鹿山を越えるルートを利用していたわけです。

そして、雪野山古墳についても、近江八幡市江頭付近から日野川を遡り、佐倉川を遡って鈴鹿山地を越えるルートがあったようです。さらに、この雪野山古墳の位置は、伊賀から甲賀を得て、琵琶湖地域に通じるルートにも位置しているのです。

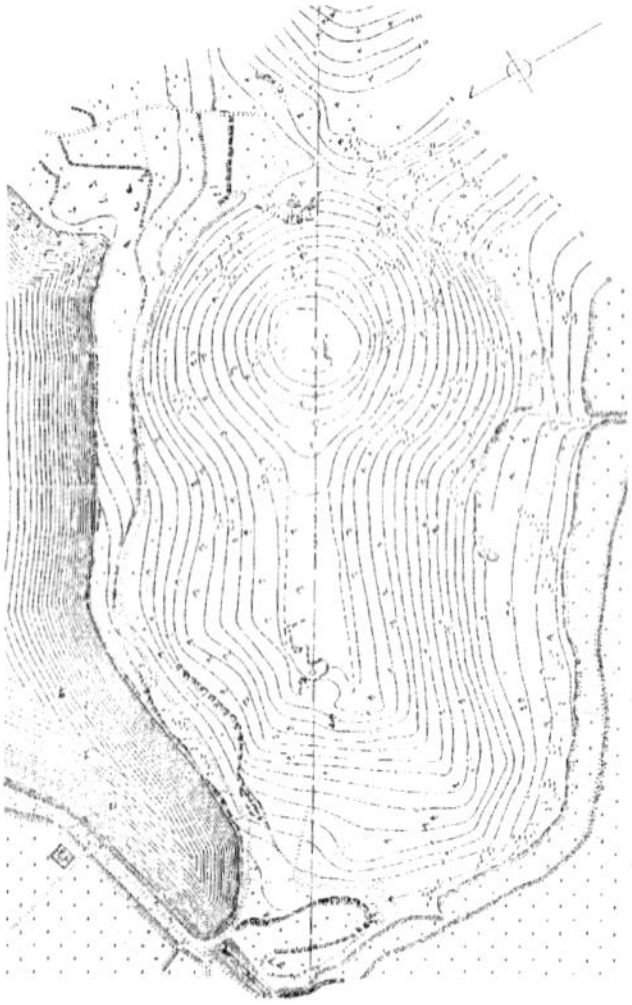

安土瓢箪山古墳

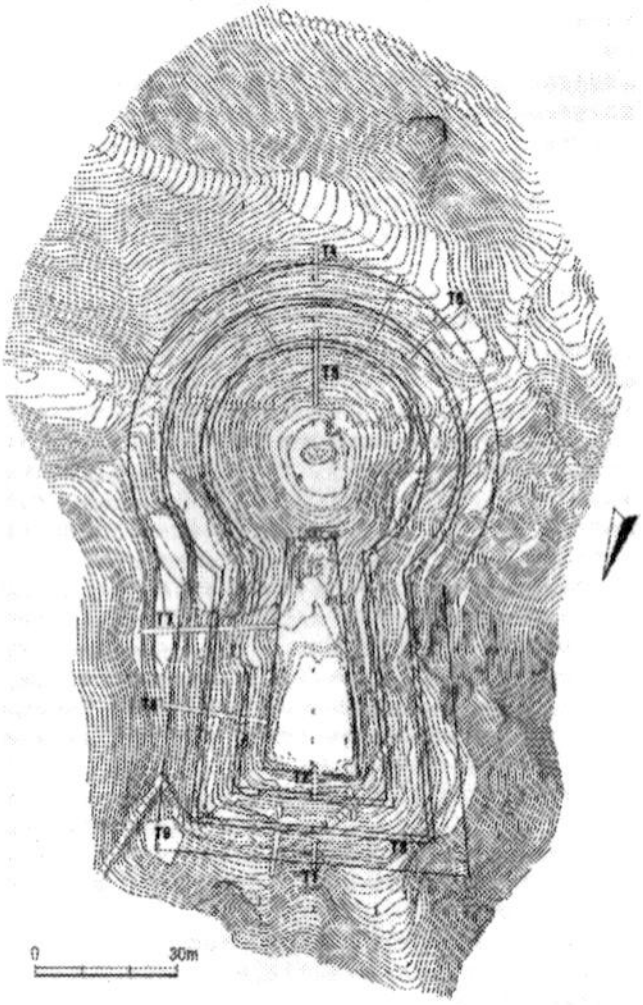

荒神山古墳

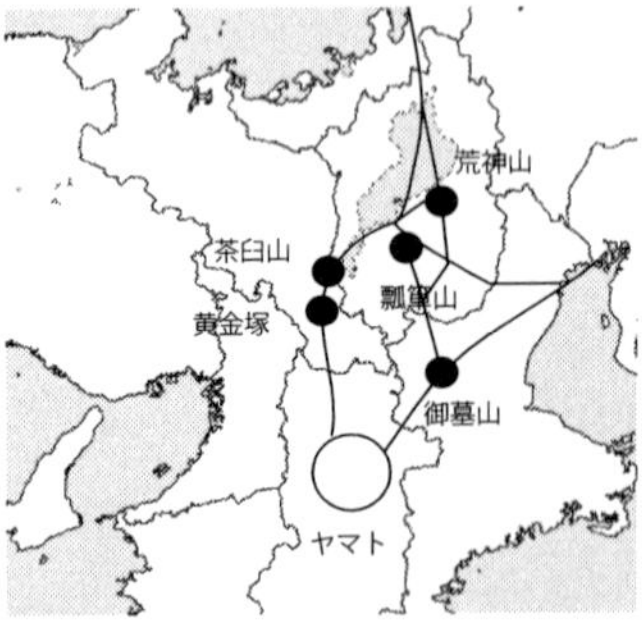

琵琶湖三大古墳と東国への道

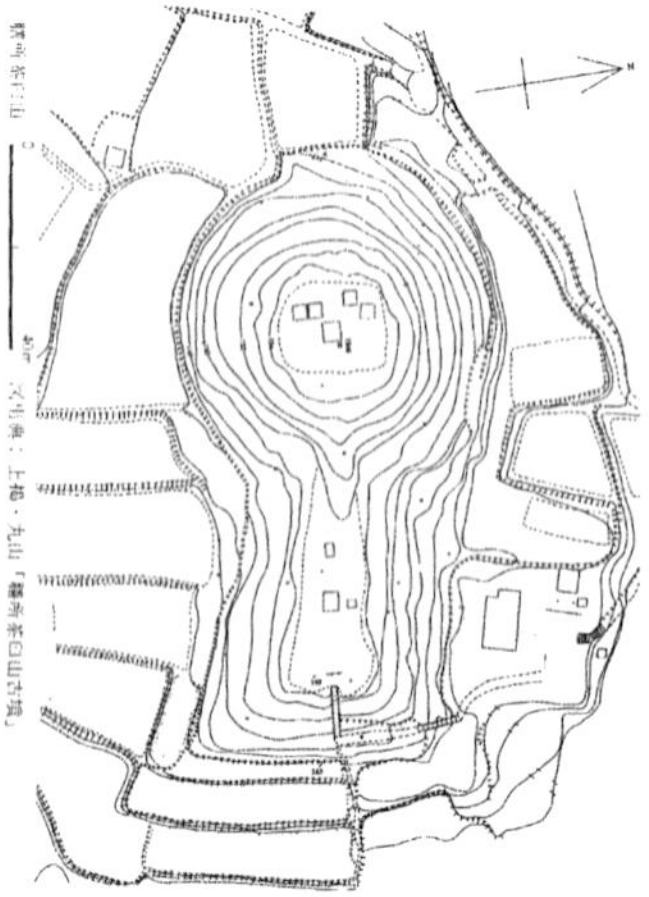

膳所茶臼山古墳

図４　雪野山古墳以降の琵琶湖地域

すなわち、鈴鹿の山道を考えることによって、湖東地域こそが、今日の話の前提とした琵琶湖の位置づけ、日本列島を貫く東西のルートと日本列島を横断する南北のルート、この交点であったことが理解できるのです。それ故に、古墳時代の開始期直後の混乱も大きく、しばらくは古墳の造営すらままならない状態にありました。しかし、やがて、雪野山古墳というヤマト王権に非常に重視された前方後円墳が営まれ、続いて安土瓢箪山古墳、荒神山古墳と、琵琶湖周辺で最大規模の古墳が造られることになったのです。

もちろん、他の地域でも古墳の造営は活発です。堅田地区では雪野山古墳時代からの安定した古墳の造営を続けており、湖北地域でも、引き続き五〇mあるいは三〇m程度の前方後円（方）墳を多く造っているようです。湖南地域では、円墳や帆立貝形古墳を造営します。湖東地域は、そうした地域の動向の頂点に位置する、琵琶湖の要衝としての地位を獲得したのです。

9. 北近畿の中で

さらに目を広げて考えてみましょう。この時代を考える上で無視できない地域は、京都府の北部、丹後地域です。ここでは二〇〇m級の前方後円墳を二基造ります。また、一四五mの前方後円墳もあります。当時の大王墓でも二五〇m級ですので、この丹後地域が非常に大きな権力をもっていたことが判明します。

これはなぜか。日本海の拠点として整備されたからにほかなりません。弥生時代の終わり頃、丹後地域は、直接行くのか、出雲・九州を経由するのか議論がありますが、朝鮮半島と活発に交渉していた可能性が指摘されています。鉄の素材を安定的に入手し、大和や尾張などと交易することで、大きな権力を手にしていたと考えられています。その後、古墳時代の開始期には、少し混乱し、衰退したようですが、四世紀後半、すなわち、朝鮮半島と直接交渉して鉄を入手すべき時代になれば、再び丹後地域が急速に発展するのです。ヤマト大王は、伝統的に朝鮮半島との関係が深い丹後地域を日本海の拠点として整備し、朝鮮半島との交渉の門戸として位置づけたのです。

ところで、弥生時代のことですが、この丹後地域は尾張、伊勢湾地域との深い関係を形成していました。最初に説明した三遠式銅鐸が丹後でも出土しています。また、丹後の王の一人は、おそらく尾張など東海地域で造られた腕輪を使用していたことも知られています。丹後と尾張の深い関係を示す事実だと思います。したがって、尾張などの東国に伝わる鉄器の一定以上が丹後を経由していた可能性を考えるべきだと思っています。

一方、ヤマト王権が生み出された目的は何かといえば、なぜ、大和盆地に大きな古墳が造られたかと言い換えてもよいですが、その答えの一つに、朝鮮半島から入って来る物資を、一度、瀬戸内海の最奥部である大和盆地まで持ってくる。そこから改めて配布することで、地域を越えた平等と安定を確立しようとしたとの考えがあります。そして、そうした体制を作ろうとした時に、丹後地域は必ずしも積極的ではありませんでした。弥生時代の終わり頃には、大きくて立派な墳丘墓を造っていますが、古墳時代の開始期には急激に墳墓の規模、内容が縮小するのです。独自に尾張など地域に鉄などの物資を流通させていた活動、これによって強大な力を蓄えていたわけですが、この活動と古墳を生み出す考えとは、相反する内容、考え方になるからです。

そうした歴史を前提として、丹後地域が再び日本海地域の拠点になることを想像してみてください。

丹後が再び門戸になって鉄を輸入すれば、以前のように、直接、尾張などに鉄を流通させることはないのだろうか。そうなれば、ヤマト王権の立場がなくなり、新しい体制は崩壊します。それを防ぐためにも、丹後から東海へ向かうルートの拠点となる琵琶湖地域へ、ヤマト王権は強く関与するようになったと考えることもできるのではないでしょうか。その重要地域となる高島地域には、有力な古墳を築造させず、また、湖北地域に対しては本格的にヤマト王権の影響力を発揮した。さらに、琵琶湖の三大古墳を造って、琵琶湖を通過するルートを確実に把握するとともに、御墓山《みはかやま》古墳や石山古墳を築造し、ヤマト王権と尾張・東海地域との直接的な交流を促した。丹後を拠点に朝鮮半島地域との本格的な交渉を始めるにあたって、琵琶湖の湖上交通の整備は不可欠だったのです。

このように考えてみますと、雪野山古墳の築造やその後の琵琶湖三大古墳の築造は、湖東地域だけにとどまる問題ではなく、丹後や尾張などとも連携していたことが理解していただけるかと思います。

なお、話は少し飛びますが、鈴鹿の山越えルートを強調してきましたが、関ヶ原を越えるルートはいつから使っていたのでしょうか。このルートこそが琵琶湖地域と尾張地域とを結ぶ最も便利で、実用的なルートであることはいうまでもありません。実は、滋賀県側にはこの段階の有力な古墳はありませんが、岐阜県側には、三大古墳から少し遅れる頃でしょうか、昼飯《ひるい》大塚古墳という、大きな前方後円墳が造られます。関ヶ原越は、岐阜県側の美濃から整備・管理されたということになるでしょう。なぜ、そうしたのか。日本海、琵琶湖、太平洋を結ぶ複雑で重要なルートの謎が隠されているような気がします。

10. そして五世紀へ

最後にいま一度、雪野山古墳と安土瓢箪山古墳、荒神山古墳の間にある大きな差について確認しておきたいと思います。これは、時代や規模に見られる差異ではありません。五世紀に向かっての大きな差異が存在すると考えています。

雪野山古墳は、地域のシンボルとでもいうべき山の頂に造られ、また、周辺には、今私が掘っている蛭子田遺跡もそうですが、同時代の集落遺跡も点在しています。したがって、新興勢力のヤマト王権に高く評価された被葬者であったとしても、その一方では地元を強く意識した、地元の王としての立場を強調した存在でもあったのです。言い換えれば、地元の人物と考えることが適切と考えています。石室から出土した土器が、それを示していると思います。

一方、安土瓢箪山古墳・荒神山古墳に関しては周りにそれらしい集落がなく、また、周辺からの眺望、見た目よりも、琵琶湖からの見た目、琵琶湖との関係のみを意識している立地となっています。もはや、地域の王という性格は見られません。むしろ、琵琶湖交通の管理者とでもいうべき地位・身分のみを示しているのです。

同じ交通を管理し、広い範囲での影響を発揮する古墳ですが、雪野山古墳はあくまで、地域の王として、その任務に就いている。しかし、安土瓢箪山古墳や荒神山古墳では、その任務に特化した人物になっているのです。同じ、前方後円墳に葬られる人物であっても、その変化は非常に大きいのではないかと考えています。これは、五世紀に通じる大きな問題なのです。

さて、その後の琵琶湖地域ですが、五世紀初頭頃の話になります。北の古保利古墳群では、突然規模を拡大し九〇ｍの西野山古墳が造られます。琵琶湖の北の出入り口を掌握する強力な王の登場です。おそらく、丹後地域が大型古墳を造らなくなったことと関連するかもしれません。残念ながら埴輪も葺石も持っていないので、規模・墳形以外の詳細は不明です。そして、これが古保利古墳群で最後の前方後円墳、王墓となっています。

次が石部の宮の森古墳です。現在円丘部しか残っていませんが、本来九〇～一〇〇ｍ級の前方後円墳であったと考えられます。ここでは埴輪も葺石も持っています。琵琶湖地域から伊勢へ通じる東海道の開発と関係し、あるいは、伊賀から甲賀を抜けて琵琶湖地域に入る、その拠点でもあります。

さらに、山城、山科から琵琶湖地域への門戸には、これも九〇ｍを超える前方後円墳である兜稲荷古墳が知られています。先ほどの大垣昼飯大塚古墳も同じ頃です。五世紀の琵琶湖地域も、大和から東国、あるいは北陸へ通じるルートとして発展するのです。

これを契機に、湖東地域では多くの古墳を築造するようになります。竜王町にも雨宮古墳という大きい古墳があります。その湖東南部の代表的な古墳としては、雪野山の山麓に、雪野山古墳から一〇〇年弱経ってからだと思いますが、木村古墳群の造営を開始します。五〇ｍを超える大型の方墳が三基、円墳が二基あります。現在は古墳公園になっています。その他、近江八幡市の千僧供《せんぞく》古墳群や、車塚古墳群、安土茶臼山古墳なども重要です。今日は、これ以上詳しい話はしませんが、安土瓢箪山古墳や荒神山古墳が担っていた役割を、小地域ごと王が分担したような動きと考えています。このように、五世紀になれば、琵琶湖周辺の各地に注目されるべき古墳が点々と築造されますが、今日の話はこれまでとしておきます。

おわりに

以上、雪野山古墳を中心に、琵琶湖地域の前期古墳を概観してきました。四世紀中心に弥生時代から古墳時代前期の話をしてきました。もう一度整理しますと、古墳時代とは、「倭国大乱」といわれる混乱の時代の解決策として、鉄器などの貴重品を一元的に管理することで混乱を回避しようとした、その中心が大和であり、その後ろ盾に中国王朝の権威を利用した時代として開始します。

一方、弥生時代の琵琶湖地域は、おそらく丹後から東海などの東国に運ばれる鉄などの貴重品を中継する立場にあり、また、畿内を通じて瀬戸内海地域、この地域が古墳を生み出す原動力の一つかとも思いますが、この西の方の勢力と東海地域、あるいは北陸を結びつける立場にもありました。すなわち、非常に大きな影響力を持つ地域で、独特の文化的、あるいは経済的な背景を持つ地域としての地位を確立していました。

そのため、古墳を造ろうという動き、ヤマト王権と言い換えておきますが、その動向とは相容れない部分が大きかった可能性があります。前方後方形周溝墓を造り続けた湖南地域、古墳の造営を行わない湖東地域の動向が、まさにそうした状況を示しているといえるでしょう。

これに対して、ヤマト王権は、例えば野洲川右岸という小さな地域に手厚く三角縁神獣鏡を配布する。あるいは、大津や長浜に早い段階の埴輪を持ち込むなど、琵琶湖周辺の要所に強く介入することで、琵琶湖地域との関係の再編成を進めていったのです。

そして、ヤマト王権が本格的に東国、中でも尾張との関係を形成するための施策を進めたとき、すなわち、桜井茶臼山古墳が築造された時と言い換えますが、これに連動して雪野山古墳が湖東地域の要衝に造られることになったのです。雪野山古墳の意義は、ここに尽きると考えています。そして、堅田地区の和邇大塚山古墳、湖北の若宮山古墳などとも関連し、琵琶湖の交通を利用し、あるいは、鈴鹿の山道を利用することで、弥生時代以来の琵琶湖地域の中心である湖南地域や湖東地域をいっそう牽制し、回避しつつ、ヤマト王権と東国、あるいは北陸を結ぶルートを整備していった、その重要な拠点として雪野山古墳が位置づけられるのです。そして、この動向をさらに拡大する中で、琵琶湖三大古墳である膳所茶臼山古墳、安土瓢箪山古墳、荒神山古墳が築造される。今日の結論は、そういうことになるかと思います。

そういう意味で、雪野山古墳は小さい古墳ですが、日本の歴史の中で、非常に重要な立場を表現していると考えています。

最後に、今後どうした課題があるのか。本日の重要なテーマ・前提である日本海側と太平洋側を結ぶルートについては、今の日本史の中では、あまり重要視されていません。しかし、今日の話でも、その重要性はご理解いただけたかと思います。そして、これとよく似た地域として信州を考えています。信州は、日本海側と太平洋を結ぶ重要な地域です。長野盆地、更埴《さらしな》市（現千曲《ちくま》市）付近には前方後円墳も多く造られます。今後、両者の比較を進めることは重要な課題と考えており、日本海と太平洋の問題をさらに深く考えてみたいと思っています。

さらに、日本海側と太平洋側を結びつける琵琶湖の重要性を示しているのが継体大王です。今後は、こうした視点から継体大王を見ることも必要だろうということで、いつの日かの予告としておきます。

以上、長い間、お聞きいただいて、ありがとうございました。

八、古墳時代前期甲冑の技術と系譜

鹿児島大学　橋《はし》本《もと》達《たつ》也《や》（二〇一一年十二月四日）

はじめに

ただ今ご紹介いただきました橋本達也です。私が雪野山に来ましたのは、学生時代、一九九二年（平成四年）に四次調査がありまして、それ以来のほぼ二〇年ぶりです。先ほど、冨田さんにご案内いただいて久々に雪野山に登って来ました。

当時私は、学生として調査に参加していたのですが、地域の景観とか歴史の中で雪野山のことをあまり考えていませんでした。当時は八日市市が調査の主体でしたので、八日市側から登っていて、あまりこちら側は意識して見ていなかったのです。ですので、今日こちらに来させていただいて、竜王はこんな所だったのかとあらためて知った次第です。古墳時代の前期に限らずいろいろな時代の遺跡があり、古墳時代後期の立派な横穴式石室や古代の雪野寺とか中世に至るまで本当にたくさんのすばらしい遺跡があることを知りました。今日のこの機会を与えていただいてむしろ私の方が勉強させていただいたような感じで、ありがたいのと思うですが、逆に申し訳ない気持ちにもなっております。今日これからですが、私が研究を進めてきました雪野山古墳から出土しました甲冑《かっちゅう》についてお話を進めさせていただきたいと思います。

この講座は三年連続の講座ですが、皆さんの中に三年間来られている方、どのくらいおられますか？

手を挙げていただけますか？ けっこうな比率でおられますね。三年のうち二回は来ているという方？ ほとんどの方ですね。では今年だけという方？ 若干いらっしゃいますが少ないですね。

では、雪野山についてはかなりいろいろなことをもう知り尽くしているので、私の話を聞いても仕方ないような方もいらっしゃるかもしれませんが、この古墳で出土した甲冑のことを専門的なところを含めて、難しくないように写真・スライドを中心に話をしていきたいと思います。

1．雪野山古墳の小札革綴冑

雪野山古墳の中で特徴的な出土遺物の一つに、小札《こざね》革《かわ》綴《とじ》冑《かぶと》という冑が存在します。資料2～3枚目を見ていただければ図面のコピーがあります。これらは長さ四㎝くらいの小札という小さな鉄板を組み合わせて作った冑です。小札には、いくつかの種類があり、幅が少し細め、広め、あるいは反り返っているものなどがあって、それらを組み合わせて冑が作られています。

その冑の復元をしたものがこの写真です（**図1**）。お手元の資料にコピーした写真（**図2**）とほぼ同じものですが、少し違います。**図2**は雪野山古墳を調査した後の、報告書に載っているものですが、紙製のレプリカで、**図1**は樹脂で作ったものです。板の厚みが少し違います。**図1**のものが正式版で、

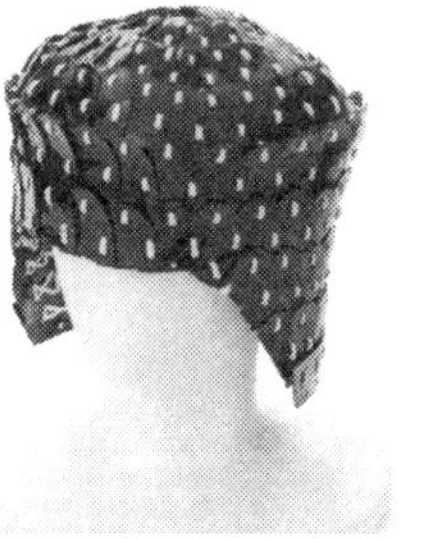

図1　復元小札革綴冑（樹旨製）

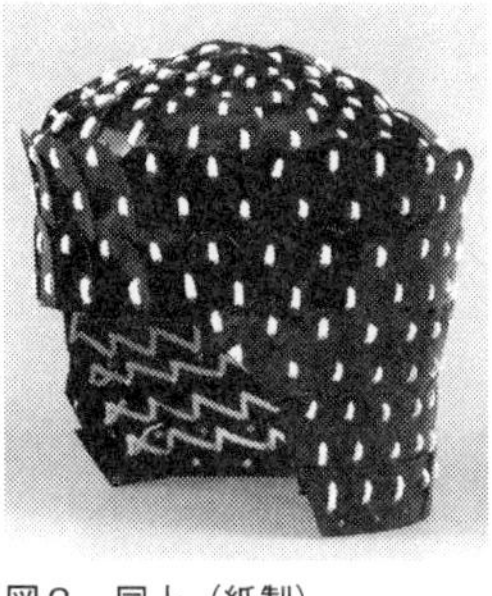

図2　同上（紙製）

これは今、安土城考古博物館に雪野山古墳の重要文化財資料と一緒に収蔵されています。こちらの紙製の報告書に載っているものは、どこにあるかといいますと、今ここにあります。これです。人形に被せてありますので、回覧して見てください。

なぜ私が持っているかといいますと、これは私が作りました。小札を一枚一枚原寸大に復元しまして、厚紙に漆《うるし》の塗料を塗って、紐《ひも》は鹿革の紐で綴じて作っております。この通りかどうかといわれますと、漆はこんな厚さか、色も真っ黒ではないかもしれませんし、紐にも漆を塗っていたかどうかは必ずしも説明できなかったので、白い紐が合っているかどうもわかりません。しかし、イメージとしてこんな物かなと思っています。とくに、小札を繋ぎ合せて作った形は、資料そのものに基づいて復元できたと思っております。

順次回して見ていただければと思いますが、中をのぞいて見ていただきますと小札に一枚一枚番号が振ってあります。それは出土状況時の、取り上げた時の番号で、小札の一枚一枚を現地で図面を描きながら番号を振って取り上げており、それに基づいて復元しています。

さて、雪野山古墳自体は今、皆さんこの窓開けたら見えますので、写真での紹介は必要ないと思います。私の記憶ではこの古墳の頂上からは琵琶湖や近江八幡、安土が見えたように思います。上から見たら非常によく見渡せるような所にあったと覚えております。山の頂上の前方後円墳として皆さんよくご存知かと思いますが、今朝も登って「しんどいな」と思いました。あんな所によく古墳を造ったなと今でも思います。登るのに精一杯なのに「なぜあんな所に古墳を造っているのかな」というようなところに立派な石室を造り、なかには大きな木棺がありまして、そしてその中には鏡など多くの副葬品がありました。そのことは、今までの講演でもご説明があったと思います。その中でもこの写真（**図3**）には写っていないのですが、下の方の端、木棺を乗せる粘土の台の外側一〇㎝くらいの隙間にも副葬品が並んでいるわけですね。これは昨年、杉井健さんのお話の際にお聞きになった方もおられるかと思いますが、棺の外側にも有機質製で漆塗りの木製品等が並んでいました。雪野山古墳に埋葬されている主は、おそらく写真の下側向き、北枕で葬られているのですが、頭側の北側棺外に小札革綴冑はありました。**図4**の上部の端から小札革綴冑が出土しました。

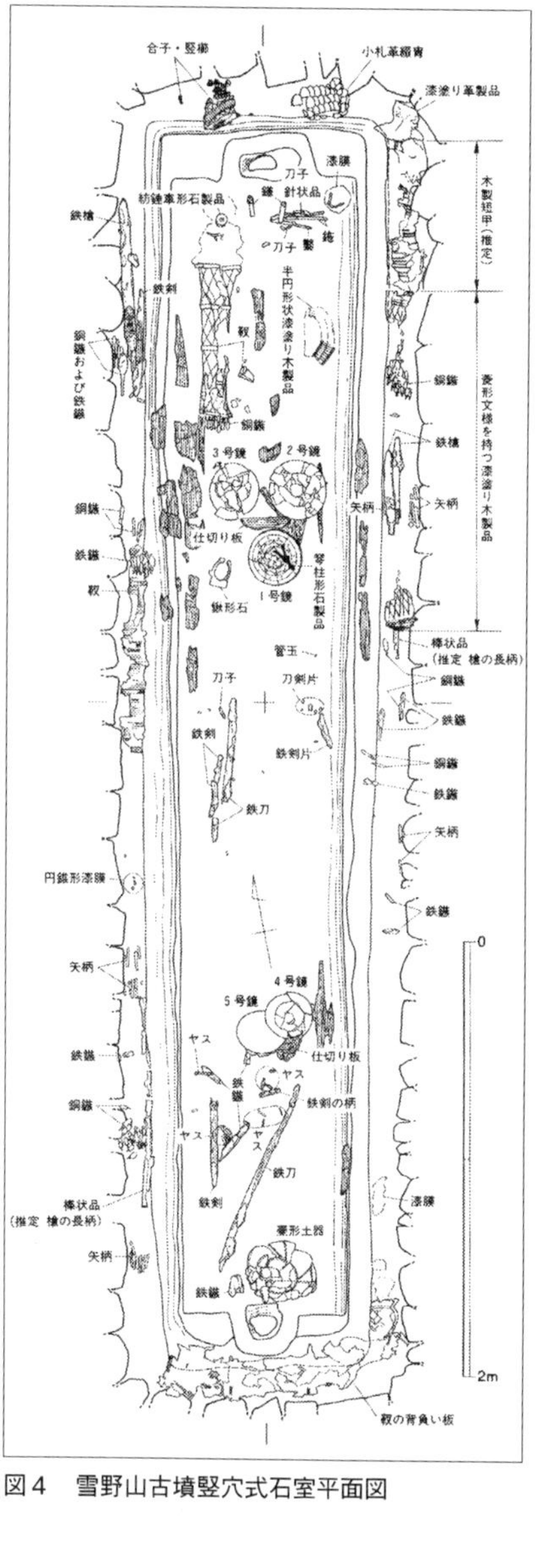

図4　雪野山古墳竪穴式石室平面図

図3　雪野山古墳の石室

この写真は小札革綴冑の出土状況のアップの写真です。最初は小札が並んだ状態で、丸くなっている状態です（図5①）。次は一番上の小札を外した状態（図5②）、それから三番目はグルット回る小札を外した状態です（図5③）。その次は斜め横から見たところですが（図5④）、棺外の隙間に差し込むように、狭いところに挟まっていて、下の方の小札が立った状態です。丸い冑を小さい隙間に差し込んだような出土状況です。

図6は冑の出土状況です。下側が木棺を載せた粘土床で上側は石室の壁になります。この図は北條芳隆さんが描かれた図です。図を描きながら番号をつけて取り上げが行われています。それを元に私が小札を見ながら、繋がりや関係を調べていって、どのように並んで出土しているのかを復元して、結果として、この冑の復元に至ったわけ

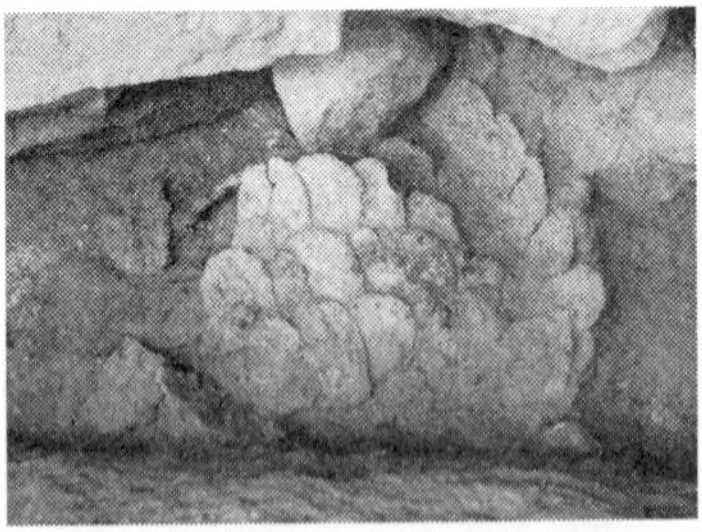

図5①　小札革綴冑出土状況 第1段階

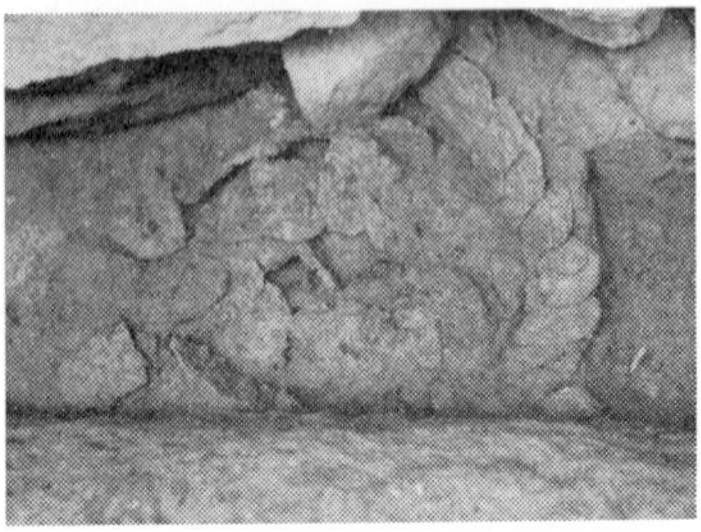

図5②　同上 第2段階

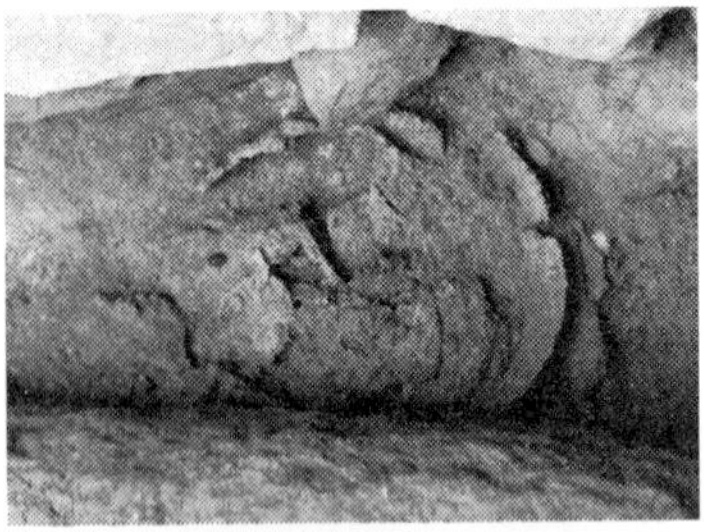

図5③　同右 第3段階

図5④　同右 第1段階斜めから

です。

原図では色を塗り分けて関係を表示しているのですが、黄色が一番下のところ、青が二列目、そして赤、緑と列毎に色塗りをしています。どれとどれが繋がるかは色を塗りながら検討していって、天辺の小札は紫で塗りました。小札どうしは、革紐を通して綴じる孔《あな》の間隔が同じでないと隣の小札と繋がらないので、何ミリかの幅ですが、そういった小札の孔の間隔を測ったり、あるいは一緒に並べてみて、小札どうしが横に来るか調べつつ復元しました。図や写真などを元に一個一個実物と見比べながら作業しています。

その結果できあがったのが、**図7**の小札の展開配置図です。これを見ていただくと一番下には腰巻板という板状の帯板があります。その上に小札が並んでいますが、Ⅰ段、Ⅱ段、Ⅲ段、Ⅳ段、Ⅴ段、Ⅵ段、Ⅶ段、天辺が一枚でおそらくⅧ段というように繋いでいると思います。上の方は厳密にはよく分からなかったのが正直なところですが、小札の破片を数えて復元しています。

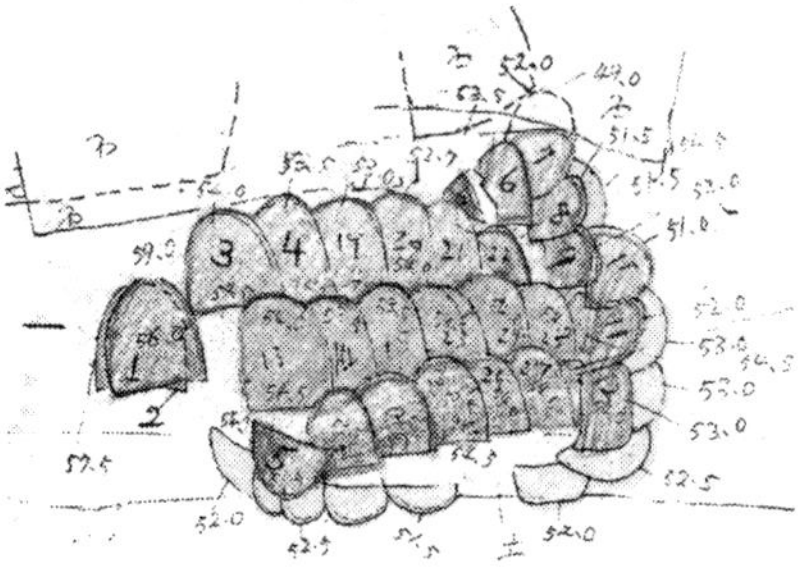

図6　小札革綴冑出土状況原図

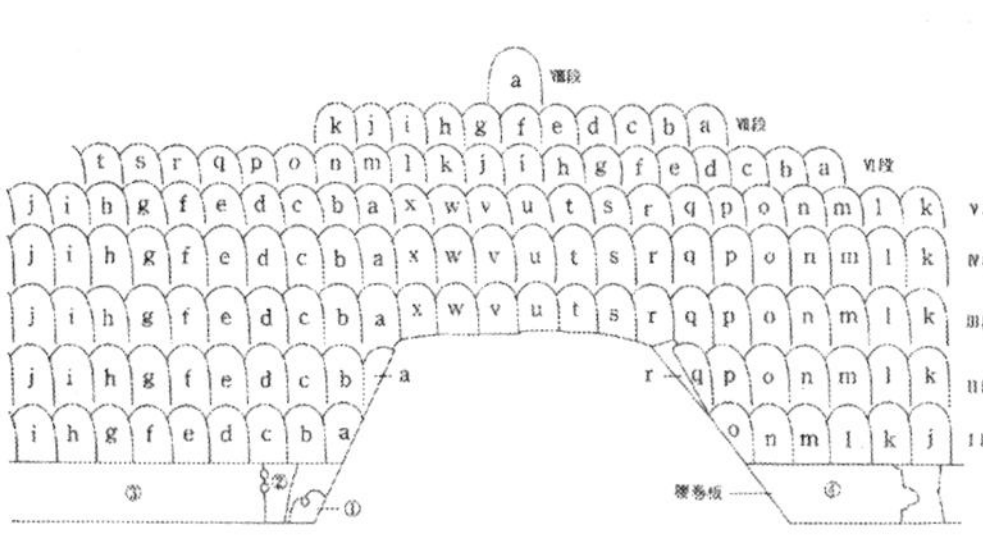

図7　小札革綴冑展開配置図

あと天辺にくるのは変な孔の開け方をした小札があったのでそれで復元しています。

最初はグルッとまん丸い形を想像していました。雪野山の調査以前にもこういう小札革綴冑が他の古墳から出土した例はありました。しかし全体の形状を復元された小札革綴冑はなかったんです。ですので、最初はこれもどのような形をしているのか本当はよくわかっていませんでした。

復元していくなかで順番に並べていくと、下の方の段に小札が無い部分があるということに気付き、さらに調べていきますと、最初は斜めに割れていると思っていた小札が本来斜めにカットしたものであることがわかりました。組み立てる前は、こんな形態だとはわからなかったので、欠損している小札が何枚かあると思っていたのですが、意図的にどうも切っているような感じがあると思い調べていくと、前の部分のⅢ段目の下のところまでは、くり抜いて額の形になることがわかってきました。

図8は製作途中のポラロイド写真です。最初は紐も紙紐で留めている状態です。試作品として作り始めましたが、これらの小札で本当に冑ができるのか、都出比呂志《つでひろし》先生をはじめみなさんに、まあいろいろやってみろと言われて作ってみました。できあがったものをすぐ都出先生はかぶって試されて「うん、これなら良いね」と言われました。都出先生の頭にはちょうど入りましたが、私には少しキツかったですね。最終的にそれが今ここにあるものですが、その後に作り直したものが完成版として安土城考古博物館に収蔵されています。

写真では見えにくいと思いますので、実物を見ていただくと、腰巻板という細長い板がグルッと下を巻いていて、先端は斜めにカットしています。これも最初の頃は斜めになっているのは割れているんだろうと思っていま

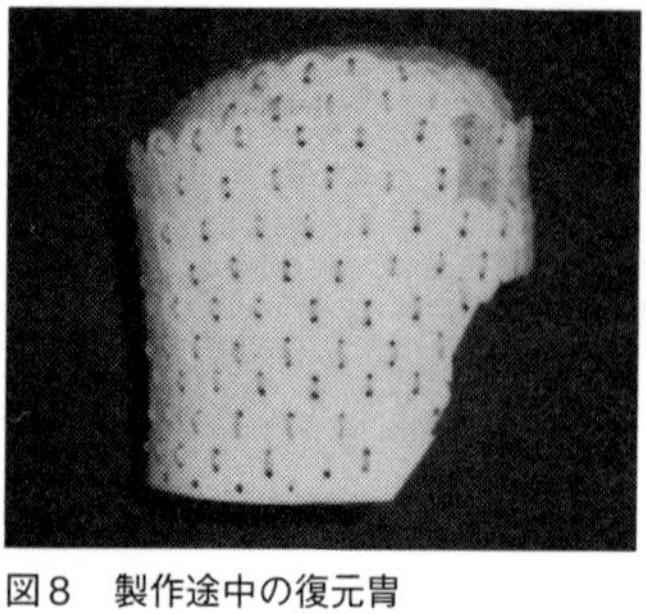

図８　製作途中の復元冑

した。その上の三角形をした小札ははじめはサビだといわれていて、ある研究者は「このサビ取ってしまえ」といわれたんです。「その方がきれいに見える」と言われたくらい、それくらい最初はわかっていなかったんです。それを組み立てていったら、実はここの三角の飛び出ている所もサビではなくて意味がありました。額のカーブが丸く収まるように加工した小札だったのです。

額のところにあたる小札というのは、本来の小札を一回作って、それを後から切って形を調整しています。だから孔が切れて半分になっているものなどがあります。額の正面の部分では小札が長すぎるので、切って短くしてあり、下側の孔は切れて使えなくなっています。もともと、額に合わせて小札の形を作ったのではないのです。

図9ですが、カーブしているものとか、孔が少し切れているものがあります。上から2段目右端ののは**図7**のⅢ段目のaとxの小札です。この小札は斜めにカットしていて、aの小札の下の孔は半分切れている状態です。もともと小札は同じ形のものを一連で作るようになっているのですが、こういうようにあとから設計変更、加工して形を整えています。最初は割れていると思っていたものを、何か変だなと思って並べていくと、ここが額の部分になりました。

図10が全貌を並べた写真です。一番下にある腰巻板という板は割れていますのでグルッと全部はつながっていません。Ⅰ段目は前側を斜めにカットしています。Ⅱ段目も斜めにカットしてありますが、左前には三角に入る小さい小札が付いています。最初にサビだといわれていたものです。Ⅲ段のsの小札にも端っこ斜めにピョコッとカーブを付けるように出っ張りを付けています。

下の方の小札は、割と平らに近く、上下には反りがあまりないです。ところがⅣ段目の小札は非常に大きく外側に反ります。最初はなぜ反るのか「反っているこの角度で冑ができるのか」と皆で言っていたのですが、実際には反っている小札を並べて復元して、その上の段を載せるとちょうど径が合って上段が載るようにできあがりました。下からⅣ段目までは徐々に反るような感じで、Ⅳ段目はキュッと反ります。その上のⅤ段目・Ⅵ段目は逆に、すごく内側に傾いて内湾するカーブをしています。組み立てるまでは、私も半信半疑で作っていましたが、実際にはこういった反ってから内傾する輪郭にうまくできあがりました。このような形も雪野山古墳で初めてわかりました。ですから小札革綴冑を

図９　雪野山古墳のさまざまな小札

知るうえで、本当に初めて尽くしだったわけです。

図11〜14はいままで、私も他で使ったことがない、私自身が撮った写真です。雪野山古墳の小札のアップの写真です。これが額の部分でピョコッと出ていて、孔はカットされています。これはⅢ段のaとxのところです（図12）。腰巻板とⅠ、Ⅱ、Ⅲ段目の関係ですが斜めにカットされた小札と腰巻板も斜めにカットしたものが連なります（図13）。これが額の部分で、あと状態の良いこの辺りがおそらく漆だと思いますが（図12）、黒く塗ってあります。ところが漆の専門家で滋賀県文化財保護協会に中川正人さんがいらっしゃいますが、分析しても薄すぎて漆の膜が出てこないし、顕微鏡で観察してもよくわからないので明確な結論は出ませんでした。黒い漆を塗ったような状態に、肉眼では見えますが、ほとんどサビていて、色もよくわからないことが多いのです。

腰巻板には、毛革のような物がベタッと着いている部分があります（図14）。また、腰巻板には小札を綴じる孔以外に、もう一つ

図10　小札革綴冑全体

図11　Ⅲ段の前額部

図12　Ⅲ段のaとx

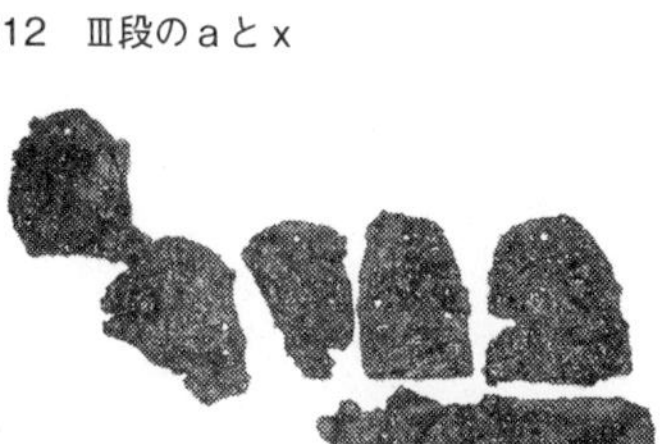

図13　前額部左側Ⅰ〜Ⅲ段

用途不明の孔列があります。革とか何かを留めていたかのではないかと思われます。あるいは、腰巻板から下に革状の物を垂らしていたのかもと思いますが、よくわからないままでした。

あるいは本当にわかりにくいのですが、小札の孔の周辺に、おそらく革と思われる紐の痕跡が見えるところが若干あります。写真でもほとんどお伝えすることができないほどわかりづらいのですが、おそらく革紐の痕跡だろうなと思うものがあります。

復元された冑の図面が**図15**です。私が手描きした図面です。復元冑を元に計測値を起こして描きました。これは当時の私の狭いアパートで描いた図面ですが、この冑の復元、作図は一九九五年（平成七年）の正月前後に作業をしていました。

一九九五年の正月といいますと、阪神大震災のあった時です。正月中にかけて完成させた復元冑を私は、当時、雪野山の整理の中心メンバーだった高田健一さんに預けました。彼の家は尼崎で、震災のその時、冑は彼の家にありまして、彼の家は被災して本棚とかがみんな倒れて、家の中はグチャグチャになりました。ところが、十七日の日に彼は、冑を大学に持って行くつもりで、忘れないように家の玄関に置いていたそうです。自分の部屋は本棚が倒れてグチャグチャになったけど、玄関に置いてあったので助かりました。もし彼が自分の部屋に置いて寝ていたら安土城考古博物館のレプリカは今は

図14　腰巻板細部

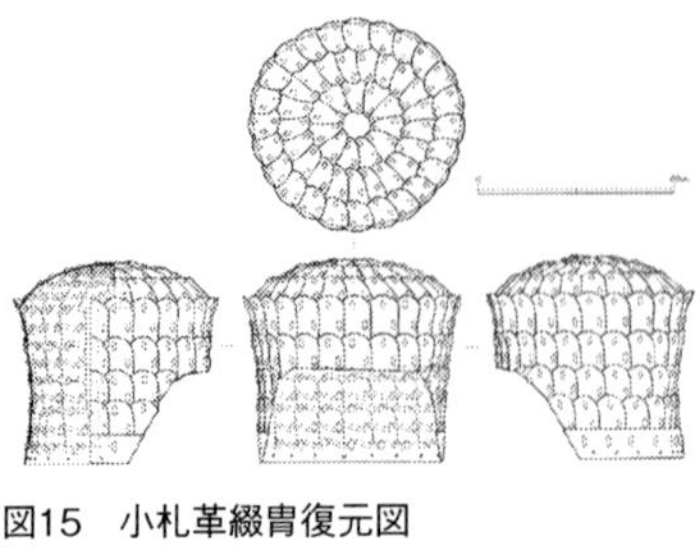

図15　小札革綴冑復元図

なかったかもしれません。これを作ったのはその頃のことです。

2. 小札革綴冑の類例

この冑以前には小札革綴冑の復元図というものがそもそもなかったので、前期古墳の副葬品を語るうえでこの図（**図15**）はよく引用されています。

先に、こういうものの類例がいくつかあると言いましたが、代表的な事例として昔から知られていたのは、京都府の山城市になりますが、奈良との県境にあります椿《つばい》井大塚山古墳です。大量の三角縁神獣鏡が出土したことで有名な古墳ですが、ここでも小札革綴冑が出土しています（**図16**）。以前は、こちらの冑の方がむしろ著名でした。ただ、復元的な図の案がいくつか出されているのですが、実際にはどれも正確とはいえません。

冑破片も塊として多く残っていて、小札の数も揃っていて、私も京都大学で実物をかなり観察させていただき、復元しようといろいろ考えましたが、いまだにこの冑の全体の形はこうだと説明するのは難しいのです。足りない部分とか腰巻板がどこに入っているのかを考えると完全な形は説明しづらいです。そういった意味で、雪野山の出土状況のように調査時の記録がどれだけ正確に取られたかが大事になってくるわけです。

ただ言えることがいくつかありまして、下端には腰巻板という帯状の板があり

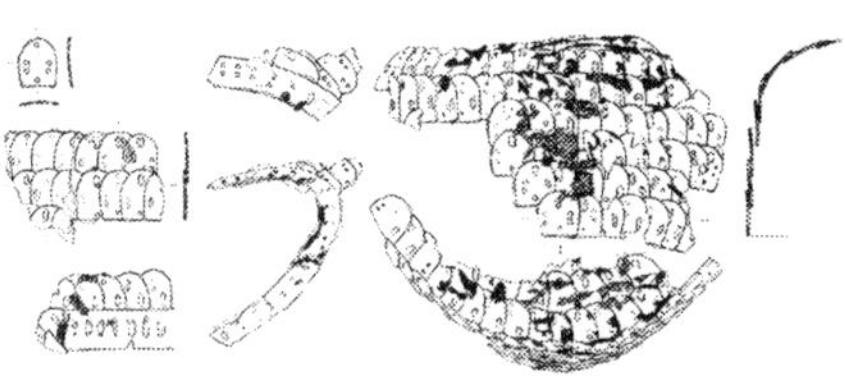

図16　椿井大塚山古墳の小札革綴冑

ます。腰巻板があってその上に小札を何段も重ねていく構造があって、椿井大塚山の場合には反り返った部分が無いので、グルッと丸く収まっていきます。ですから雪野山の冑とは形が違うのは確かです。

おそらく前側（額部）が上へあがっているのは間違いないと思います。雪野山の場合、腰巻板は前の額の部分にはないのですが、椿井大塚山では腰巻板自体がカーブして、額の部分にもあるようです（**図16中央**）。ただ、それがどういうふうに後ろ側と繋がっているのか、腰巻板の前後関係の説明は難しいです。

また細かい話ですが、椿井大塚山には小札が二種類ありまして、小札を左上方向に順番に重ねていくように作ってあるものが主で（**図16右図**）、ほかには右上に重ねる、反対になっているものがあります（**図16左図**）。それらは一緒にはくっつきませんので、別のパーツを構成するものだと思います。

冑本体とみられる左上重ねの小札はカーブがあって丸いのですが、右上重ねの小札は平べったくて作りが違います。椿井大塚山古墳の冑には、通常の冑とそれ以外の小札で作った別の甲冑があることになりますが、右上重ねの小札は錣《しころ》などの付属具ではないかと考えています。

三重県の石山古墳も状態がいいですね（**図17**）。小札を天辺まで丸く積み重ねていくわけですね。この写真では最初、私はずっと真ん丸いものかと思ってみていましたが、実際には下方の段、Ⅰ～Ⅲ段目までは一部小札がないところがあります。ということは下の部分、顔面の正面の部分は小札がないのです。Ⅰ、Ⅱ、Ⅲ段目は、耳から後ろ部分は小札が回りますが、額の部分には小札がなく、そこから上の段では小札がグルッと一周回ると

図17　石山古墳の小札革綴冑

いうものです。天辺まで全部で一三～一四段小札があります。
おおむね形がわかるものでみても小札革綴冑はそれぞれが個性的なことを特徴としています。
小札の写真ばかり見てもあまり面白くないかもしれません。同じものがたくさんあるとしか見えないでしょう。小札革綴冑の一覧表をご覧ください（**表1**）。

石塚山古墳は福岡県の北九州市の南側、京都郡苅田町《みやこぐんかんだまち》にあり、これも三角縁神獣鏡がたくさん出た古墳です。西求女《もとめ》塚古墳は神戸です。忍岡《しのぶがおか》古墳は大阪の北河内、玉手山六号墳が大阪府柏原市、貝吹山は岸和田市、それから黒塚は著名な奈良の大和柳本古墳群にあり、三角縁神獣鏡が大量に出土したことで有名です。それから椿井大塚山古墳です。瓦谷一号墳も山城市です。奈良と京都の県境付近で椿井大塚山古墳に近い所です。妙見山は向日市、黄金塚二号墳は京都市です。そして雪野山。伊賀上野の石山古墳。最後に有明山将軍山は長野市の南側の千曲市にあります。

九州とか長野とか離れたところにもありますが、基本的には近畿に中心がありまして、なかでも京都、大阪、そして奈良を核としています。

雪野山というのはその中では少し外れたところにありますが、こういったものを所有しているのは、古墳時代前期の近畿の王権の中枢にあって三角縁神獣鏡をたくさん持つような古墳に多いわけです。そういうグループの古墳というか、この冑を持っている被葬者の性格に有力首長層としての共通性があると思います。

表１　小札革綴冑一覧

古墳名	古墳要素				冑出土位置	冑構造						小札要素		
	墳形	規模	埋蔵施設	頭位		冑段数	重ね	綴法	腰巻板	覆輪	錣	枚数	種類	形態
石塚山古墳	前方後円	110	竪穴石室	北西	頭小口		右	横綴				?	3	A・B
西求女塚古墳	前方後方	100	竪穴石室	北北東			右？					1＋	1＋	A
忍岡古墳	前方後円	90	竪穴石室	北			左					7＋	1	B
玉手山３号墳	前方後円	100	竪穴石室	北西					有			9＋		A・B
玉手山６号墳	前方後円	30(70)	竪穴石室	北	頭小口		右		無？			166＋	1	B
貝吹山古墳	前方後円	130	竪穴石室	北西			左	横綴				8＋	2＋	A・B
黒塚古墳	前方後円	130	竪穴石室	北	足小口		左・右		有			600＋		
椿井大塚山古墳	前方後円	169	竪穴石室	北北東	棺外頭小口	9＋	左・右	横綴	１段・分割	無	有？	527＋	1	A
瓦谷１号墳	前方後円	48	粘土槨	北	棺内頭小口	5	右	斜綴	２段	布包	無	(76)	3	B
妙見山古墳	前方後円	114	竪穴石室	東北東	足側副室内		左・右		無？			190＋	4	B
黄金塚２号墳	前方後円	120	粘土槨	東？			左		１段	無	無	30＋	1	B
雪野山古墳	前方後円	70	竪穴石室	北	棺外頭小口	8	左	横綴？	１段	無	革？	137	5＋	B
石山古墳	前方後円	120	粘土槨	北東	棺内頭小口	14	右	横綴	無	革包	無	310＋	1	B
有明山将軍山古墳	前方後円	37	竪穴石室	西北西	棺内足側		右	横綴？				10＋	3	A・B

3. 木甲について

ここまでは小札革綴冑について説明してきましたが、実は雪野山古墳にはこの冑以外に、甲《よろい》も存在します。これは報告書にも書かれているのですが、あまり知られていません。木製の甲です。冑は鉄ですが甲は木製なのです。

冑は先ほどの図面の棺外の一番北側の隙間の所に入っていましたが、その右横、方位でいうと頭の方が北になりますので、北東側の角付近に拡がるウニャウニャとしたもの、出土した時には漆の膜でしかありませんでした。石室の中のこの隙間に、本体は残っていませんが、漆は腐らないので黒い漆膜だけが残っていました。それを取り上げて観察をしたところ結論としては木製甲で良いと考えています。

この角、コーナー部にあるものはどうもよくわかりませんでしたが、これは漆塗りの革製品だと考えられます。革製品の南側に木製甲があって、横に冑がありますから、鉄製冑、革製品、漆塗り木製甲が並んでいるということになり、間に入っている革製の漆塗り製品もおそらく甲冑の一部であろうと考えています。ただこれに関しては、構造や技術とかがわかるようなものは何もなかったので、おそらく甲冑に関わる何かであろうという以外になんとも説明できません。

図18は漆膜を取り上げた状態で、樹脂を塗ってはがして取り上げられました。構造物が潰れて漆膜の状態なので表裏がありますが、現在見られるのは出土状況の裏面、発掘当時の土の中に埋まっていた方です。漆膜も今、雪野山古墳の資料として一緒に収蔵されていますが、実物や写真で見るより図面で見た方がわかりやすいです。

図19の木甲の図面を見ていただききますと、左右二つ並んでいるのは、これは裏と表の両面の図です。

左側が現場の出土状況、右側の図は裏返して今現在見られる図です。これで見ていただきますと、左側の方は横方向のラインが何本か並んでいます。それから右側の方では、右上から左斜めに下がっているラインが並んでいるとともに、その下の方にはバッテンみたいな線が見え

図19　木甲図

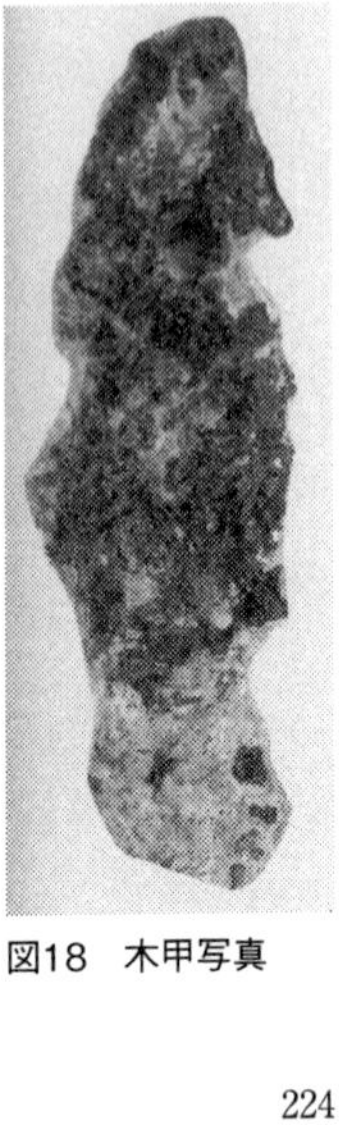

図18　木甲写真

るのがわかるかと思います。筋状の線や丸とかがあって、線が斜め・横・バッテンに入っているのです。これはむしろ写真で見るとわからないのですが、文様があるというのがわかっていただければ良いかと思います。

　これは何かと考えますと、他にいくつか類例があります（図20）。これは福岡市の雀《ささ》居《い》遺跡から半分割れた状態で出土した木製の甲ですが、腰部付近に孔がポンポンポンと並んでいまして、そこに紐が通してあります。雪野山の筋状ラインと同じ構造です。同様のものが滋賀県彦根市の松原内《ない》湖《こ》遺跡の出土資料にもあります。木製の漆塗りの甲で、古墳時代前期の雪野山と同じ時期です。

　これら孔に紐を通した列が並ぶ技法が共通してみられるのは、木製の甲でしかも漆塗りのものです。破片で状態は良くないですが守山市赤野井湾遺跡からも出土しています。古墳時代前期四世紀代というのは木製の甲がある程度、使われていたことが発掘事例等からわかっています。

　この紐列が共通してみられる木製品には、実はもう一種ありまして、木製の盾なんです。むしろ板材で作った甲と盾だけに使う縦割れを抑える技術です。盾には紐列を数多く密に入れるものが多くて、この紐列自体が文様の役割を果たすことも知られますが、一方で、彫刻文はみられません。ですので、類例からするとおそらく盾ではなさそうだということが消去法ですけれど、その可能性が浮かんできます。それとともに、福岡市雀居遺

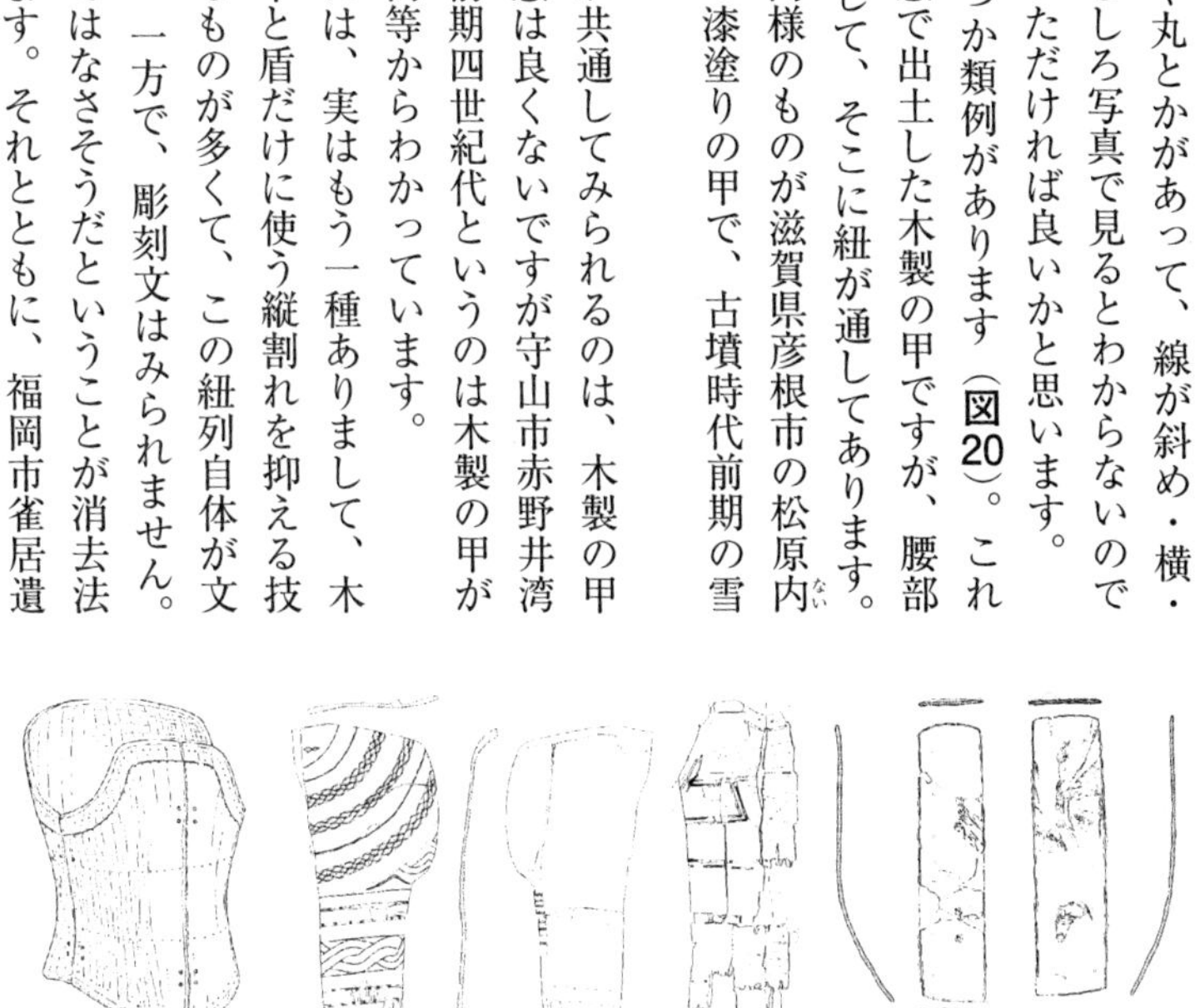

図20　弥生終末〜古墳時代木甲の諸例

跡の木製甲に関しては、直弧文の原型になるといわれていますが弥生終末期の組紐文が入っています。直弧文と共通性のあるようなレリーフが、この雀居遺跡の短甲には彫ってあります。

このような文様を彫り、なおかつ、この紐列をもっているのは木製甲になるわけです。

雀居遺跡の木甲の分析では、漆ではなく、どうも柿渋のようなものではないかといわれるものですが黒い塗料が塗ってありました。松原内湖遺跡の木甲は真っ黒な漆を塗っています。赤野井湾・松原内湖は紐の痕跡も盛上がる漆膜がそのまま残っています。

こういう類例からすると、雪野山の棺外北東部にある漆塗り木製品は古墳時代前期の木甲であり、雀居遺跡のものをもっと豪華にしたような例になります。

これは弥生時代後期の浜松にある伊場遺跡のものですけれども（図21）、こういう木製の甲の中には、伝統的に装飾性の高いものと、飾りの少ないものとの両方があって、古墳時代前期にも実戦用に近いものや有力者が身に付ける装飾性の高いものの両者があります。古墳時代中期には木甲は確認できませんので、鉄製甲冑に一元化された可能性が考えられるのですが、古墳時代前期、四世紀までは、そういう弥生時代以来の伝統的な木製甲がまだ色濃く残っていたのです。前期古墳で鉄製の小札革綴冑しか出土しない場合があるのは、実は甲には木製品を用いているからではないかとも考えられます。

もう一つ（図19右）、椿井大塚山古墳の何かわからない鉄板の図があります。鉄製引合板と書きました。甲の一部だと思うのですが、鉄板の部分がこの二枚しか出土していないので、甲本体は木製品で、前

図21　伊場遺跡出土の木甲

の合わせ部だけをどうも鉄板で作っているのだろうと考えています。甲本体は出てこないのに引き合わせのところだけの鉄板が出てきて、小札革綴冑が出土しています。ですから、当時の調査では漆膜とかはあったかもしれませんが、木製品は認識しなかった可能性があるのではないでしょうか。椿井大塚山古墳に関しても、私は木製甲があったものと推測しています。

4．古墳時代前期の甲冑セット

そうしてみますと、小札革綴冑の類例の中で鉄製甲とセットになっているのは瓦谷一号墳だけなんです。瓦谷一号墳は十四基の小札革綴冑出土古墳の中では一番新しい時期の古墳です。そこにだけ鉄製甲が伴っています。

本来は鉄製の冑に鉄製の甲が伴うのではなくて、鉄製冑だけで動いているのか、木製甲とセットになるようです。鉄製の甲・冑はセットになっていないのです。

雪野山の事例で考えますと、木製甲プラス鉄の冑という組み合わせです。古墳時代前期に鉄製の甲がないわけではありません。四角い鉄板を並べてくっつけた、竪矧板革綴短甲《たてはぎばんかわとじたんこう》、方形板《ほうけいばん》革綴短甲というものがあります（**表2**）。この短甲はもともと朝鮮半島南部にルーツがあり、日本列島でつくられるようになったものだと考えています。この類例が出土した古墳には、皆さんご存じの安土瓢箪山古墳がありますが（**図22**）、この古墳では冑を伴なっていません。面白いことに竪矧板革綴短甲、方形板革綴短甲は同じ古墳時代前期にありながら鉄製の冑を伴いません。

もう少しいくつか前期の甲冑を紹介しておきます。これは奈良県の葛城にあります城山二号墳から出

表２　竪矧板・方形板革綴短甲一覧

古墳名	古墳要素						竪矧板・方形板革綴短甲構成要素									
	墳形	規模	埋葬施設	頭位	地板型式	出土位置	地板枚数 下段	地板枚数 中段	地板枚数 上段	押付板	上重	地板・縦/横穿孔数 上	地板・縦/横穿孔数 中	地板・縦/横穿孔数 下	引合板	覆輪
稲童15号墳	円	6	箱式石棺		方形板		12	12	11	1段	全段	4/3	4/3	2/3	無	1－a
若八幡宮古墳	前方後円	47	粘土槨	西	方形板	棺外頭小口	19	19	17	2段	中段	3/2	3/2	3/2	無	1－a
熊本山古墳	円	30？	舟形石棺	北西	方形板	頭側副室内	13	12	11	1段	全段	4/3		4/3	両	1-a/2-a
中山B-1号墳	前方後方	22	箱式石棺	北東	方形板	頭側副室内	15	14	13	1段	全段	4/3	4/3	4/3	左	1－a
奥の前古墳	前方後円	70	組合石棺	北	竪矧板			*	*	無	*					
北大塚古墳	前方後円	(140)	（石棺）		方形板							/3				
茨木将軍山古墳	前方後円	107	竪穴石室	東		（棺外）										1－a
紫金山古墳	前方後円	100	竪穴石室	北北東	竪矧板	棺外足小口	34	*	*	3段	*	9	*	*	両(左大)	1－a+L
新沢500号墳	前方後円	62	粘土槨	西北西	方形板	副槨内				1段	全段	4/3	4/3	4/3	左	1－a
鴨都波1号墳	方	20	粘土槨	北北東	方形板	棺外頭側辺	(9)			1段	全段				（右）	1－a
大墓古墳					方形板					（無）		7/2, 2/5, etc.				
タニグチ1号墳	円	20	粘土槨	南	方形板	棺外足側辺	11	11	12	1段	全段	4/4	4/4	4/4	両	1－a
上殿古墳	円	23	粘土槨	北北西	方形板	棺外足小口	14	13	13	1段	全段	4/3	4/3	4/3	左	1－b
					方形板	棺外頭小口	9	9	9	襟付	全段	3/4	3/4	3/4	左	1－a
瓦谷1号墳	前方後円	48	粘土槨	北	方形板	棺内頭小口				1段	全段	4/3	4/3	4/3	（両）	1－a
鞍岡山3号墳	円	40	粘土槨	北	方形－長方板	棺外足小口	7	7	(10)	湾曲	中段	3/4	後4/3 前3/5	後4/3 前3/5	左	1－a
園部垣内古墳	前方後円	82	粘土槨	東南東	方形板	棺外足側辺	13	13	13	2段	中段	4/3	4/3	4/3	両	1－a
安土瓢箪山古墳	前方後円	162	竪穴石室	北東	方形板	棺外頭小口	13	13	(16)	1段	中段	4/2	4/2	4/2	無	1－a
舟木山98号墳	前方後円	39	木棺直葬	北西	方形板	棺内頭小口	12	12	12	2段	全段		3/3	3/2-3	無	1－a
雨の宮1号墳	前方後方	64	粘土槨	北	方形板	棺内足小口	11	11	11	1段	中段	4/3	4/3	3-4/3	左	1－b
大丸山古墳	前方後円	99	竪穴石室	西南西	竪矧板	棺上足小口	17	*	*	0	*	19	*	*		
狐塚古墳	前方後方	40	粘土槨	北	方形板	棺内頭小口	13	13	*	（3段）	全段				右	1－a

土した小札で作った甲です（図23）。小札革綴甲です。この小札で作った甲を持っている首長は、小札の冑は持っておらず、同時には出土しません。石塚山古墳と同じ福岡県の豊前地域の行橋市にあります琵琶隈《びわのくま》古墳からも小札革綴甲が出土していますが、これも冑を伴わないのです。

あと古墳時代前期には籠手《こて》がありますが、両手ではなくて片手分だけが出土します。縦長の板で作った籠手で大阪府羽曳野市の古市古墳群の南側にある庭鳥塚古墳、大阪府茨木市の紫金山《しきんざん》古墳では短甲と一緒に出土しています。一枚板の鉄板をグルッと曲げて作ったものは、千葉県の木更津、手古塚《てこづか》古墳で出土しています。

甲や冑、籠手が古墳時代前期という同時期にあるのですが、鉄製の短甲と冑がセットで出土しているのは、先ほどいいました瓦谷一号墳だけです。なぜこのようなことが起こるのかもう少し視野を広げて見ていきたいと思います。

5．中国の甲冑系との関係

もう少し広く見ていきますと、知らない方はおられないと思いますが、中国の始皇帝陵の兵馬俑《へいばよう》があります。この兵士達はどういうものを着ているかといいますと、札状のものを繋げてつくった鎧を着ております（図

図22　安土瓢箪山古墳出土の方形板革綴短甲

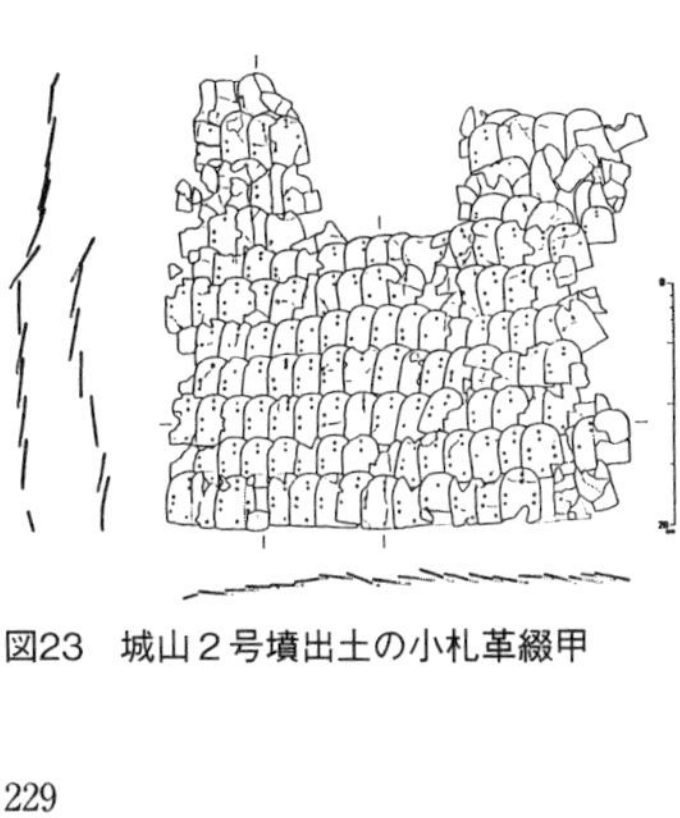

図23　城山２号墳出土の小札革綴甲

24）。これは秦の始皇帝の時代、西暦紀元前二〇〇年代の時期の甲の実物の立体コピーのような物ですから、おそらく中国の甲冑に、こういう板状のものを連結してつくる系譜があると考えられます。繋げて綴じて動かない胸の部分と、下の腰や肩には威《おど》し紐があって動くようになっている部分があります。伸縮する部分としない部分を組み合わせて作った鎧です。

図24　始皇帝陵兵馬俑

　始皇帝陵の巨大な墳丘があって、その周りにいろいろな構築物があって、その外側の遥か彼方に兵馬俑坑はあります。始皇帝陵には別のいろんな施設がありますが、一九九七・九八年に石鎧坑というものも見つかっています。石製の鎧を入れた坑です。これがまた不思議なもので鉄板ではなく、石の札を連ねて綴じ合わせて作った鎧なのです（図25）。伸縮する部分としない部分がありまして、鎧の方は兵馬俑によってわかっていましたが、冑の方にも実は小さい板を重ねて作るものが、この時代にあるということが初めてわかりました。兵馬俑の甲冑を着た人達は全員冑を被ってないですよね。ですので、冑の系譜はそれまでよくわかっていませんでした。

　中国では、秦・漢の前の戦国時代、紀元前三、四世紀になりますが、その時代には小さい札状のものを重ねて作った冑が中国北部で出土しています。燕《えん》の国、燕下都の遺跡で出土していますので、おそらく中国的な冑の系譜がこの時期には遡れると考えられます。

　ついでにいいますと、始皇帝陵の墳丘自体はこれだけですけど、その周りに石鎧坑や兵馬桶坑があります。日本の大仙陵古墳（仁徳陵古墳）を世界遺産にしようとかで、世界的に最大の古墳といっておりますが、墳丘部分だけを見るとそうかもしれませんが、大きさ全体を比較すると始皇帝陵は桁違いですし、墳丘だけで比較することに本当に意味があるのかというレベルです。余談ですけども。

前漢代になりますと、さらにこういう一方が丸くてもう一方が四角い形の小札、これを用いたものを中国では魚鱗甲といいますが、このタイプの甲冑が出てきます。これは西安北郊から出土したものですが、同じように小札を連ねて作った冑があります（図26）。

それから類例として、形状は丸く収まっていなくて上が開いている復元になっていますが、前漢の地方の王族の一人で斉王の墓や、前漢の徐州にあります楚王陵といわれている王族墓でも冑が出土しています。やはり札を用いた技術です。前漢代には小札革綴冑にわりと近いものが出てきます。

楚王陵とはどんなものかといいますと、写真をご覧ください（写真省略）。前漢の皇帝一族の王の墓はこんなレベルです。墳丘で比較するバカバカしさをちょっと見ていただきたいと思います。墳丘がないんですここは。岩をくり抜いて作っていて、これが入口です。その奥の方に二〇〇mほど先の彼方に玄室があります。こういった王族墓の副葬品に鎧も採用されています。

斉王墓や楚王陵、西安北郊出土品など前漢の甲冑資料はいくつかあるのですが、後漢以後は中国で副葬品の中には甲冑は選ばれない、無粋なものを持ち込まないようになります。甲冑に関連して出てくるものは人形、俑で

図25　始皇帝陵石冑・鎧

図26　西安北郊漢墓出土甲冑

す。こういう俑という形代を入れ、それには文人とか女性が多いんですけども、その中には甲冑を着た武人もいます。

三国の次の西晋王朝の俑、南朝の壁画、北朝の北魏の俑は魚鱗甲を表現しています。それぞれに細かい違いはありますが、基本的には小札でつくった甲を着ています。

冑は西晋のものは小札ではなくて細長い鉄板で作っているようです（図27）。北朝の五～六世紀頃のものは細長い板ですが、おそらく革とかで作ったもののようです。後漢以後の状況はよくわからないのですが、魏晋南北朝期には、どうも細長い板で作ったような冑が主流になっているんじゃないかと思います。

そのようなものがどこに起源があるかといいますと、後漢の併行期ですが中国の東北地方で出土したものに、甲は小札で作り、冑は縦長の鉄板で作ったものがあります（図28）。

また、三国時代の後の五胡十六国の時代の東北地方の国、三燕でも冑は縦長鉄板で作ります。ですので、この冑は北方の騎馬民族と関係がありそうです。四世紀以後の資料として残っているのは騎馬民族の国家の北朝系の縦長鉄板の冑で、漢民族の南朝の冑はよくわかりません。

朝鮮半島でも、こういう縦長の鉄板で作った冑が四世紀以降、出土

図27　西晋代の陶俑

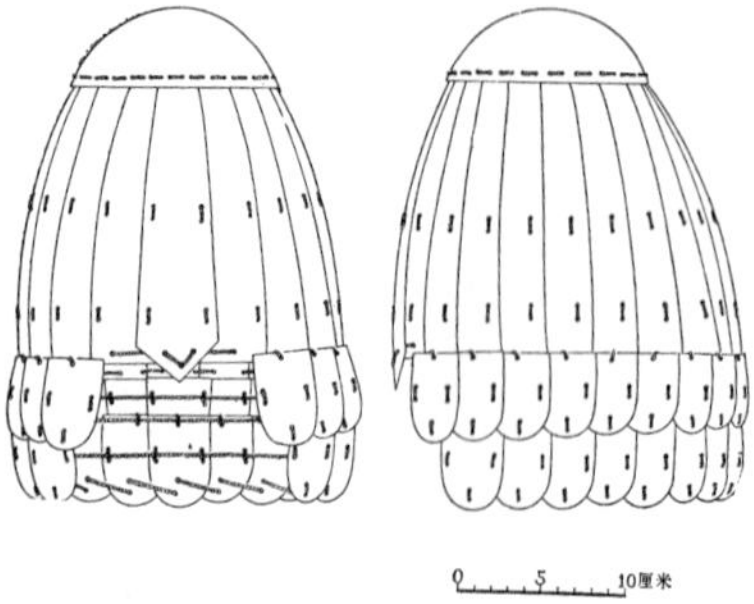

図28　吉林省老河深墓出土冑

しています。やはり北方の騎馬民族系の文化の冑がおそらく入ってきていたのだと思います。それとは別に縦長の鉄板で作った甲もありまして、これは朝鮮半島南部の加耶・新羅という地域だけにしかない甲です。

以上にみましたように、古墳時代の小札革綴冑に一番近い冑は前漢の王族墓から出土しているものです。後漢や魏晋期の良好な資料は今のところありません。

朝鮮半島や中国の北方は縦長板冑ですので、そちらとは違う系譜だと考えると、やはり小札革綴冑は中国の中原の文化の所産であると考えるのが妥当です。それを証明するには、本当は三国時代の資料が分からないといけないのですが、三国時代はお墓がよくわからないのが問題ですね。

また少し余談になりますが、三国時代の最近話題として、曹操のお墓といわれるものが、一昨年発掘されました。曹操孟徳、三国志の英雄で劉備玄徳と並んで皆さんご存じだと思いますが、その墓が河南省安陽市で発見されました。巨大な塼室《せんしつ》墳です。これの盗掘がなされて、玉などが出土して話題になりました。この中で写真や図面はあまり出てきませんが、鉄製の小札が出土しています。曹操の甲冑でしょうか。写真が二枚公表されているだけで、実体はまだ全然わかりません。曹操がどのような甲冑を着ていたのか興味津々なのですが、やはり小札系の甲冑を着ていたことは確かです。おそらく三国時代の曹操は小札の甲冑を着ていたのでしょうが、その構造や冑はどうだったのかとか、この辺りは未解決の部分です。

関連するものとしてもう一つ、椿井大塚山古墳から出土している被り物があります（図29）。鉄板で作ったもので冑ではなく、よくわかりませんが上が開いていて、花弁形装飾をもつ、鉄製の冠的なものです。側面からの姿を見ていただくとスタイル的に雪野山の小札革綴冑に近い形をしていると思います。

これはやはり日本製ではないでしょうし、他に系譜も存在しない、椿井大塚山にだけしか出ていない非常に特殊なものです。おそらく中国系ものだと思います。

雪野山古墳や他の古墳で小札革綴冑しか出てこないのは、おそらく甲冑としての戦闘に行くための武具というよりは、椿井大塚山の被り物と同様で、冠的な扱いというか、権威の象徴として冑をもっているのではないでしょうか。中国との関係を象徴的に表すものとして使われたのではないかと思います。

小札革綴冑の出土古墳は雪野山古墳以外でも、黒塚、椿井大塚山、石塚山、西求女塚など三角縁神獣鏡をたくさん出土している古墳が主体になっています。それを合わせて考えると、小札系の冑をいつどこで入手できたのかということに関わってきます。

小札革綴冑は弥生終末期にも存在せず古墳からしか出てきません。また、古墳時代前期にしかなく、古墳時代中期の甲冑には全く影響を与えていません。系譜的には前後に連続性はないのです。

ということは、本来、在地の中で生み出されたものではなく、外側からもたらされたもので、なおかつ中国の中原に系譜があるものになります。というと、この時代の三角縁神獣鏡との高い関連性が浮かび上がります。

では、これをいつ入手したのかといいますと中国に使いに行った人達がもらってくる、あるいはさまざまな貴重品が贈られる以外にその契機があったかどうかということです。古墳時代前期でも椿井大塚山古墳、雪野山、石塚山、西求女塚、黒塚等のとくに古墳時代前期前半の割と古い方の有力

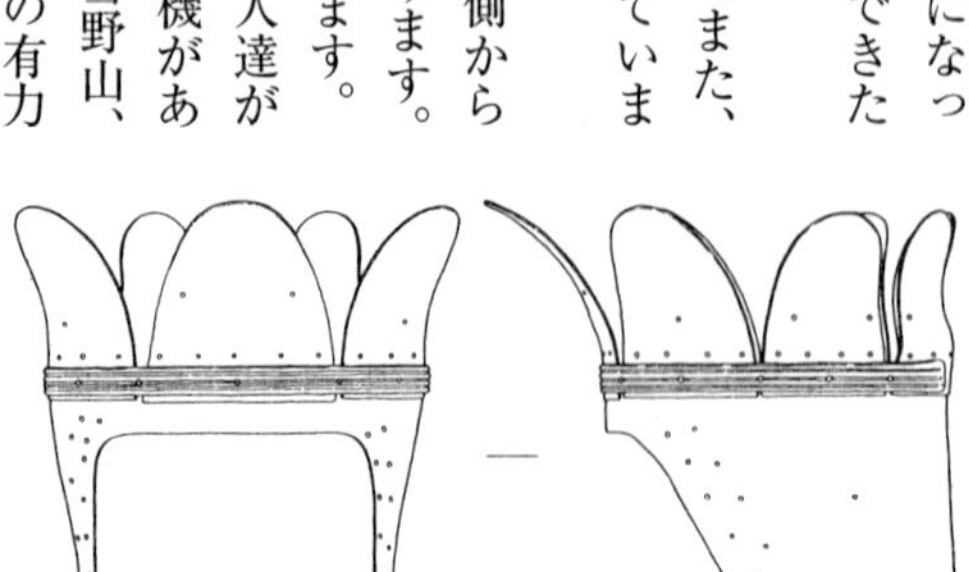

図29　椿井大塚山古墳の鉄冠

古墳に多いわけです。そういう古墳の被葬者達が入手する、中国の王朝に接触するきっかけとして、一番思い当たるのが〈魏志倭人伝〉の中に出てくる邪馬台国の遣使です。

中国の中原の人達と直接接触する機会というのは、日本の歴史の中ではそんなに数は多くないので、この時代の中で考えられる一番重要な機会だと思います。「銅鏡百枚」などと一緒に小札革綴冑も中国から入手したものではないでしょうか。小札革綴冑の出現は卑弥呼が魏王朝に使いを送ったことに結びつけて考えるのが一番わかりやすいと思います。

中国製の小札革綴冑、在地製の木甲、半島系の竪矧板革綴短甲・方形板革綴短甲、古墳時代前期にはさまざまな系譜の甲冑が併存していました。そのことがこの時代の甲冑の多様なあり方に関係しており、系譜の異なる鉄製の冑と甲が一体のものとして扱われなかった原因だと思われます。ひいては甲冑が対外交流やヤマト政権と各地の首長層の結びつきなど社会のあり方を反映しているのです。そして、このことを読み解くうえで、雪野山古墳の成果は非常に重要な役割を果たしています。

おわりに

最後になりますが、雪野山古墳には非常に多くの情報があり、良い状態で調査ができて、報告書まで出せたことに関して学問的には高い評価をいただいたと思います。雪野山古墳は古墳時代を考える上で、日本を代表する古墳だと思いますが、それも地元の方々に愛されてこそ今後も生きてくると思います。ぜひこれからも雪野山を見上げて、いろんなことに思いを馳せていただければと思います。今日はどうもありがとうございました。

九、雪野山古墳で見つかった中世の城跡について

滋賀県立大学　中井《なかい》　均《ひとし》

（二〇一二年一月二十九日）

はじめに

ご紹介いただきました中井均です。今回竜王町教育委員会の冨田さんから、「平成二十三年度・竜王町渡来文化講座雪野山古墳について考えるⅢ」のお話をいただき大変感動いたしました。実は雪野山古墳のお城の跡というのは、私にとりまして思い出深い城跡ですが、今まで一度も話をしたことがありません。今までいろいろな滋賀県のお城の話をしてきましたが、雪野山のお城の話は一度もしたことがありません。なぜかと言いますと「雪野山のお城について話をしてください」と言われたことがないからです。今回初めて話をすることになりまして大変楽しみにしております。

皆さんはご存じかと思いますが、『雪野山古墳の研究』という素晴らしい報告書が出ております。雪野山古墳の発掘調査の報告書です。実はこの報告書は報告編と、考察編という二冊からなっております。私はその考察編に「雪野山古墳の中世城郭について」という論文を書いています。

ところが、城の研究仲間は、雪野山古墳ですから城という字が出てこないので、私が書いた論文を一人も読んでくれていません。古墳の研究をされている方はこれを読んですごく勉強されていますが、私の論文は中世なのでとばされてしまいます。ということで非常に隙間産業といいますか、雪野山古墳で城跡を研究したことは全く評価されませんでした。ところが一人だけ古墳を研究しながら、中世の城を

研究している仲間が奈良県におりまして、その人だけが読んでくれていて「中井さん今回の論文は力が入っていますね」と言っていただいてすごく嬉しかったです。

この雪野山古墳の城跡に携わり論文を書くきっかけを作ってくださったのは、雪野山古墳発掘調査団の団長の、都出比呂志《つでひろし》先生で、当時大阪大学の教授で現在名誉教授なのですが、その都出先生の方から「城跡で書かないか」と言っていただきました。当時、私は米原町（現米原市）の教育委員会に勤務しておりまして、雲の上のような存在の先生、考古学で言いますと当時一番著名な、都出先生の方からご依頼を受けまして、すごく頑張って書きましたが、先ほど言いましたように隙間産業でありました。それを今回お話しできるということで楽しみにしてきました。

まず初めに押えておきたいのは、今申し上げましたように雪野山古墳に存在していた中世の遺跡、これを都出先生が正当に評価してくださったわけです。普通古墳を掘っていて上にある遺構というのは、あまり意識しないでとばしてしまいます。考古学では古いほど下にあります。弥生の遺跡を掘る場合は、上にある古墳時代や奈良時代の遺構を、削り取ってしまわないと下の遺構が出てこないわけです。つまり上の遺構はとんでしまいます。

私が学生時代に本当に経験した話ですが、平安京をずっと掘っていた作業員さんたちは、私が伏見城の発掘を行っていた時に、金箔瓦を捨てていました。「これは金箔瓦ですよ」と言いますと「いや、これが出るとまだ新しいな」と言われまして、京都で平安京を掘っていると「聚楽第《じゅらくてい》から出てくる金箔瓦を目安としたら、秀吉時代の物だからもっと下を掘らなければならない」と思っていたようで、「今回はこの金箔瓦の時代を掘るのが目的です」と言いますと作業員の人たちは「何でこんな新しい物を掘るんや」と言われました。

古墳を発掘する場合は、基本的には古墳時代の物がメインになりますので、どうしても上の物は撥《は》ねられていく運命にあるわけです。考古学ではいかにしても上を残して下だけを掘ることはできません。図面を作図し、あるいは出てきた遺物を正当に評価してくださったという点で、雪野山古墳は、雪野山古墳から出土した前期の古墳の遺物だけが重要なのではなくて、その後いかに土地利用したかをきちっと押さえてくださった、都出先生以下発掘調査団の方々に感謝を申しあげたいと思います。

正直言いますと、掘っている最中に当時トップニュースにもなりましたので、私も当然雪野山古墳を見に行きました。その時はまわりを見ていなくてそのまま降りました。後で城の可能性があるので見に来ないかと言われた時はほんとうに驚きました。城を専門にしている本人が城を見ないで降りているのに、古墳専門の先生から城を見に来ないかと言われまして、大変恥ずかしい思いをしながら見に行った記憶があります。

まずは中世の遺跡があることを正当に評価していかなければならないという姿勢が大事だと思います。いったい雪野山からはどのような中世の遺構が出てきたのかを押さえたいと思います。

1．雪野山古墳の城郭遺構

まず墳丘が破壊されていたわけです。本当ならマウンドを削り出した前方後円墳の形がきれいにあるはずですが、雪野山古墳の墳丘はかなり上で削られています。元々あそこには祠《ほこら》があったと言われていますが、小さい祠にしたらその破壊が大きいわけです。その破壊こそが古墳の跡に何らかの別の物が存在した証拠になります。古墳がそのまま使われなくて、現代まで受け継がれていれば、墳丘はもっと丸くなります。

図1は雪野山古墳の発掘調査から想定される前方後円墳の形です。後円部はわりときれいな円形で墳丘の復元ができます。しかし前方部は波線になっておりますので、墳丘がうまく検出できませんでした。トレンチ調査で、どのような物が検出されたのかを考えてみたいと思います。例えば前方部の中央に認められる谷地形、この**図1**の前方部に、ちょっと谷が入り込んでいるのがおわかりいただけますでしょうか。前方部の真ん中辺り、普通この破線で行きますと、前方部の真ん中の両側に谷が入ることはないのに、谷が入り込んでいる。後世にいじられたことがわかります。あるいはそのトレンチで実は古墳とは全く関係のない石列が出てきました。それらは尾根を切断する堀切《ほりきり》で、谷地形のように両側へ竪堀《たてぼり》となっています。その中央部だけは土橋になって、土橋の側面に石積みが組まれていたと考えられます。

図2は発掘調査の成果から私が少し復元を試みた雪野山古墳の城跡の構造です。**図1**と見比べると、先ほど言いましたように、前方部の谷地形が竪堀になっていて、要するにここできちっと城域を設定しています。ここから南側だけがお城で、城中への進入を遮断するために竪堀としたわけです。尾根全部を掘り切ってしまう物を堀切といいますが、その時は城とどのようにして行き来するかといいますと、木橋を架けたりします。ここでは発掘で土橋を削り残して造っていることがわかりました。城内と城外の行き来は、この土橋によってなされています。これはどこにでもある施設です。戦国時代の山城には必ずありますが、それが雪野山古墳からも検出されています。その土橋の側面は崩れないように両側面を石で積んでいた。それが**図1**で見られるような中央部分に真っ直ぐ細いトレンチがありますが、窪みの所で少し幅広くなっています。そのトレンチで検出された石列というのが、まさに**図2**にあります土橋の袖といいますか、肩の部分になります。どうも前方部の中央に見られる谷地形の石列は、尾根を切

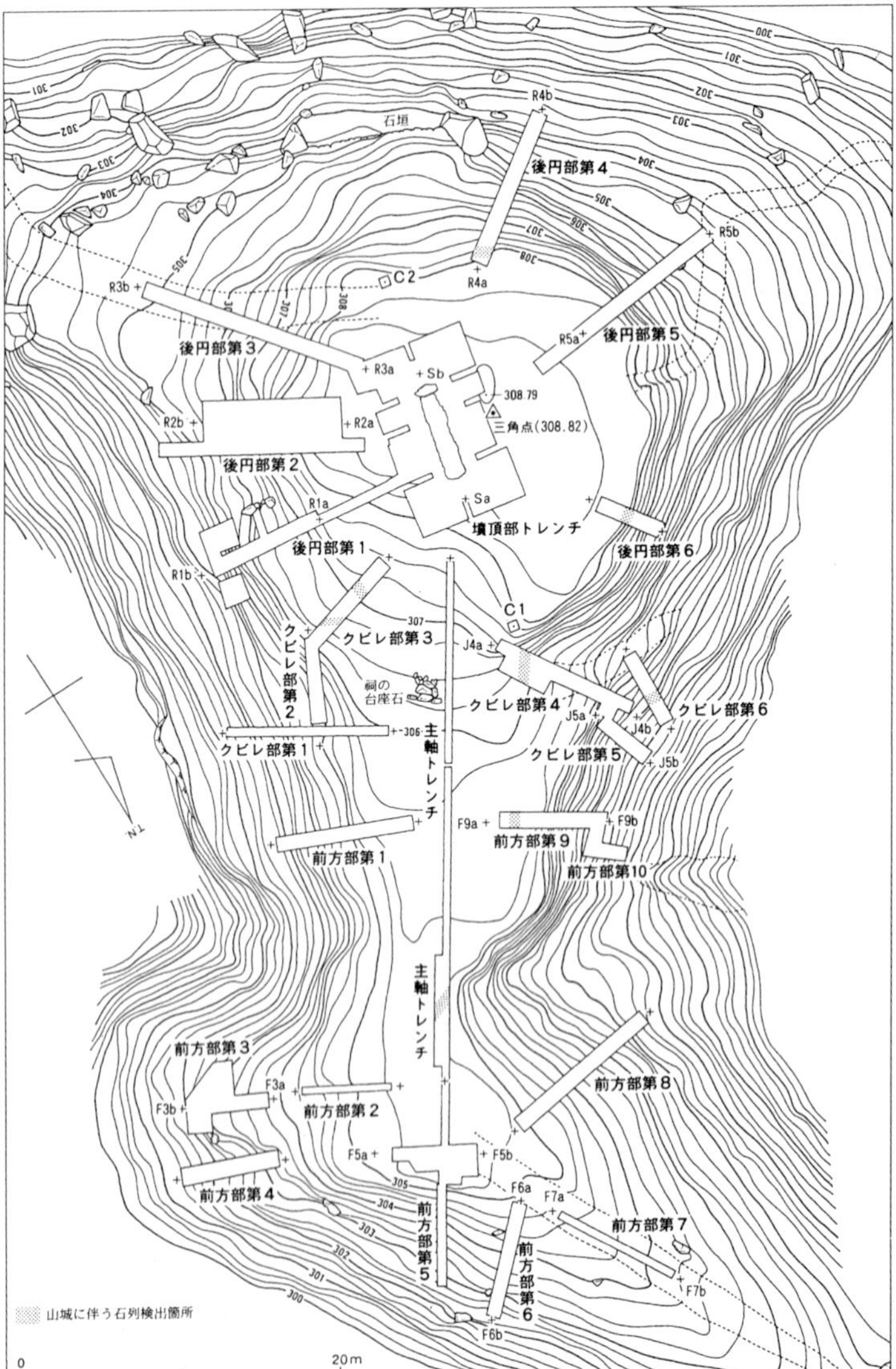

図1　雪野山古墳の墳丘形態復元図（八日市市教育委員会『雪野山古墳の研究』1996より）

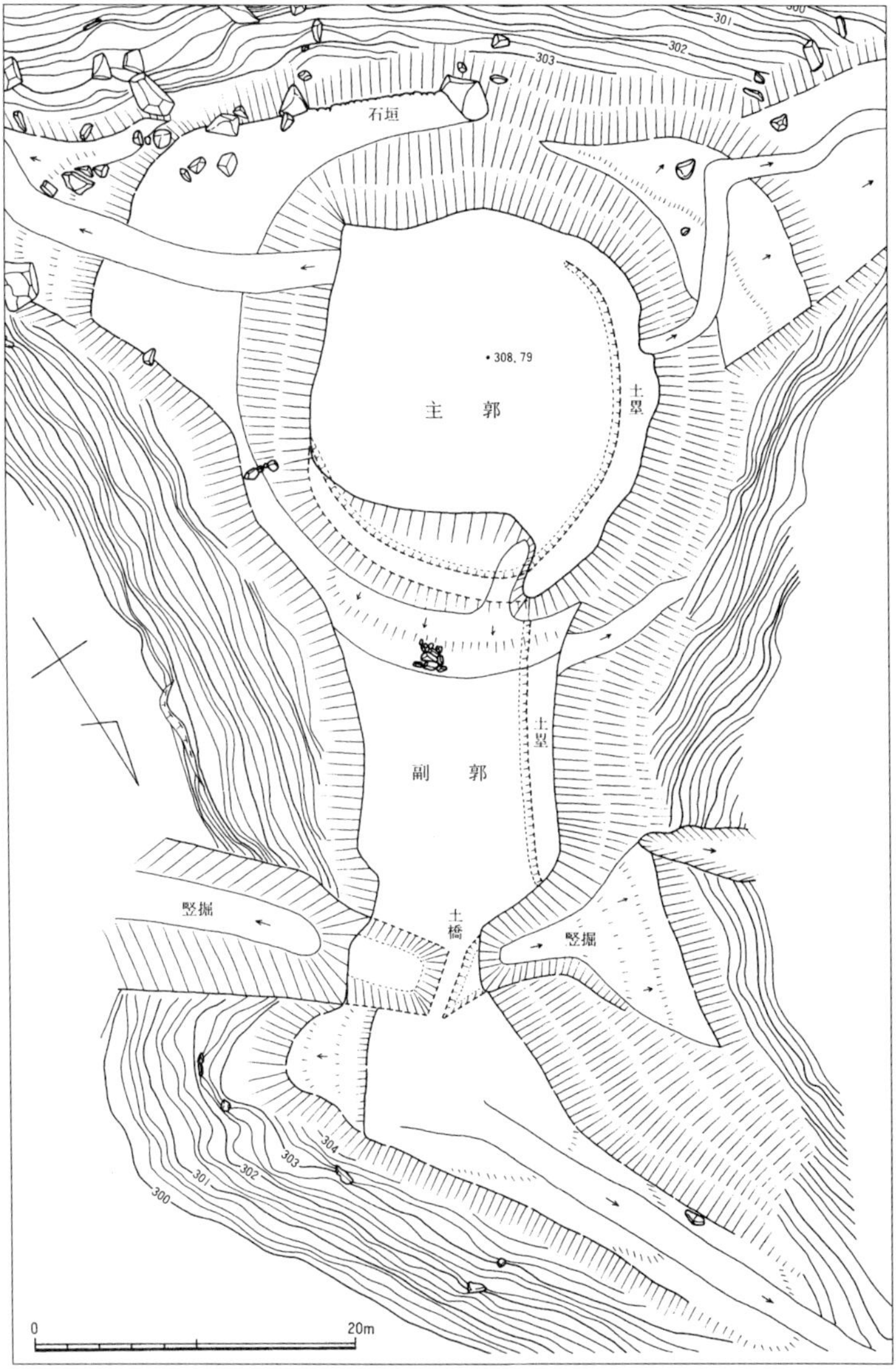

図２　雪野山城跡概要図（中井均作図）

断する堀切で下に向かって縦に落ちて行く竪堀になっていることが確認されました。

後円部は本来あるべき所がカットされて、石列が出土しています。カットされた所から出ている石列は、古墳時代に造られた物ではなく、カットした時に造られたことがわかります。それが半円状に廻っていきます。それは何かと考えますと、これは土塁の土留めになります。土留めの石列になるわけです。図２で主郭の右側に土塁《どるい》と書いてありますが、これがグルッと廻っていたようです。土塁というのは土で作った土手ですが、その土手の裾が崩れないように石列を廻らしていた。その石列が発掘調査で見つかったわけです。

また前方部も大幅にカットされ、図２の右、西側に土塁と書いてありますが、西側だけが瘤《こぶ》状に盛土されていました。瘤状というのはトレンチで、元々土塁が埋まっていて瘤状に盛土されていて、これは曲輪《くるわ》の造成と土塁の構築だろうと考えられます。

更に図２の一番上の方に主郭の上の方、石垣と書いてありますが、石垣とはこの曲輪の袖の部分で、今でも行けば見ることができます。発掘調査の範囲外で図１でも同じように後円部の上の方、円形のラインの少し内側にありますが、そこは人頭大の石を二～三段積んでいます。つまり曲輪の肩の部分です。曲輪の肩の部分を石垣によって固めていることが確認されています。

このように後世の雪野山古墳は堀切、竪堀、土橋があり土塁を持ち、しかも後円部の南東部の裾には、石積みを伴う平坦地が存在します。こうした遺構がいったい何かと言いますと、消去法でいくと城郭以外考えられません。図３の墳丘出土の土器実測図を見ていただきますと、土師器《はじき》という土器が出土しています。時代を絞り込むことは難しいですが、大ざっぱに中世の灯明皿《とうみょうざら》として使う素焼きのお皿です。

この時代に今言った竪堀や土塁、曲輪、石積みという物が作られています。それは中世で考えられる最も可能性が高いのは、城郭以外はないということです。祠があったということですが、祠に竪堀は要りません。

この中で一番大事なのは竪堀です。祠の周りに土塁を廻す類例や平坦にする類例はありますが、しかし竪堀、堀切はあくまでも軍事的な遮断線ですので、竪堀、堀切を持つということは城郭以外には考えられません。そうしますと竪堀や堀切があるのが城だと認識しますと、当然城には曲輪という平坦地を造ります。それから平坦にした時の土で土塁を盛る。それから曲輪を守るために、曲輪の斜面部である切岸《きりぎし》に、石垣を貼り付けることが行われる。ということで雪野山で検出された全ての遺構が、中世の城に伴う物だと認識できます。そこで雪野山古墳を破壊して中世に造られた物は、雪野山の城であると考えられるわけです。これが遺構から見た雪野山古墳の中世の再利用のあり方です。

2. 地誌に登場しない雪野山の城跡

もう一つは遺物にどのような物があるのか、これも雪野山古墳の発掘では、中世とか古墳時代以外の物でも評価していただいています。私も米原市で発掘調査をしていましたが、大量に遺物が出てきましたら、全てを報告書に掲載することはできないとか、予算の都合で掲載するのは無理だとかが出てくるわけですが、雪野山古墳では全て選り分けないで、報告されています。その中に土師器の灯明皿がありまして、これはクビレ部西斜面、後円部墳頂付近、つまりお城があった辺りから出ています。煤《すす》が付着していることから灯明皿

図３　墳丘出土の土器実測図（八日市市教育委員会『雪野山古墳の研究』1996より）

として使われたお皿だと判明しています。しかもこれ以外に少量で報告書に記載されていますが、信楽焼の擂鉢《すりばち》、中国から輸入された青磁や染付、銅銭、用途不明ですが鉄製品等が出土していますので、およそ中世の遺跡であると認識できるわけです。

ここまでが発掘調査の報告で、戦国時代には土塁、竪堀を伴った城があったことがわかりました。では誰の城なのかを考えていかなければなりません。まず滋賀県でお城の研究をする時に最も有効な一つの資料として、江戸時代の地誌類があります。例えば膳所《ぜぜ》藩士が作成した『淡海輿地誌略《おうみよちしりやく》』、彦根藩士が作成した『淡海木間攫《こまざらえ》』には各村のことが細かく書いてあります。それらは彦根藩、膳所藩の武士が作るのですが、彼らは、お城に大変興味を持っておりますので、近江の城のことはだいたい書かれています。「村の辰巳の方向に城跡あり。今も石垣存す。土塁存す」等書いてあります。さらに湖北の京極氏と湖南の六角氏の家来たちのことが、郡ごとにこと細かく書いてあります。何々城には誰が住んでいたとこと細かく書かれた、江戸時代の史料ではありますが『佐々木南北諸士帳』という書籍もあります。

ところが雪野山については、それら近世の地誌類には登場しません。本来在地の土豪の城ならば、江戸時代にも村の伝承に残るのが普通です。そういった意味では雪野山はイレギュラーなのかもしれません。伝承に残らない山城は大変珍しく、数も大変少ないと思います。さらに小字地名が残っていません。普通お城がある山は城山と呼びます。逆に言いますと城山と呼ばれている山は、ほぼ一〇〇%城跡だとわかります。麓で言いますと殿屋敷、殿垣内、堀ノ内、掘垣内等の地名が残っていると在地の館跡だとわかりますが、残念ながら雪野山では小字《こあざ》にもお城に関わる物が一切残っていません。もう一つは地元の村に伝承が伝えられていないことです。今でも滋賀県の村々を歩いていますと、平地で村の真ん中に、一辺が五〇mほどの領主の館跡が点々と残っています。湖東平野にはほとんどの村の真ん中に屋敷地が残っています。地元の人に聞きますと、ここは殿様屋敷だとすぐに答えがいただけます。平成の世の中になった今でも地元では殿様がいたと伝承を残していますが、残念ながら雪野山については、そういう地元の伝承はないようです。近世の地誌類に見えず、小字も残さず、地元に伝承も伝えない城だったことになります。遺構はありますが手掛かりはないわけです。もちろん今のところ、古記録、古文書の中にも雪野山に城があり、戦があり誰が城主だったのか記録は残されていません。文書、文字に書かれた史料からは、中世の史料も近世の史料も含めてお手上げ状態です。誰のお城かわかりません。

他に調べる手掛かりはないのかといいますと、一つには規模の問題があります。図2を見ていただくと、左下に物差しを付けておきましたので、おおよその大きさはわかると思います。竪堀は堀切よりも上の方、方向でいいますと南側だけが城壁ということになりますから、南北が五五m、東西二〇mで、お城と呼べるのかというくらいの大きさです。極めて小規模な山城です。もしかしたら皆さんの家の方が大きいかもしれません。しかし戦国時代の山城はこの程度の規模が、至極当たり前にあります。まったく小さいだけではないわけです。

つまり城の大きさによって権力の差が出てきます。これは古墳と同じです。ですから古墳を研究されている方が、中世の山城研究をされるとすごくわかりやすいです。雪野山の場合は、前期の大きな前方後円墳なのですが、そこに造られた中世の城は小規模なものです。これは中世の大王と呼べるクラスではなくて、在地土豪クラスの城、つまり一つの村の領主くらいの人の詰城《つめじろ》だろうと考えてよいと思います。中世に近江を支配していた守護である、佐々木六角氏の居城は観音寺城で、日本でも屈指の大規模な城です。あれは古墳でいえば大王クラスの居城です。湖北へ行きますと米原の上平寺《じょうへいじ》に江北の守護京極氏の上平寺城があります。あるいは戦国大名浅井《あざい》氏の小谷《おだに》城があります。観音寺城に比べるとやや規模は小さいですが、ほぼ近江半国を支配する規模といってよいでしょう。古墳でいいますと、やはり雪野山クラスの人たちの城です。

ところが古墳時代の後半になって群集墳という、直径が一〇～二〇mの小さい円墳が数多く造られます。それは個々の家の家父長が造れる程度の古墳です。それと同じような現象として、近江では一三〇〇近くのお城が造られ、その城跡の大半は古墳時代でいう群集墳みたいなものです。一つの村を領有する程度の在地領主の城です。

もう一つ大事なことは、あの雪野山で生活をしていたのかということです。基本的に戦国時代の城は、詰《つめ》と呼ばれる山城で防御施設です。それから山麓部分には館という居住空間を設けています。つまり二元的形態を示しています。山城に毎日住んでいるわけではなくて、普段は雪野山の山麓に屋敷を構え、そこに住んでいて、戦争になると麓の屋敷では対応できないので、山の上で立て籠もります。

観音寺の山も非常に特殊で複雑ですが、簡単にいいますと、観音寺城も詰城で普段は石寺という安土側に御屋形という屋敷を構えています。京極氏も上平寺城は詰城で普段はその麓に上平寺館を構えています。小谷城もあの上に住んでいたわけではなく、小谷の麓に清水谷《きよみずたに》という谷があって、そこに浅井屋敷があり、普段はそこに住んでいました。山の頂に井戸がなかったら生活できないとよくいわれますが、井戸はなくてもいいのです。生活しないから。それでは籠城する時水をどうするかといいますと、おそらく下から持って上がったと思います。日本の戦国時代の戦で籠城といっても十日、二十日も籠城する戦はほとんどありません。ほぼ一日で決着が着きます。一日で決着が着かない場合は逃げて籠城すらしない。これは観音寺城の六角氏が、織田信長が来た時に、日本屈指の一〇〇〇余りの曲輪を有し、安土城に先行する石垣造りの城なのに、一日も籠城しないで逃げました。つまり思われているような戦争はほとんどありません。近江で一三〇〇の城跡があるといいましたが、おそらく実際に戦争したのはその一割あるかないかです。造ってから廃城になるまで一度も戦火を交えていません。おそらく雪野山の城もそうだと思います。戦いは行っていません。

3. 雪野山城主は後藤氏か

さて詰と居館の構造に話を戻します。そうすると文献史料に残っていない、地元の伝承で領主がわからないとなると、あと調べられる手掛かりとしては周辺に館がないかどうかです。館から詰城まで歩いて一時間もかかるような山に造っていたら、戦争が始まったら大変なことになりますので、すぐ麓に館を構えていると想定できるのではないかと思います。

そういうことで中世の雪野山周辺の館を構えている人を調べますと、後藤氏が浮かび上ってきます。**図4**は雪野山周辺の中世城館跡分布図です。1番が雪野山、2番に旧八日市中羽田《なかはねだ》にある後藤氏館があります。これが居館と詰のセットになる一番の候補地と考えています。

後藤氏とはどんな人物なのか、皆さんの方がご存じかと思いますが、守護佐々木六角氏の有力な被官で室町時代にはあまり登場しませんが、戦国時代には六角氏の重臣となります。後藤氏と進藤氏は二藤とよくいわれますが、六角氏の中でも有力な被官です。その本貫地が旧蒲生《がもう》郡平田村中羽田一帯になります。そこに現在後藤氏の居館跡が県の指定史跡で残されています。これは滋賀県の中でも最大級の平地居館の遺跡です。なんと東辺・南辺が一〇〇m、西辺が一二〇mで守護クラスの規模です。中世の館についてはおおよそ構築者の権力による規模の差がありまして守護クラスの館は一町四方です。村々に

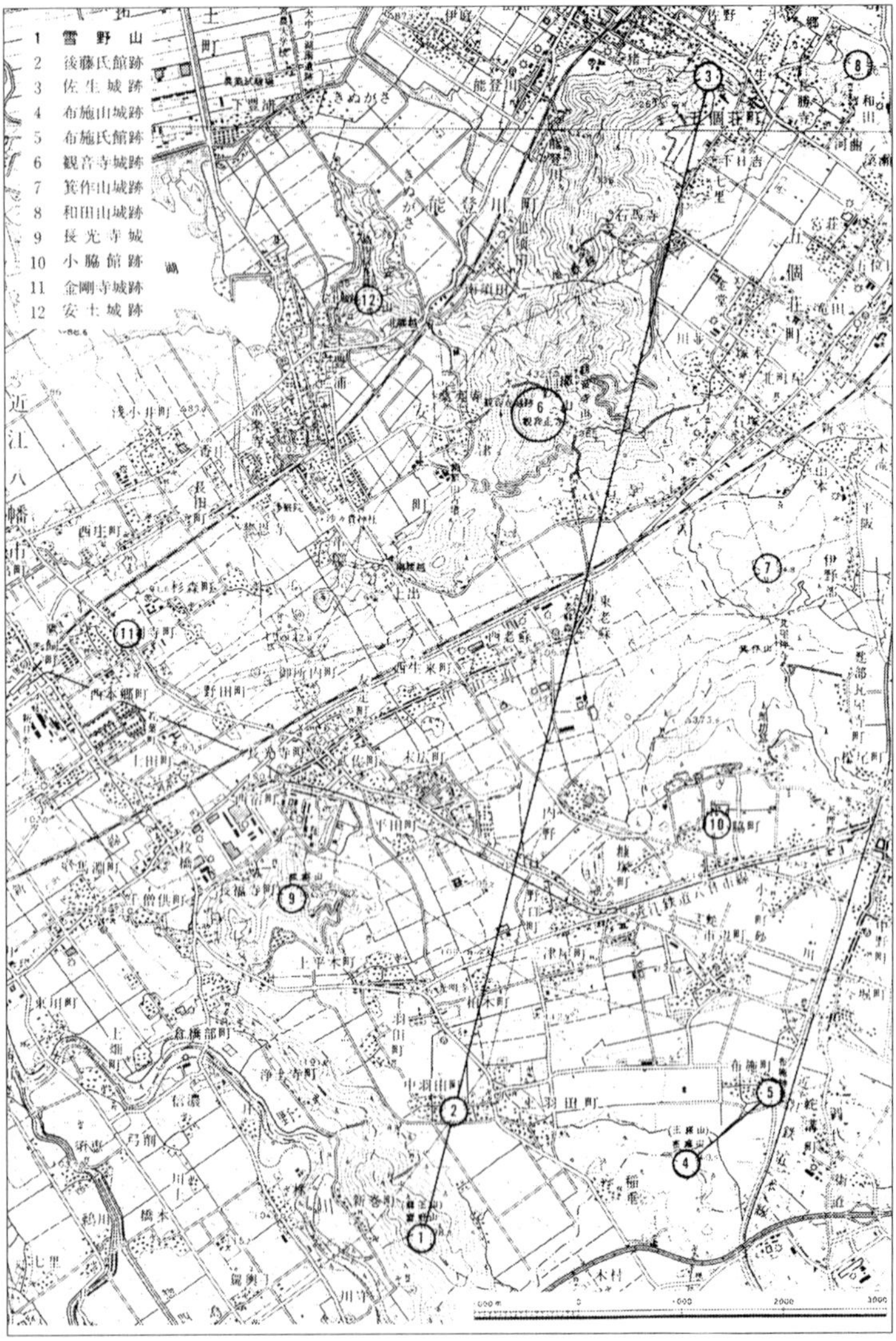

図4　雪野山周辺の中世城館跡分布図

います在地領主、いわゆる国人・土豪と呼ばれる人たちは、半町四方で五〇mほどです。甲賀郡のように一揆体制の地域では三〇m四方程度の館も構えています。

つまり後藤氏館というのは近江の守護クラスの大きさを持っていて、ものすごく巨大で驚かされます。基底部の幅が一〇m、高さ三mを測る巨大な土塁が今L字状に残されています。しかも発掘調査で土塁の外側には幅六～一〇mの水堀が巡っていたことも判明しています。つまり四周を水堀と土塁で囲まれた館を後藤氏は持っていたわけです。全面発掘していないので館内の構造は詳しくはわかりませんが、これまでの発掘調査では三棟の掘立柱《ほったてばしら》建物や、その建物を仕切る柵列や井戸が検出されています。

さらに出土した遺物から、この後藤氏館は鎌倉時代初頭の施設を埋めて土塁を築いていることがわかっています。中羽田一帯には鎌倉時代から何かの施設があって、現在の土塁はそれを埋めて、室町時代の後半に造られました。後藤氏が守護六角氏の中で最も力を持っていた時に、今の一〇〇m級の館を新たに造ったのではないかと考えられます。

ところで、後藤氏の館に対する詰城はどこにあったかといいますと、**図4**を見ていただきますと、①②から直線距離で伸ばしていった、図の一番上の方③に佐生《さそう》城という城があります。ここが従来後藤氏の詰城だと言われていました。しかし佐生城が後藤氏の詰城であれば、実は中羽田の後藤館から佐生城まで直線距離で一〇kmもあります。問題は中羽田の後藤館にいた後藤氏が、戦で攻められる時に一〇km離れた佐生城に立て籠もることができるかどうかということです。通常の山城と居館という関係ではこれは考えられない距離で、佐生城を少し見ていきますと、**図5**は、現在残されている佐生城の構造です。三角形のような形をしていますが、その切岸は石垣によって構えられています。南面の中山道側の切岸面は石垣です。この佐生城の石垣は一見すると観音寺城の石垣と同じ構造という印象を受けます。

先ほど言いましたが、日本の戦国時代のお城で、石垣が最初に使われるのは安土城です。安土城以前に石垣はないと思ってください。それは城という字を書いていただければわかると思いますが、城は石からではなく土から成ります。中世の山城は、山を切り盛りして曲輪・土塁・堀切を造るという土木施設なのです。建物は全く意識していません。天守閣もなく、瓦葺きの建物もなく、櫓《やぐら》と言っても井楼組の四本柱の簡素な構造で、白亜の瓦葺きの建物はないわけです。「そんなにつまらないものか」と言われますが、戦国時代では当たり前の姿です。よくこのような話をしますと「なんだ、砦みたいなものか」と言われて終わってしまいますが、決してそうではなくて、私たちが今持っている彦根城や姫路城のイメージは関ヶ原合戦以降の城だと思ってください。石垣の城は安土城以降にできあがっていきます。安土城以前は日本全国どこへ行っても、土を切り盛りした城です。ですから石垣のない城がつまらないわけではありません。その石垣を最初に築くのが安土

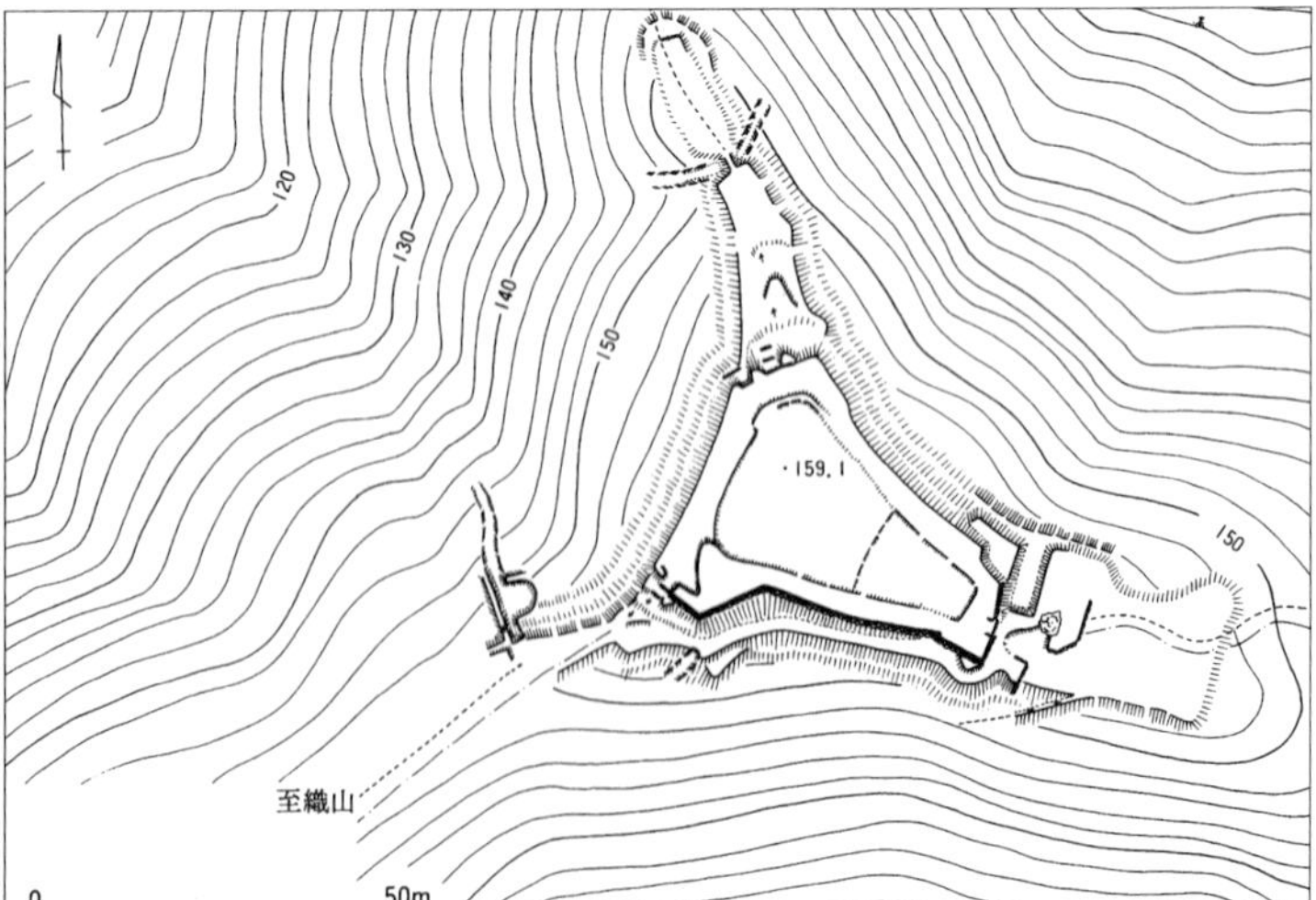

図5　佐生城跡概要図（中井均作図）

城です。後は信長が造った城に、「右に倣《なら》え」で秀吉も同じような城を造っていきます。つまり近世の城ができあがっていくのです。

例外的に安土城以前に石垣を導入した地域があります。日本ではかなり絞られた所ですが、石垣を導入する地域が安土以外にいくつかあります。その一つが湖東から湖南で、観音寺城にまず認められます。観音寺城が六角氏の城であるということで、六角氏が湖南で拠点にした城にはどうも石垣が安土城以前に導入されています。観音寺城を中心にして佐生城、竜王にあります星ヶ崎城、野洲《やす》にあります小堤城《こづつみしろ》山城《やま》などです。また湖南市の三雲城は、六角氏が甲賀の玄関口の三雲を抑えるために、おそらく三雲氏に石垣の城を築かせ、この街道の警備にあたらせました。

佐生城は**図5**を見ていただきますと、左下の方にスケールの少し上に至《きぬがさ》繖山《やま》と書いてありますが、その尾根を登って行きますと、繖山の頂上で観音寺城が位置しています。**図4**をもう一度見ていただくと、観音寺城は繖山の頂上で、⑥の場所になります。観音寺城は⑥から尾根が東の方に伸びて、その最先端の③に佐生城のあるのがわかります。

つまり佐生城の石垣は観音寺城の北方を守備するために造られたようです。観音寺城は大変面白い城で、石垣を導入しているのに、堀切を一切持たない、戦国時代では大変珍しい城です。おそらく敵が攻めて来た時に遮断線に使うために石垣にしたのであろうと考えられます。しかしどうもいままでの観音寺城では信長が攻めて来た時に対処できない。観音寺城の面白いのは、特に北方は堀切や曲輪を全く持っていないことです。⑥の観音正寺城と書いてある南谷の部分だけに曲輪を造っていて、南から来た敵に関しては対処できますが、北から来た敵には曲輪も見下ろされてしまう。北をどのようにして守るのかと言いますと、六角氏によって戦国時代末期に急遽造られたのが、佐生城ではないかと思っています。

つまり佐生城は在地領主の詰城ではなくて、観音寺城を守るための北の端の出城として造られ、そこを守るために派遣された守備隊長が後藤氏だったと思われます。後藤氏は佐生城の城主ですが、その周辺の土地を所領する領主ではなく、佐生城という北方の出城を守備するために入れ置かれた人物で、その居城（詰城）は別にあったと考えられます。

こうした事例は、佐生城だけではなく、北の方で類例を挙げますと佐和山城があります。石田三成で有名ですが、実は戦国時代から使われている城です。織田信長と浅井長政が戦っている時、佐和山の城主は磯野員昌《かずまさ》という人物です。現在、長浜市になっていますが、旧伊香《いか》郡高月《たかつき》町にある磯野村の領主が派遣されていて、磯野氏も佐和山の城主ではなくて、あくまでも守備隊長で、自分の本貫地は高月町にあるということです。

あるいはJR米原駅東側の太尾山には太尾山《ふとおやま》城があります。浅井長政の時代にここには中島惣左衛門という湖北町丁野《ようの》という所の在地領主が、守備隊長として入れ置かれていました。このように境目や出城では、誰かを派遣しなければならないので、その時派遣されたのが佐生城の場合は後藤氏だったというふうに私は考えています。佐生城へ行きますと、後藤氏城跡と書かれた石碑が今でも建っていますが、守備隊長として入れ置かれただけで、領地ではないということです。領地はあくまでも中羽田の辺りで、そうなると元々の詰と居館を考えると、佐生城ではなく後藤館の付近に詰城を想定しなければなりません。つまり文書や近世の地誌類には残されていませんでしたが、雪野山を詰と居館のセット関係と見たならば、一番近い館は後藤館で、後藤氏の詰城は今まで佐生と言われてきましたが、それはイレギュラーであって、普通に考えるならば館の近くに想定すべきで、まさにそれが雪野山と考えられるのです。

これと類似する事例が近くにあります。それは**図4**を見ていただきますと、東近江市布施町にあります④布施山に対する居館が⑤布施氏館跡になります。この距離の関係は直線距離で約一㎞。まさに②後藤氏館と①雪野山とほぼ同じ距離間隔で、布施氏の場合は詰城と居館がわかっています。これが非常に類似すると思います。現在布施町には城屋敷という地名も残っています。先ほど言いましたように城・屋敷と付いていますので、ここは一〇〇%布施氏の館跡と考えてよいと思います。そして布施山には布施山城が築かれています。**図6**を見ていただければ、布施山城の概要図があります。こうした概要図はお城の構造を理解するために重要な図面です。これを私たちは歩いて書きます。こうした概要図は縄張り図ともいわれています。

これまでのお城の研究は天守閣とか石垣、城主の話ばかりで戦国時代の城の研究は全く立ち遅れていました。しかし、現地に残された遺構を図化することによって、その規模、構造の特徴を捉え築城年代や築城主体者を考えようとするのが、現在の城郭研究です。

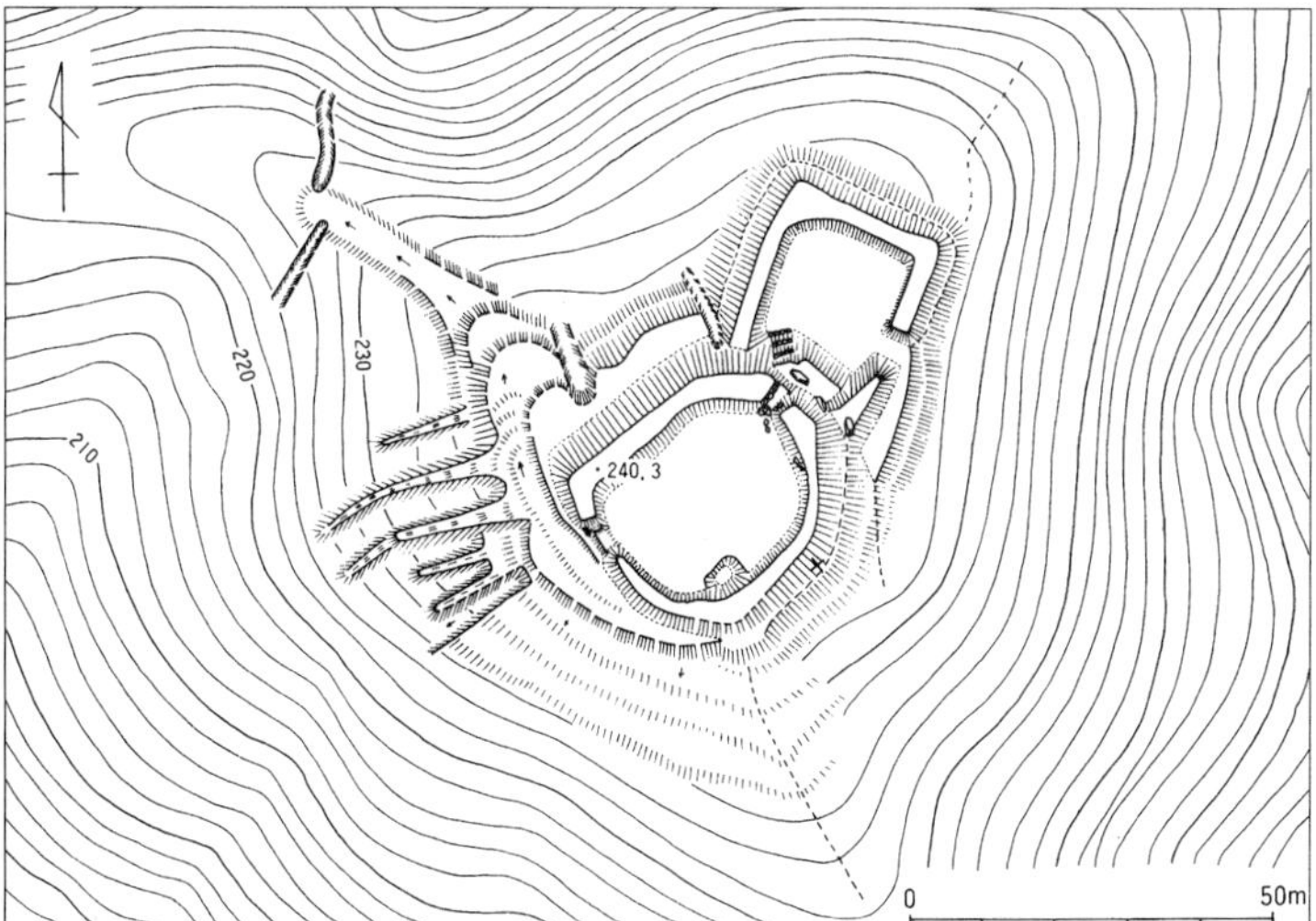

図6　布施山城跡概要図（中井均作図）

この布施山城の場合、大変面白いところは南北を逆転させて**図2**の雪野山に比べてみますと、ものすごく似ていると思います。それは当たり前の話で、布施山城も前方後円墳を利用しているからです。ちょうど**図6**の上の方が前方部に当たり、標高二四〇・三と書いてある所が丸く土塁が囲まれていますが、これが後円部になります。少し見にくいですが、その後円部の右下の方に×印がありますが、ここから五世紀の埴輪が採取されていますので前方後円墳であることは明らかです。

要するに近江では、前方後円墳の造られた山頂部分は、城も造りやすかったことがわかります。これは雪野山と同じように布施氏が布施村の背後の山にあった前方後円墳を利用して造った城であることが見えてきます。しかもその城の形は、ほぼ同じような構造となっています。つまり後円部を削平して削った土で周りに土塁を造り、前方部を削って周りに土塁を造り、同じような城の構造になっているのが、これでわかっていただけると思います。

布施山城の場合は雪野山より少し発達して副郭というもう一つ曲輪を造り、さらに斜面を上がってくることができないように畝《うね》状の竪堀を連続して設けている構造がわかります。

もう一つ布施山城で大変注目できるのは、蒲生郡誌に「布施山城には石垣があって、その石垣に埋門《うずみもん》が有った」と書いてあります。円形の口が開いている部分、これは虎口《こぐち》という城の出入口になりますが、本丸に上がる部分は蒲生郡誌を見ますと、石の門が図面に書かれています。石の門とは、何段か石を積み上げて、上に天井石を載せたものです。現在は潰されていて口が開いているだけですが、上に天井石を載せて門にしています。これをお城では埋門と言い、姫路城や二条城では現在でも見ることができます。石垣の間を通す門のことです。これが残っていたら実に貴重な遺構でしたが、蒲生郡誌の編纂後に潰れてしまいました。こうした埋門が近江で残っているのが観音寺城です。観音寺城の平井丸という所と後藤氏屋敷跡に残されています。後藤氏屋敷跡は今の観音正寺のすぐ下にあります、特に平井丸の埋門は今でも、天井石が載ったままで出入りできる門が残っています。観音寺城の技術が布施山城にも使われていると考えられます。

もう一つは、観音寺城の後藤氏屋敷にこういった施設があるということは、雪野山に点在している石積みも、六角氏の技術によるものではないかと、私は考えています。観音寺城の面白いのはこの辺りの領主を観音寺城に住まわせていることです。日本の城下町の先駆けです。戦国大名の城下では家臣も村の領主なので、例えば後藤氏は中羽田から出ないわけです。いざ戦が始まると、観音寺城に行くことはあってもそこに住むということはしなかったはずです。

それを六角氏は家臣全員を観音寺城の中に住まわせたのです。近世城郭の城下町で彦根城の周りに彦根藩士が屋敷を構えていることと同じことをしており、日本の城下町の先駆けです。しかもそれは城下町、つまり観音寺城の麓ではなく、繖山の山頂に住まわせています。まさに観音寺城は山の上の都市だったのです。天空の都市です。

麓に城下町があるのは、例えば越前の一乗谷《いちじょうだに》だとか、多くの戦国期の城でわかっていますが、山の上に住まわせたのは、近江の観音寺城と播磨赤松氏の置塩《おじお》城ぐらいです。これは記録でも後藤氏が後に六角氏に殺害された時に、家臣達が山頂の屋敷に火を放って村に帰ったことが記されていますので、繖山の上には都市空間があり、その都市空間の一つである後藤氏屋敷に埋門が今でも残っています。つまりどうもこの六角氏のお城には、石垣が使われていたり、あるいは埋門が使われていたり、石を使ったことが大変よくわかります。雪野山を考えるうえで、この近辺にあります布施山城が、同じ古墳を利用して、同じような城を造って、山麓の居館と同じような距離にあるということがわかっていただけたかと思います。

4．古墳に築かれた城

雪野山についてのおおよその答えが出たかと思いますが、もう少し残された時間で他に古墳を利用して城を造った事例を紹介したいと思います。

まず、筆頭に出てくるのは、**図7**の河内守護のいた城ですが、高屋《たかや》築山《つきやま》古墳（伝安閑《あんかん》天皇陵）を利用した高屋城。**図7**の上の方に伝安閑陵と書いた前方後円墳があります。その前方後円墳を上北置いて、その前面に土塁で囲まれた二郭、その外側を三郭として、つまり古墳を本丸としてその外郭に二の丸、三の丸を構えた広大な城が河内守護所として使われています。伝安閑陵の高屋城については面白い記録が残っていて、『足利季世記』という書物の中に「高屋の城、昔伝安閑天皇の御廟也。然れば要害なればとて、城に築き建てられけれども、本城には恐れて畠山殿も二の丸に出仕せず」と書いてあります。天皇の陵であることは要害だと書いてあります。河内平野には立て籠るべき山がなくほぼ平野です。初めから堀があって真ん中が高くなっていたら、もうこれは要害です。河内平野では当然城が築かれるべくして築かれたと考えてよいわけです。

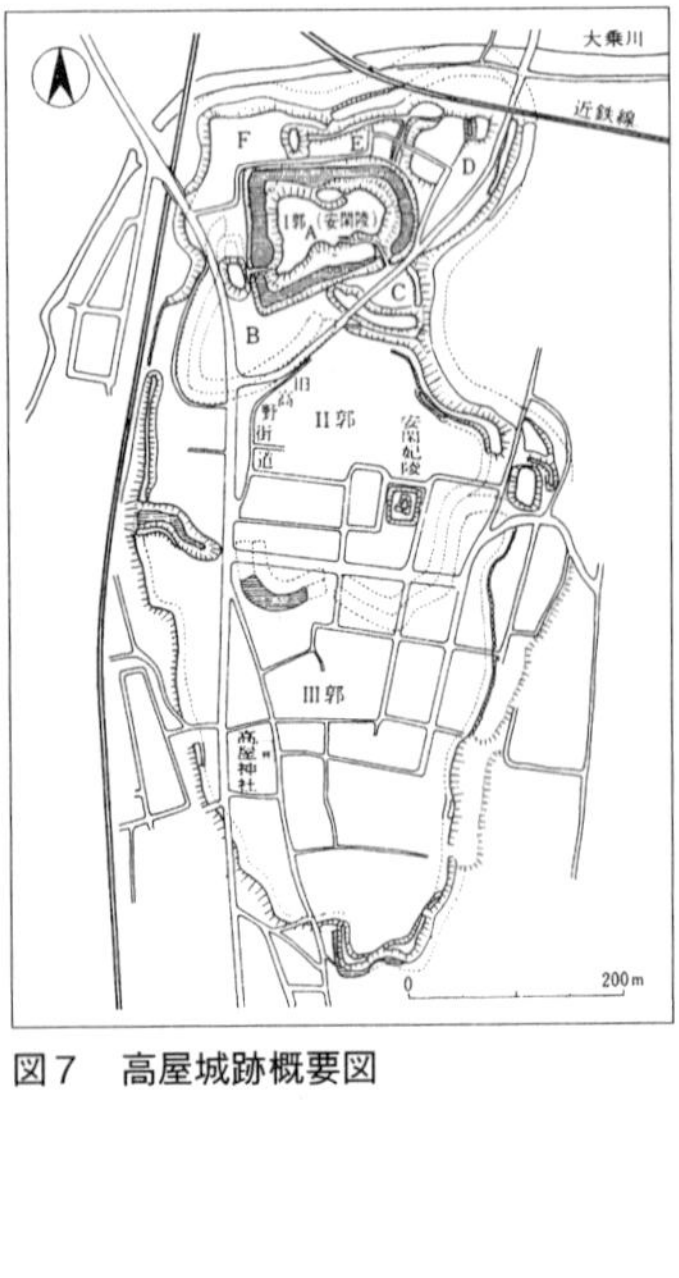

図7　高屋城跡概要図

もう一つ面白いのは「本城には恐れて」と、要害ではあるけれども恐れられてもいたことです。守護畠山氏は本丸に入ることができなくて、**図7**にあります伝安閑陵の南の二の曲輪に住んでいたというふうに書いてあります。この高屋城は一〇〇年間以上にわたって河内の守護所として機能していました。村田修三氏は「仁徳陵や応神陵を使わなかったのは何故か。これは平野部の大王級、天皇陵級の古墳を利用した城郭が少なく、墓としての認識、つまり墓の上に城を築く強い畏怖の念があった」とされています。元々そこにいた在地の領主たちは、あそこが墓だと知っていたので、そこに城を築かなかったけれど、外部から来た強い権力は、そんなことは気にしないで城を築いたのだとされています。しかし私は「恐れ」ということで、この伝安閑陵に住まなかったのではなくて、これはまさしく詰の城を伝安閑陵にして、館を二の丸にした、二元的構造が高屋城には認められるのではないかと考えています。決して「恐れ」ではなくて、詰と居館という二元的構造が高屋城では認められるのではないかと考えています。

あるいは**図8**を見ていただきますと奈良県の事例ですが、中山大塚古墳を使ったお城です。やはり前方部と後円部の間のクビレ部分に堀切を設けることによって、本丸を後円部、そして副郭を前方部に設けている事例です。これらは雪野山古墳を含めて、ひとつの使い方としては典型的なもので墳丘を曲輪として利用する事例です。

もうひとつの事例は、巨大な墳丘を土塁に見立

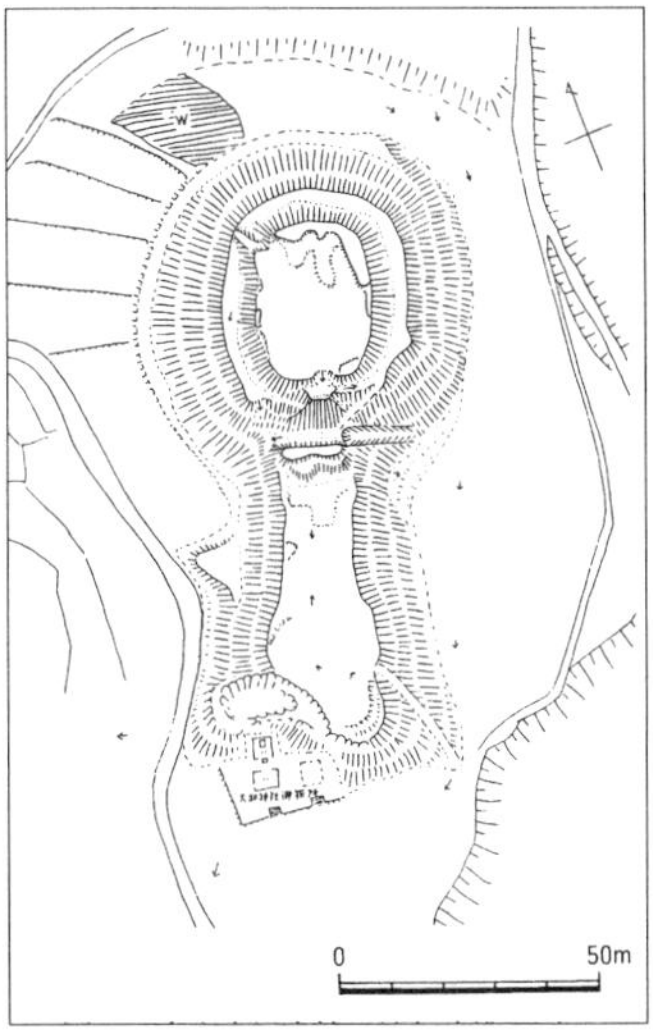

図8　中山大塚古墳城郭遺構概要図
（村田修三氏作図）

てる使い方があります。墳丘を曲輪に使う例は、前方部を階段状にして曲輪を造ります。墳丘を土塁とする事例では、墳丘の一方の裾部の内側を曲輪とします。墳丘自体を曲輪にすると、規模は大きくなく、一〇〇mくらいの前方後円墳を利用してもそんなに大きくありません。しかし墳丘全体を土塁にすると巨大な城が造れます。

それを二つ紹介しますと、一つは**図9**の今城塚の城ですごく崩れていますが、継体天皇陵を利用した城です。今城塚古墳は、現在宮内庁が所管しない唯一の天皇陵です。宮内庁は大阪の茨木にある古墳を継体天皇陵にしています。本来の継体天皇陵は今城塚で、国の史跡になっています。また去年の四月には「いましろ大王の杜」に今城塚古代歴史館がオープンして整備も行われていますが、戦国時代の城跡があったために今城塚と呼ばれています。

発掘の前にも城跡の構造が残っていましたが、シンポジウムをした時「申し訳ないけれども古墳の整備、復元に城跡は活かせない」と言われました。仕

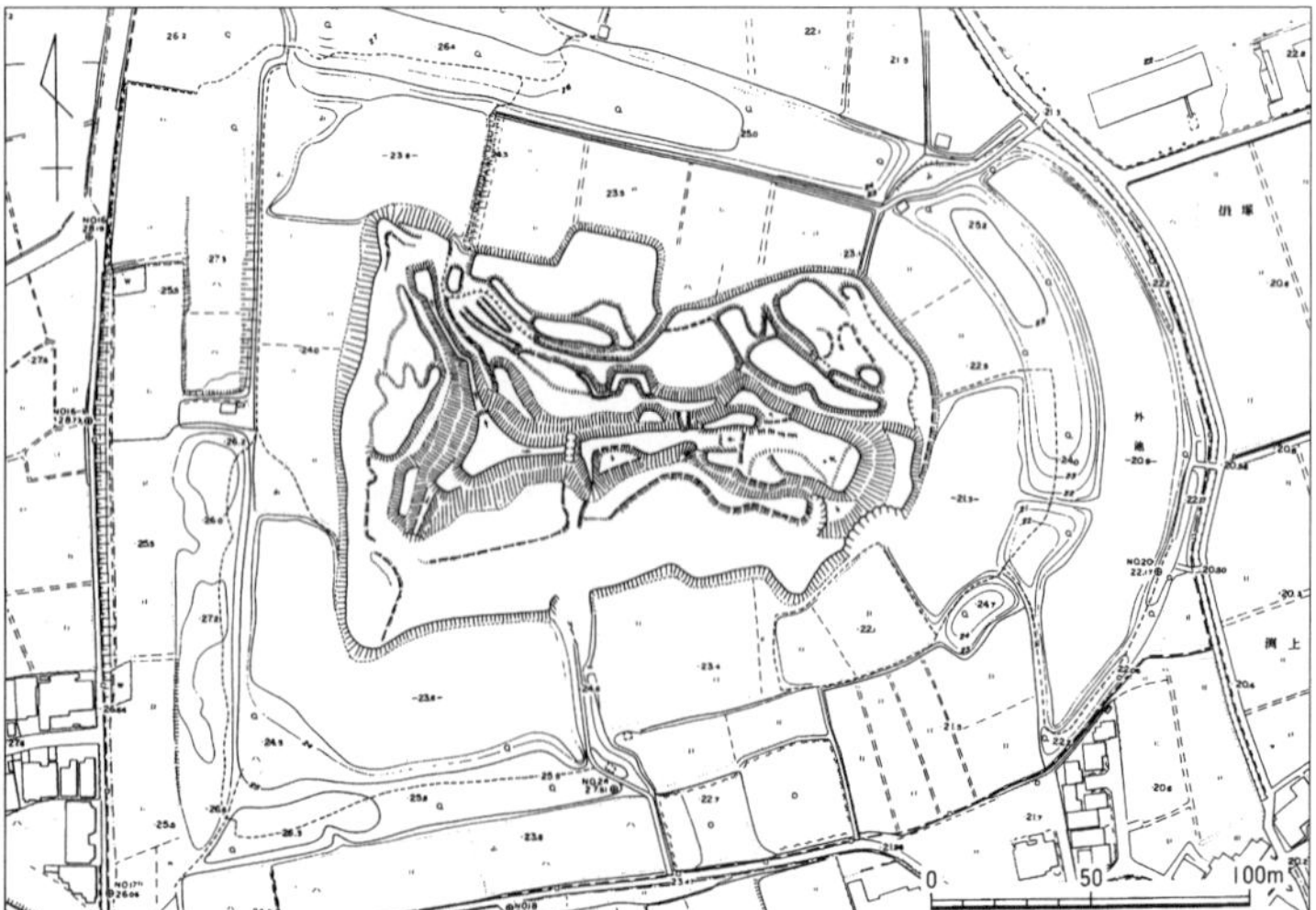

図9　今城塚城跡概要図（中井均作図）

方のないことだと思います。しかし城跡は一切なくなり残念です。高槻の平野部で二重の堀に囲まれているのは天然の要害になるわけです。この図面では古墳がかなり崩れていますが、本来ならば前方後円墳がありました。この図面では墳丘自体が大きな土塁でありまして、南側に曲輪の空間があります。北側から攻めて来ると巨大な土塁が防御施設になります。

高槻市が史跡整備をするにあたって、今城塚の発掘を続けており、ある日高槻市から電話がかかってきました。大学の先輩で発掘調査を担当されていて、現在今城塚古代歴史館の館長をされている森田克行さんからの電話で、「今、今城塚を掘っていて城の遺構が出ているから見に来い」と言われました。ちょうどその日は米原町に勤めていまして議会がある日でしたので「今日はちょっと行けません」と言いますと「議会は何時からだ？」と聞かれまして「午後からです」と答えますと「午前中空いているだろう」と言われまして午前中見に行くことになりました。これは織田信長が永禄十二年（一五六九）に京都に入ってきてすぐ摂津に攻め込んだ時に築いた陣城で鉄砲玉も出土しているので、陣城として報道するからコメントをよろしく頼むと言われました。翌日の新聞には、「信長の砦跡発見・鉄砲玉も発見」と全国版に載っていました。さすが信長です。

よく見ていただくといくつか土塁状の高まりがあり、不定形ですが南側を曲輪にしようという意識が高く、古墳自体を大きな土塁に見立てて、その前にある堀と共に連動させています。それをよりよく示しているのが図10です。岡山県津山市にある美和山城で、見事な前方後円墳を利用した城です。前方後円墳を土塁とするだけではなくて、墳頂部から見事に土塁を巡らせるのと同時に、堀切を構え、大きなテラスを持ち、前方部からは古墳とは考えられない土手を突き出させて、さらにその土手には堀切が伴っています。このように前方後円墳を利用した中世城郭には墳丘そのものを階段状に曲輪として利用する場合と、大きな土塁と見立てて利用する場合と二つの利用方法があるようです。

おわりに

　雪野山古墳の城跡遺構を理解するために少しマクロな視野で古墳と城を見てきましたが、最後に、雪野山に城を構えたであろう後藤氏は雪野山を古墳として認識していたのでしょうか。おそらく認識していなかったと思います。雪野山での築城は古墳としての認識は全くなかったです。『足利季世記』に書かれていたように、山頂に位置する前方後円墳は城を築くのには最適な場所であったということです。

　前期の前方後円墳が山の頂上に造られていることは、古墳を見せるという意識がすごくあるわけです。もちろん木がなくて葺石だけの前方後円墳が下から見上げられる所に造られるわけです。それは戦国時代も同じことで良い形の山に城を造り、偶然古墳と城がリンクしたことになります。古墳研究と城郭研究はマッチしやすいと思います。あの見上げる山に偶然リンクしただけで、いずれも最適な場所であっ

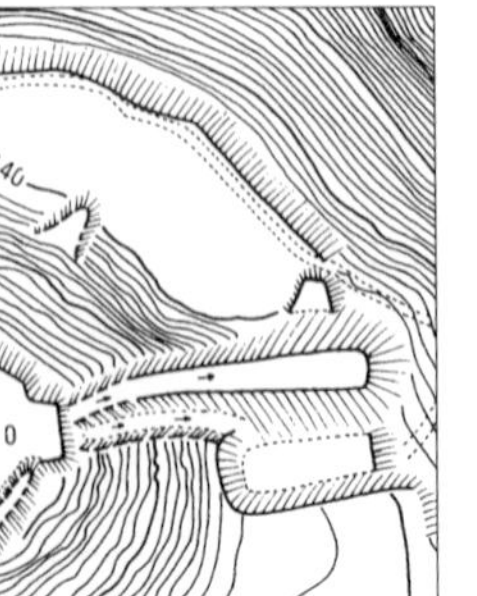

図10　美和山城跡概要図（中井均作図）

ただけです。

しかし一方では河内の高屋城ように、伝安閑天皇陵として認識していても、それよりもまずは、軍事的な防御施設として城を築くのに山があり堀がある最適な場所だったのです。畏怖よりも城造りとして最適な場所を選んだのだと思います。河内の大王級の墓と知っていたでしょうが、そんなことはどちらでもよかったのだと思います。よくはわかりませんが応神天皇陵、仁徳天皇陵、ミサンザイ古墳などには小さな城が造られていたようです。それを確認したいのですが、宮内庁という壁があって確認できません。

最初に戻りますが、古墳の調査は古墳だけではなく、古墳を利用したその後の土地利用の調査も絶対にしなければならないと思います。そういった意味では宮内庁の陵墓の公開というのは、古墳研究だけではなくてお城の研究にも重要なことだと思っています。

最後に余談ですが、最近、宮内庁は日本考古学協会や、日本史研究会などの学会が立ち入り調査ということで、自分たちの希望する古墳に入ることができるようになりました。大変ありがたかったのは、三年前になりますが、明治天皇陵が伏見城跡に造られているので、一度立ち入り調査をさせてほしいと頼みましたら、宮内庁より許可が下り、伏見城跡の中に入ることができました。天守台や堀も残っており、その写真などは公開してもよいということなので、今後写真や図面で公開したいと思います。おそらく伝安閑陵、仁徳陵でも城の遺構は残っていると思いますが、中世の城が古墳を利用しながら存在するということも認識していただければ、今後の研究も深まると思います。

その先駆けに雪野山古墳がなるのではないか。それを評価してくださった雪野山古墳の発掘調査団に敬意を表したいと思います。私が雪野山を考えるきっかけにもなりましたし、古墳と城を考えるきっかけにもなりました。

雪野山古墳の時代と関係のない私の話に、これだけの方に来ていただいて大変ありがたく思います。雪野山に城があったことを少しでも知っていただけたら大変ありがたいことだと思います。お時間を取らせてしましたが、ひとまず私の話はこれで終わらせていただきます。ご静聴ありがとうございました。

■講師略歴

福永伸哉（ふくなが・しんや）
一九五九年生まれ。現在、大阪大学大学院文学研究科
主要著作・論文「三角縁神獣鏡と画文帯神獣鏡のはざまで」『待兼山考古学論集―都出比呂志先生退任記念―』大阪大学大学院文学研究科　二〇〇五年、『三角縁神獣鏡の研究』大阪大学出版会　二〇〇五年。

岸本直文（きしもと・なおふみ）
一九六四年生まれ。現在、大阪市立大学文学研究科
主要著作・論文「前方後円墳の2系列と王権構造」『ヒストリア』第208号、大阪歴史学会、二〇〇八年、（編共著）『史跡で読む日本の歴史　2　古墳の時代』吉川弘文館　二〇一〇年。

北條芳隆（ほうじょう・よしたか）
一九六〇年生まれ。現在、東海大学文学部
主要著作・論文「鍬形石の型式学的研究」『考古学雑誌』79-4、一九九四年、『古墳時代像を見直す』（共著）青木書店、二〇〇〇年。

杉井　健（すぎい・たけし）
一九六五年生まれ。現在、熊本大学文学部
主要著作・論文「古墳時代の繊維製品・皮革製品」『講座日本の考古学』8　二〇一二年、『マロ塚古墳出土品を中心にした古墳時代中期武器武具の研究』（共編著）国立歴史民俗博物館、二〇一二年。

松木武彦（まつぎ・たけひこ）
一九六一年生まれ。現在、岡山大学文学部
主要著作・論文『日本列島の戦争と初期国家形成』東京大学出版会　二〇〇七年、『進化考古学の大冒険』新潮社二〇〇九年、『未盗掘古墳と天皇陵古墳』小学館二〇一三年。

清野孝之（せいの・たかゆき）
一九六九年生まれ。現在、独立行政法人奈良文化財研究所
主要著作・論文「古墳時代の最新情報」『発掘された日本列島2009』二〇〇九年。「都城と葬地」『事典　墓の考古学』吉川弘文館　二〇一三年。

細川修平（ほそかわ・しゅうへい）
一九六二年生まれ。現在、公益財団法人滋賀県文化財保護協会
主要著作・論文「古墳と豪族」『甲賀市史』第1巻　古代の甲賀、甲賀市　二〇〇七年、「古墳文化の地域的諸相　近江」『講座日本の考古学』古墳時代（上）、青木書店二〇一一年。

橋本達也（はしもと・たつや）
一九六九年生まれ。現在、鹿児島大学総合研究博物館
主要著作・論文「古墳時代中期甲冑の終焉とその評価」『待兼山考古学論集Ⅱ』大阪大学考古学研究室　二〇一〇年、「古墳・三国時代の板甲の系譜」『技術と交流の考古学』同成社　二〇一三年。

中井　均（なかい・ひとし）
一九五五年生まれ。現在、滋賀県立大学人間文化学部
主要著作・論文「検出遺構からみた城郭構造の年代観」『戦国時代の城―遺跡の年代を考える』高志書院　二〇〇九年、「伏見城と豊臣・徳川初期の城郭構造」『ヒストリア』第222号　大阪歴史学会　二〇一〇年。

古墳時代前期の王墓《おうぼ》　雪野山古墳《ゆきのやまこふん》から見えてくるもの

2014年2月15日　初版第1刷発行

編集・発行　竜王町教育委員会
滋賀県蒲生郡竜王町小口3
TEL0748-58-3711　〒520-2592

制作・発売　サンライズ出版
滋賀県彦根市鳥居本町655-1
TEL0749-22-0627　〒522-0004

ISBN978-4-88325-527-6　C0021